티베트 마음수련법

# 로종

The Practice of Lojong

by Traleg Kyabgon

ⓒ 2003, 2007 by Traleg Kyabgon

Foreword ⓒ 2007 by Ken Wilber

Korean translation copyright ⓒ Dam and Books, 2017

Published by arrangement with Shambhala Publications, Inc., Boulder through Sibylle Books Literary Agency, Seoul

티베트 현자들이 비밀리에 전수한 마음수련의 모든 것

# 티베트 마음수련법
# 로종

The pratice of Lojong

Cultivating compassion through training the mind

———•———

따렉 꺕괸Traleg Kyabgon 지음

켄 윌버Ken Wilber 추천, 이창엽 옮김

담앤북스

이 책을 고인이 된 나의 누이 유둑 된마 카쇼쨩(1957~2006)에게 바친다.

아티샤, 돔뙨빠, 체까와를 비롯한 까담파의 스승들께서 지혜와 자비의 눈길로

나의 누이와 아직 해탈하지 못한 모든 중생을 살펴 주시기를 기원한다.

# 차례

Point 1 ────────────────────

# 삶 의  진 실 을  성 찰 하 라
마 음 수 련 의  토 대 가  되 는  예 비 적 인  것 들

────────────────────

# 귀의하기

**Point 2** ────────────────

# 보리심 깨달은 마음을 개발하라
### 지혜와 자비심을 개발하는 실제 수행

────────────────────────────

# Point 7

# 마음수련을 일상화하라
## 흐트러진 마음을 '지금 이 순간'으로 되돌리는 법

오늘날 깊이 존경받는 티베트불교 스승 따렉 꺕괸 린뽀체Rinpoche의
책을 소개하게 되어 영광입니다. 린뽀체는 로종 수행의 비밀이 현대인
대다수가 겪는 고통스러운 감정과 괴로움을 풀어 주는 해독제일 뿐만
아니라 우리의 마음을 철저히 일깨우고 의식을 해방하는 실제 수행법
을 담고 있다고 믿습니다. 저도 진심으로 동감하는 바입니다. 로종 수행
은 "와, 기분이 좋아졌는데" 하는 투의 일시적이고 자조적인 방식이 아니
라 괴로움의 핵심을 다루며 온전히 깨친 해탈한 마음을 가르쳐 줍니다.

## 장대한 약속 혹은 정직한 주장?

티베트어 로종lojong의 의미는 '마음수련'입니다. 티베트인이 공경하
는 로종 수행에는 위대한 대승불교의 핵심이 담겨 있습니다. 또 이해하
기 쉽도록 일곱 가지 마음수련법으로 이루어져 있습니다. 이 마음수련
법은 정제되고 핵심적인 가르침을 담고 있어서 이를 수행하면 모든 것

을 수행하게 됩니다. 그러므로 로종 수행을 하는 것만으로도 자연히 깨달음에 이를 수 있다고 합니다. 여기서 깨달음이란 괴로움으로부터의 자유와 궁극적 실재를 깨닫는 것으로 티베트인은 그것을 '대자유'라고 부릅니다. 로종 수행은 바로 대자유에 이를 수 있는 수행법을 담고 있다고 합니다. 로종 수행은 깨달은 마음인 보리심菩提心에 기반을 두고 보리심을 일깨우기 때문입니다.

깨달은 마음과 깨어난 가슴이란 무엇입니까? 깨달음을 설명하는 많은 방법 중 가장 좋은 것은 깨달음을 직접 체험하는 것입니다. 깨달은 마음과 가슴을 수행하고 직접 체험하는 길이 바로 이 책에 있습니다.

모든 직접적 체험과 마찬가지로 깨달은 마음-가슴은 말로 설명할 길이 없습니다. 하지만 그것에 대해 참고로 몇 가지는 말할 수 있습니다. '들어가며'에서 린뽀체가 강조하듯이 '깨어 있는 의식'이란 다른 무엇보다도 산 정상에서 바라보는 관점입니다. 산 정상에서 바라보는 관점을 얻지 못할 때 언제나 좁은 계곡에서 위를 올려다보아야 합니다. 그래서는 전체를 조망할 수 없습니다. 이어서 린뽀체는 로종lojong에서 로lo는 "우리 마음의 인지하는 본성, 마음의 식별하고 분간하는 능력을 강조한다. 로종이란…근본적으로 마음을 수련하는 것이다. 그래서 초걈 트룽파Chogyam Trungpa 린뽀체는 로종을 '근본 지성'이라고 번역한다"고 말합니다.

그렇다면 근본 지성이란 무엇이고, 또 로종에서 강조하는 마음의 '인지하는 본성'이란 무엇일까요? 서양 문화의 대체로 반지성적·반인지적 편견을 고려할 때 인지cognitive라는 말을 경멸적인 투로 사용하지 않는 것을 들으면 놀랄지도 모릅니다. 하지만 인지적*cognitive*이란 말에서 *gni-*가 그노시스*gnosis*(참된 지식)와 관련된 말인 지식*knowledge*에서 kno와 유사한 것을 보십시오. 그에 해당하는 산스크리트는 프라즈나*prajna*(반야지般若智)와 즈냐나*jnana*(지혜)입니다. 그리고 깨달은 지식, 깨달은 마음과 가슴이라는 것은 곧 참된 지식(즈냐나*jnana* 혹은 그노시스*gnosis*)이며, 로종 수행은 바로 그것을 일깨웁니다. 참된 지식이란 다름 아니라 산 정상에서 전체를 내려다보는 불이적不二的 관점입니다. 그것은 우리를 괴로움으로부터 구해 주고 깨달은 마음을 일깨울 수 있습니다.

다시 말해 로종 수행의 가르침은 참된 지식을 일깨우는 더할 나위 없는 수행법입니다.

그런데 로종은 그보다 더 흥미롭습니다. 불교에서는 행동하는 참된 지식을 자비라고 합니다. 그리고 바로 불이적 의식과 자비심을 함께 수행하는 것이 보리심(깨달은 마음과 가슴)을 특징짓고 또 불러일으키는 것입니다. 즉 로종에는 참된 지식과 자비심을 깨닫는 데 필요한, 무엇보다 심오하고 효과적인 수행법이 담겨 있습니다. 그리고 그 수행의 결과는 깨달음입니다. 불이적 의식과 행동하는 자비심의 두 날개로 날아가는 깨달음입니다.

이렇게 대자유를 향한 가장 공경받는 수행법을 만나게 된 여러분을 환영합니다. 이 귀중한 수행법을 안내하는 분은 따렉 꺕괸 린뽀체입니다. 나는 그가 비단 티베트불교뿐만 아니라 동서양의 모든 전통에서 가장 심오한 통찰과 깊이를 지닌 스승이라고 믿습니다. 그는 대승불교와 금강승불교를 더할 나위 없이 잘 이해합니다. 또 우리 서양 이방인들과 우리의 많은 낯선 방식을 잘 알기에 이 둘을 조화롭게 연결합니다.

한 문화의 가르침을 다른 문화로 번역하는 일은 정말 악명 높다고 할 만큼 어려운데, 따렉 린뽀체가 서양 문화와 특히 그 지적인 경전 전반을 다루는 능수능란함에 나는 거듭 놀랐습니다. 솔직히 말해 그것은 대다수의 외국 스승들에게서 찾기 어려운 장점입니다. 사실 따렉 꺕귄 린뽀체보다 티베트불교와 서양 문화를 모두 잘 파악하는 스승은 매우 드뭅니다. 그리고 그분처럼 깊은 깨달음과 그것을 잘 전달하는 능력을 모두 갖춘 티베트 스승은 찾기 어렵습니다. 이런 점에서 그는 서양인에게 금강승불교의 가르침을 전해 주기에 매우 적합한 스승이므로, 이 책의 가르침이 자신에게 적절하다고 여기는 독자들은 그의 다른 책들도 함께 읽어 보기를 진심으로 권합니다. 그의 많은 책 중 내가 가장 좋아하는 것은 『평안한 마음Mind at Ease』과 『불교의 정수The Essence of Buddhism』입니다.

이 책은 참된 지식을 일깨우는 수행법이며 대자유로 이끄는 안내서입니다. 이 말이 여러분의 호기심을 돋우기를 바랍니다. 이 책은 "마음으로부터 우리를 구함으로써 우리의 마음을 구하는 설명서"라고 이름 지어도 좋을 정도입니다. 우리는 오직 참된 지식gnosis(jnana)에 의해서만 구원받을 수 있습니다. 산꼭대기에서 보는 관점, 우리의 분리된 자아와 에고와 영혼을 훌쩍 넘어 아주 높은 데서 전체를 조망하는 관점에 의해서만 구원받을 수 있습니다. 그 관점이 없으면 분리된 자의식, 위축된 자아, 의식의 이기적 혼란이 현재 순간을 주체 대 객체, 내면의 자아 대 외부의 세상으로 부수고 갈라놓습니다. 이때 내면의 자아는 성난 운명, 피해의식과 슬픔, 공포와 고뇌, 자기 망상의 가혹한 시련으로 고통받습니다. 이 모두를 치유하는 길은 단지 지금 여기에서 현존한다는 것에 대한 알아차림이며, 나와 남을 바꾸고 또 자타 모두를 넘어서 보는 알아차림입니다. 또 산꼭대기에서 바라보는 관점과 행동하는 자비심을 통해 깨달음의 세계 즉 깨달은 마음과 가슴을 구현할 수 있는 공간을 만드는 것입니다. 그것은 자아의 위축과 에고의 고뇌를 뚫고 빛나며, 의식을 자유롭게 하고, 결국 우리를 자유롭게 하여 보리심과 다름없는 우리의 본성에 이르게 합니다.

이 책은 바로 그렇게 수련하는 길을 알려 주는 수행법입니다. 우리의 진정한 가슴과 마음을 깨닫게 해 주는 안내서입니다. 로종 수행이 이미 셀 수 없이 많은 사람을 깨우친 것처럼 여러분에게도 많은 도움이 되기를 바랍니다.

켄 윌버Ken Wilber(미국을 대표하는 철학자. 『의식의 스펙트럼』 『무경계』 『아트만 프로젝트』 등의 저자)

나는 먼저 출간한 두 책처럼, 불교를 처음 접하는 사람들이 어렵지 않게 받아들일 수 있고 동시에 오랫동안 로종 수행을 한 사람들에게도 적절하고 유용하기를 바라는 마음으로 이 책을 썼다. 독자가 이 책을 읽고서 인생과 다른 사람들에 대한 태도를 바꾸는 게 얼마나 중요한지 다시 생각하게 되기를 바란다. 그것은 다만 인지적 변화만이 아니라 감각적인 면과 감정적인 면에서의 변화를 말한다. 근본적으로 우리에게는 다른 사람의 행동을 막을 힘이 없다. 하지만 실제든 상상이든 다른 사람이 우리에게 저지르는 잘못으로부터 지나친 악영향을 받지 않도록 저항할 수 있는 힘이 있다.

**— 감사의 말 —**

이 책을 쓰도록 격려해 준 샘 버숄츠와 끊임없이 지지해 주고 능숙하게 편집해 준 에밀리 바우어에게 다시 감사드린다. 이 책을 내는 데 도움을 준 디 콜링스와 편집에 귀중한 조언을 해 준 루디 월리처에게도 거듭 감사의 말을 전하고 싶다. 그리고 감사의 정도가 적은 건 아니지만 마지막으로 켄 윌버에게 감사드린다. 그는 원고를 검토하고, 본문에 반영된 매우 날카로운 제언을 해 주었으며, 추천사를 써 주었다. 이 책을 고인이 된 나의 누이 유둑 된마를 기리며 그녀에게 바친다. 이 책을 집필하는 것은 내가 그녀의 죽음을 받아들이는 데 커다란 도움이 되었다.

## 들어가며

불교를 조금이라도 접해 본 사람이라면, 불교는 외부의 신이 아니라 우리 자신의 마음이 우리를 구원한다고 강조하는 사실을 알 것이다. 그런 일반적 생각은 분명히 옳다. 몇몇 아시아 언어로 보존된 불교경전에는 마음의 정화, 마음의 수련, 마음의 근본적 변화를 다루는 방대한 문헌이 있다. 그중에서도 가장 핵심이 되는 근본적 가르침과 수행을 뽑아낸 것이 로종*lojong*의 가르침이다.

티베트불교에서는 부처님의 가르침이 까규르Kangyur(감주이甘珠爾)[1]라는 문헌들에 담겨 있다. 까*Ka*는 '부처님의 말씀', 규르*gyur*는 '번역'을 의미한다. 까규르는 103권으로 되어 있으며(일부 전통에서는 101권), 범주가 다른 세 가지 가르침으로 구성된 인도불교의 경전을 담고 있다. 그것은 '세 바구니' 즉 삼장三藏[2]으로 부처님의 교설을 담은 경經[3], 승가의 법과 규칙을 담은 율律[4], 불교심리학과 형이상학을 담은 논論[5]으로 이루어져 있다. 또 까규르에는 밀교의 가르침인 탄트라tantra도 담겨 있다. 탄트라는 부처님이 직접 가르친 건 아니지만 부처님의 가르침과 다름없다고 간주되어 일반적으로 인정된 인도불교 문헌에 포함된다.

티베트불교에서 부처님의 가르침은 까규르에만 있는 게 아니다. 불경에 대한 주석을 모은 뗀규르Tengyur(단주이丹珠爾)[6]도 있다. 뗀ten은 뗀최 tenchoe의 줄임말로 '주석'을 뜻하고, 규르는 역시 '번역'을 의미한다. 뗀규르는 대략 213권이며, 대부분 산스크리트에서 인도어로 번역된 주석으로 이루어져 있다. 일부는 중국과 다른 아시아 국가의 문헌에서 번역된 것이다. 가끔 부처님은 이 맥락에서는 이렇게 말했지만 다른 맥락에서는 전혀 다르게 말했고, 같은 질문에 대해서도 시기에 따라 다르게 대답했다. 따라서 불경에서 주석의 역할은 부처님의 서로 다른 교설을 분류하고 맥락에 따라 그 의미를 해석하는 데 도움을 주는 것이다. 주석은 그 자체가 방대한 문헌이고 논리학, 형이상학, 인식론, 작문, 문법, 문학에 대한 논서뿐만 아니라 현교와 밀교의 가르침을 망라한다.

까규르와 뗀규르의 수많은 문헌을 모두 섭렵할 수 있는 사람은 많지 않다. 그러므로 우리는 위대한 스승들이 헌신적으로 방대한 문헌을 연구해서 다음 세대에게 전해 줄 핵심을 간추린 기념비적 업적에 의지해야 한다. 이런 가르침의 정수를 '골수 가르침[7]'이라고 한다. 이는 엄격히 논리적·형이상학적으로 불교교리를 다루는 것과는 명확히 구별된다. 골수 가르침은 불교 가르침에서도 '정수 중의 정수[8]'이다. 우리가 일상생활에서 핵심적으로 개발해야 하는 것을 다루기 때문이다. 우리는 미묘한 불교철학과 논리를 완전히 이해하지 못해도 바로 골수 가르침을 수행할 수 있다. 그러면 즉시 정신성이 발달하게 된다.

로종의 가르침과 문헌들은 처음에는 매우 단순하고 쉬워 보인다. 하지만 불교전통에 의하면 골수 가르침은 그 미묘한 의미를 받아들이며 지치거나 가로새지 않고 전적으로 성실히 매진하는 사람에 의해서만 전수되어야 한다. 어떤 불교수행도 단지 책 한두 권을 읽는 것만으로 제대로 할 수 없다. 그러므로 불교의 다른 측면처럼 로종 전통에서도 수행에 담긴 진실성과 권위를 보증하는 계보가 매우 중요하다. 골수 가르침이라는 개념은 실로 이러한 가르침의 전수와 계보 그리고 정신적 가르침의 조화로운 융합을 토대로 삼는다.

그러므로 로종의 가르침은 이러한 골수 가르침 즉 명상에 대한 가르침을 집대성한 유형을 대표한다. 이는 해석학적·해설적 집대성과는 명백히 다르다. 티베트불교의 수행자는 이 두 방법 중 한 가지를 통해 배워야 하지만 될수록 두 방법 모두를 배우는 게 좋다. 골수 가르침을 익혀서 명상에 정통하게 되고, 이론적 가르침에 집중함으로써 불교의 형이상학·인식론·논리학에 대해 포괄적인 학문적 수련을 받는 것이다.

로종 수행이 우리에게 전해진 것은 초기 까담빠Kadampa*스승들 덕분이다. 까Ka는 '부처님의 교설을 담은 경전 문헌'을 의미하고, 담dam이란 '담 악dam ngag'의 줄임말로 '골수 가르침'이라는 뜻이다. 그러므로 까담Kadam이란 말은 부처님의 말씀에서 정수 중의 정수를 간추려 골수 가르침으로 이용한다는 의미이다. 아티샤Atisha Dipamkara Shrijnana(982~1054)는 까담파의 주요한 스승이다. 티베트인은 불교를 재정립하기 위해 인

---

* 돔뙨빠Dromtonpa가 세운 티베트불교 학파. 대승불교 경전의 가르침을 중시한다. 매우 신실한 다르마(법法) 수행으로 유명하고 존경받는다. 보리심과 수행의 단계에 대한 가르침이 가장 눈에 띈다.

도의 아티샤를 자신들의 나라로 초청했다. 당시 티베트는 마지막 전제 군주인 랑다르마 왕이 암살당한 여파로 불교수행과 가르침을 해석하는 데 있어서 일부 인도불교적 입장과 종파 불교적 입장 사이의 불협화음이 급격히 심해지고 있었다. 랑다르마 왕의 죽음이 오랜 동안 정치와 사회 혼란을 불러일으켰기 때문이다. 일부 역사학자들의 주장에 따르면, 사실 아티샤는 티베트에 당시의 비정통적 탄트라 수행법과 인도 대성취자의 깨달음의 노래인 도하doha의 가르침을 전하고자 했다. 하지만 그를 초청한 티베트인들은 아티샤의 그런 바람을 단호히 거절하고 보살의 길이 담긴 대승불교의 가르침을 충실히 전해 주기를 강력히 요구했다. 그래서 아티샤가 저술한 『보리도등론菩提道燈論(Bodhipathapradipa)』과 샨티데바Shantideva(695~743)의 『입보리행론入菩提行論(Bodhicharyavatara)』[9] 이 까담파 전통을 따르는 티베트인들에게 전해진 대표적이고 전형적인 문헌이 되었다.

까담파의 전통과 가르침은 틀림없이 본래 인도 대승불교에 뿌리를 둔 것이다. 하지만 분명 티베트 고유의 특색이 있으며 위대한 로종 스승들의 지도 방식에도 그것이 나타난다. 좋은 예로 뽀또와 린첸 셀Potowa Rinchen Sel(1031~1105)은 11세기 티베트인의 일상생활에서 취한 이야기들과 사례들로 많은 사람이 쉽게 받아들일 수 있는 가르침을 베풀었다.

아티샤는 이른바 까담파 로종 운동의 선구자로 여겨진다. 그는 셀링빠Serlingpa(10세기)에게 로종 가르침을 전수받아 돔뙨빠Dromtonpa Gyalwey Jengney(1005~1064)에게 전했다. 돔뙨빠는 로종 가르침의 기초적·체계적 형식을 마련했고, 그것을 소위 까담파 삼형제인 뽀또와 린첸 셀, 첸가와

칠띰 바Chengawa Tsultrim Bar(1038~1103) 그리고 뿌충와 쇼누 걜첸Puchung-wa Shonu Gyaltsen(1031~1106)에게 전수했다. 전통적으로 로종 가르침은 공개적 교설이 아니라 비밀리에 스승으로부터 제자에게 전해졌다. 까담파의 권위자인 랑리 탕빠Langri Thangpa(1070~1123), 샤라와 욘뗀 딱Sharawa Yonten Trak(1070~1141), 체까와 예셰 도르제Chekawa Yeshe Dorje(1101~1175)가 티베트 중부의 유U와 짱Tsang 지역을 중심으로 로종 가르침을 더 널리 전했다. 그중에서도 체까와는 로종 수행의 계보에 지속적인 영향을 끼친다. 그의 『일곱 가지 마음수련법The Seven Points of Mind Training』이 심오하고 또 수행에 적절하다는 사실을 알게 된 까담파 수행자가 점점 많아졌기 때문이다. 그 영향력은 서양에서도 계속되어 갈수록 더 많은 서양인이 체까와의 로종 수행 방식을 따르고 있다. 이 책에서도 체까와의 『일곱 가지 마음수련법』을 따른다. 까담파 로종 수행의 주요 수련센터는 레띵Retring과 나르당Narthang에 있는데, 나르당 센터는 같은 이름의 까규르 판본으로 유명하다.

까규Kagyu*전통은 티베트불교의 다른 세 주요 계보와 마찬가지로 까담파 가르침에서 많은 영향을 받았다. 그 계보를 이은 분들 중 탁월한 스승인 제 감뽀빠 소남 린첸Je Gampopa Sonam Rinchen(1079~1153)은 까담파 수도원에서 수련을 받은 덕분에 밀라레빠Milarepa(1040~1123)에게서 전수된 마하무드라Mahamudra**가르침과 까담파의 수도원 계율을 적

---

* 티베트불교의 주요 4대 종파는 겔룩빠 · 샤카빠 · 닝마빠 · 까규빠이다. 까규빠는 11세기에 만들어진 종파로 위대한 스승 마르빠를 추종하는 사람들로 이루어져 있다. - 역자주
** 까규빠에서 전해지는 가르침이자 수행법이다. - 역자주

절히 융합할 수 있었다.

비교적 최근에 잠괸 꽁튈 로도 타예Jamgön Kontrül Lodro Thaye(1813~1899)
는 그의 책 『명상 가르침의 보고Treasury of Meditation Instructions[10]』에 『일곱
가지 마음수련법』에 대한 매우 짧은 주석을 쓰며 방대한 인도-티베트
로종 자료를 담았다. 로종 가르침의 진정한 영감은 대승불교에서 유래
하며 특히 샨티데바와 아티샤의 영향이 가장 크다. 두 스승은 '자신을
남과 바꾸기[11]'와 '자신과 남을 동등하게 여기기[12]'를 수행해서 보리심
bodhichitta을 불러일으킨다는 개념을 정립하는 데 기여했다.

나의 짧은 소견으로는 로종 가르침이 우리 시대에 널리 퍼진 피해의
식을 치유하는 심오한 해독제가 될 수 있다고 본다. 요즘은 자신의 행위
에 대한 책임은 접어 둔 채 다른 사람을 탓하는 태도가 별로 특이하게
여겨지지 않을 정도가 되었다. 하지만 특히 까담파 스승들을 비롯한 대
승불교의 위대한 스승들은 자신의 불행을 남의 탓으로 돌리는 태도는
자신을 더 비참하게 만들 뿐이라고 강조했다. 그렇게 강박적으로 남을
탓하는 것은 스스로를 끝없는 악순환의 올가미에 빠지게 할 뿐만 아니
라 우리의 힘과 자유의지를 빼앗는다. 이 책에서 내내 설명하는 것처럼
로종 수행은 마음의 근력 운동이다. 즉 우리가 피해자가 아니라 인생의
저자 혹은 건축가라고 느끼게 하는 수행이다. 스스로 피해자라고 여기면
힘을 빼앗긴다. 하지만 피해자의 역할을 거부하면 힘을 되찾을 수 있다.

로종은 고리타분하고 부적절한 방식으로 삶의 역경을 대하는 것이
아니다. 이와 반대로 로종 수행을 해서 얻는 통찰은 자신을 '피해자'로
여기는 사람들이 급격히 증가하는 현대 사회에 더욱 절실히 필요하다.

자신을 피해자로 여기는 사람은 다른 사람이 자신의 행동을 방해하거나 억압하기를 바라기도 한다. 하지만 중요한 사실은 우리는 전능하지 못하기 때문에 고통을 막고자 다른 사람이 우리를 괴롭히는 행동을 중단시킬 수 없다는 것이다. 또 사람들의 행동을 강제로 규정하는 법을 만들 수도 없다. 자신이 부당한 피해를 당했다는 생각은 스스로에게 힘을 주지 못할 뿐만 아니라 무관심, 원한, 분노를 일으킨다. 이런 퇴행적 태도가 일어나는 까닭은 자신은 어떤 불편도 겪어서는 안 된다고 믿기 때문이다. 특히 다른 사람이 자신을 불편하게 하는 걸 도저히 참지 못한다. 하지만 이런 관점으로 세상을 바라보면 설령 상처 입거나 방해받지 않을지 몰라도 악순환을 일으켜 더 큰 문제를 초래할 수 있다.

이처럼 고통스러운 악순환이 일어나는 까닭은 근본적으로 우리가 세상에 대해 왜곡된 기대를 갖기 때문이다. 즉 윤회가 열반이기를 바란다. 하지만 윤회는 열반이 아니다. 그래서 윤회가 정말 윤회인 걸 알게 되면 화가 난다. 어떤 사람과 사귀다가 그가 떠나가면 그에게 화가 날 수 있다. 부처님은 우리가 삶의 문제를 다루는 방식에서 모든 걸 잘못하고 있다고 가르친 바 있다. 우리가 진정으로 진보하려면 먼저 윤회를 받아들여야 한다. 윤회가 열반이기를 바라면 결코 수행을 시작할 수 없을 것이다.

로종*lojong*이란 말의 의미는 '마음수련'이다. 로*lo*는 '마음', 종*jong*은 '수련하기'를 뜻한다. 티베트불교에는 '마음'을 가리키는 말이 많은데, 각각 의식의 다른 측면과 기능을 가리킨다. 가장 자주 쓰는 말은 셈*sem*, 남셰 *namshey*, 로*lo*이다. '셈'의 문자적 의미는 '어떤 대상에 열중하다'이고 의

도성의 측면을 가리킨다. 의식이 있다는 것은 외부의 대상이든 내면의 대상이든 틀림없이 어떤 대상을 의식하는 것이기 때문이다. '남셰'는 단순히 '의식'을 의미한다. 완전히 진화된 합리적 인간의 발달된 의식 상태와 다른 단순한 의식 상태이다. 모든 생물에 있는 남셰는 무생물과 구별되는 의식 있는 존재의 상태이다. '로'는 마음의 인지적 본성, 식별하고 구별하는 능력 등을 강조하는 말이다. 그리고 '종'은 그런 마음의 본성을 온전히 실현하려면 마음을 수련할 필요가 있음을 강조한다. 따라서 '로종'은 지성적인 마음을 갖추고자 매우 근본적으로 수련하는 것을 의미한다. 그래서 트룽파 린뽀체는 로종을 '근본 지성'이라고 번역한다.

불교에서는 인지가 순전히 지적인 활동만이 아니라 감정적 측면도 있는 것으로 본다. '지성'이란 마음이 명확히 사고할 수 있는 능력이며, 동시에 감정을 느끼고 경험하는 능력이라고 보아야 한다. 다시 말해 로종의 목적은 바르고 유익하게 생각하는 법과 더불어 감정적 본성을 지적으로 이용하는 법을 배우는 것이다. 순전히 대승불교적 관점에서 보면, 이런 지성을 얻으려면 기존과는 다른 방식으로 즉 관점을 바꾸어 사물을 보는 법을 배워야 한다. 사물을 비지성적 관점으로 보는 까닭은 자아에 집착하기 때문이고, 그것은 전혀 건강하지 못한 여러 감정을 불러일으킨다. 이기적 경향이 우세할 때는 분명히 지성을 제대로 사용하지 못한다. 지적으로 사고하는 것은 이기적 관점에서 벗어나려 할 때이다. '일곱 가지 마음수련법'은 생각하는 방식, 생각하는 대상, 감정을 이용하는 법을 재정립하여 우리가 보다 지적으로 생각할 수 있게 해 준다. 대승불교에서는 우리가 비지성적인 사고방식을 지적인 사고방식으로 점차 개선할 수 있다고 한다.

일곱 가지 마음수련법과 보살 수행은 '완전'이라는 이상에 비해 우리가 어느 지점에 있는지를 인식하고 그에 따라 점진적으로 자신을 개선하는 것이다. 로종의 일곱 가지 수련법은 경험에 대한 지적인 해석과 우리가 생각과 감정을 이용하는 방식에 기반한다. 생각과 감정을 우리와 다른 사람을 향상시키는 데 사용할지, 아니면 우리를 위험하게 하는데 사용할지는 항상 우리 자신에게 달려 있기 때문이다. 완전을 성취하는 건 가능하다. 그런데 마음수련을 함으로써 완전을 추구해야 한다. 즉시간을 들여 점진적으로 완전에 접근해야 한다는 의미다. 그것은 순전히 이기적이고 자기중심적이며 자신에게만 몰두하는 태도 혹은 반대로 전혀 이기심 없이 완전히 이타적이고 다른 사람만 고려하는 태도 중 하나를 선택하는 문제가 아니다. 요점은 천천히 그리고 철저히 우리의 결점을 완전으로 변화시켜 고귀한 존재Aryas의 길을 갈 수 있게 되는 것이다.

일곱 가지 마음수련법을 수행해서 완전함을 이루려면 우리의 불완전함을 인식해야만 한다. 자아에 대한 집착이 없다면 마음수련도 존재하지 않을 것이다. 완전함을 성취할 필요가 없기 때문이다. 그래서 대승불교의 가르침에서는 우리의 불완전함을 창피해하거나 끔찍하게 여기지 말고 "보리bodhi를 기르는 거름"으로 여기라고 한다. 보리는 '깨달음'이라는 뜻이고, 거름이란 우리가 끊임없이 씨름해야 하는 문제와 겪어야 하는 번뇌를 의미한다.

로종 수행에서는 지성을 모든 세속적 활동에 활용한다. 다시 말해 명상 수련에 의해서든 과도한 지성화와 합리화에 의해서든, 감정을 억제하여 감정의 양분을 빼앗지 않는 것이 중요하다. 부정적 감정을 긍정적 감정과 명백히 구별하고 강박적 생각을 자신과 남에게 도움이 되는 생각과 명백히 분간할 때 지성이 생긴다.

비이기적으로 세계를 이해하고 자신을 평가하는 수련을 해서 그런 지성을 개발할 수 있다. 일부 서구 불자佛子들이 아는 것과 달리 불교에서는 자기 평가를 거부하지 않는다. 단 지성에 의한 자기 평가는 유용하지만 자아에 집착하는 자기 평가는 유용하지 못하다.

로종 수행의 핵심은 "왜 나는 고통받는가? 어째서 나는 그렇게 많은 부정적 감정과 망상 상태에 있는가?"라는 근본적 물음이다. 불교의 관점으로 보면 문제의 원인은 이기적 인식과 망상적 마음 상태이다. 그것은 필연적으로 왜곡된 사고와 불안한 감정을 유발하여 자신을 포함해 어느 것도 명확히 이해하지 못하게 한다.

마음수련의 가치는 지성을 이용하지 않고 단지 의지력을 발휘하는 관점을 배우는 게 아니다. 그런 식으로도 삶을 변화시킬 수 있다. 하지만 이기심을 초월하는 지성을 이용하지 못하면 피상적인 변화를 벗어날 수 없다. "다시는 이걸 하지 않겠어. 그리고 저걸 시작할 거야" 혹은 "지금부터는 이런 식으로 혹은 저런 식으로 사물을 바라보겠어"라고 세속적이고 지적으로 결심해도 진정한 변화는 일어나지 않는다. 진정한 변화가 일어나려면 곤경에 빠졌을 때 포괄적 시각을 견지할 수 있는 초월적 관점 혹은 초월적 지식[13]을 갖추어야 한다. 그래야만 우리를 얽매는 악순환으로부터 지속적인 해방을 경험할 수 있다.

로종은 실제로 계곡 아래가 아니라 산 정상에서 보는 마음을 수련하는 것이다. 로종 명상을 수행함으로써 스스로 빠져든 혼란과 그에 따라 필연적으로 생기는 고통을 이해할 수 있을 만큼 충분한 거리를 확보할 수 있다. 까담파 스승들에 따르면, 실제 문제는 자신의 불행을 두고 늘 다른 사람을 비난하는 것과 자아에 집착하는 이기적 마음 탓에 지칠 줄 모르고 자신을 학대해서 괴로움을 일으키는 것이다. 로종 수행은 남을 탓하지 않으며 잠시 자신을 바라보고 다시는 이렇게 결과가 뻔한 어리석은 짓을 하지 않겠다고 맹세할 수 있는 기회를 준다.

이런 어리석은 행위를 중단하는 한 가지 길은 "나 자신을 살펴서 어떤 자기 파괴적 행위를 하는지 알고, 그것을 그만두려고 노력하겠다"고 말하는 것이다. 하지만 로종 같은 대승불교 수행은 그런 방식보다는 문제의 핵심을 해결하라고 조언한다. 즉 자신의 감정, 행위, 신념을 직접 다루려 하면 피상적인 결과밖에 얻을 수 없을 것이다. 문제의 원인이 아니라 겉으로 드러난 증상만 고치려는 것이기 때문이다. 대승불교의 가르침에서는 해로운 식물을 제거하려면 뿌리째 뽑아야 한다고 말한다. 단지 가지만 잘라서는 완전히 없앨 수 없기 때문이다. 이와 마찬가지로 자신의 마음을 속속들이 해부하여 몹시 해로우며 스스로를 고립시키는 측면을 찾아내 해결하고 개선하는 방식은 우리 삶을 정상으로 회복시키기에 결코 충분하지 못하다. 두려움 없이 바로 자아에 집착하는 습성을 부수어야 로종의 초월적 관점을 받아들일 수 있다. 이것이 자기중심성에서 비롯된 모든 문제를 철저히 부수는 유일한 방법이다. 그에 따라 다른 문제들은 따로 다루지 않아도 자연히 치유된다.

우리의 결점을 해결하는 이런 방식은 대승불교의 중요한 측면으로

'방편[14]'이라고 한다. 로종 수행을 해서 마음이 온전히 긍정적으로 변화하면 오래된 부정적 습성은 직접 없애려 하지 않아도 차차 사라진다. 바로 이것이 로종이 우리의 마음을 근본적으로 변화시켜 진정으로 고통에서 벗어나게 하는 방식이다. 다른 사람이 우리에게 고통을 주는 것보다 더 우리가 자신에게 불필요한 고통과 괴로움을 가한다는 사실을 인식할 때, 남이 우리에게 어떤 행위를 해도 이전보다 덜 긴장하고 보다 효과적으로 반응할 수 있게 된다.

이렇게 주장하는 근본 전제는 남이 우리를 대하는 방식을 우리가 원하는 대로 바꾸는 게 거의 불가능하다는 단순한 추정이다. 우리는 전능하지 못하고 외부 환경과 상황을 마음대로 할 수 없다. 우리가 원하든 원하지 않든 어떤 일이라도 일어날 수 있고, 실제로 일어난다. 지진이나 홍수 같은 자연재해가 삶을 황폐하고 비참하게 만들 수 있는 것이다. 이렇게 우리는 외부 사건에 아무런 영향을 주지 못하지만 스스로를 완전히 조절할 수는 있다. 무술처럼 극단적인 고통을 참는다는 의미가 아니라 내면의 갈등에 굴하지 않는다는 의미에서 일종의 극기를 할 수 있기 때문이다.

또 로종의 핵심에는 역경을 오히려 유익하게 이용하는 수행이 있으므로 역경을 대하는 능력도 변화시킬 수 있다. 극기를 개발할 수 있으면 외부의 역경도 정신적 성장에 이용할 수 있다. 반대로 망상에만 빠져 있으면 외부의 문제점을 이용하지 못할 뿐만 아니라 내면의 괴로움도 다룰 수 없게 된다. 그 결과 말할 수 없이 큰 충격을 받는다. 내면에서 일어나는 괴로움은 항상 다른 사람이나 외부 상황이 일으킨 괴로움보다 훨씬 더 고통스럽기 때문이다.

　대승불교의 많은 위대한 스승은 우리가 온갖 방법을 써서 다른 사람을 다루는 일을 회피할 수 있어도 우리 자신을 피할 수는 없다고 말했다. 즉 우리 내면의 악령은 다름 아닌 자신의 그림자라는 것이다. 우리의 그림자는 잘 때 꿈과 악몽으로 나타나고, 깨어 있을 때는 우리가 보고 듣고 냄새 맡고 맛보고 만지는 모든 것에 모양과 형태와 색채를 부여한다. 그런 미묘한 내면의 생각인 그림자는 다른 사람에 대한 반응, 우리의 처신 그리고 자기 평가에 지대한 영향을 준다. 이처럼 고통과 괴로움의 진정한 근원은 외부가 아니라 내면에 있음을 이해할 때 로종 수행에서 강조하는 지성을 개발할 수 있다. 이는 다른 사람과 외부 사건이 우리에게 문제를 일으킬 수 없다는 의미가 아니다. 일어난 문제를 다룰 수 있는 여러 방법이 있다는 것이다.

　결국 고통에서 벗어날 수 있는 길은 오직 마음수련밖에 없다. 지혜와 자비심을 수행하는 궁극적 이유는 그것이 삶을 풍요롭게 하고 고통을 끝내는 길이기 때문이다. 자비심은 다른 사람의 고통에 대한 응답일 뿐만 아니라 자신의 고통에 대한 응답이기도 하다. 자비심이 없으면 초월적 관점을 받아들일 수 없으므로 산 정상에서 전체를 조망하지 못하고 계곡의 좁은 틈으로 올려다볼 수밖에 없다. 그런 좁은 관점으로는 자기중심적 집착에서 벗어날 수 없고 고통이 그치지 않을 것이다.

　로종 수행에서는 다른 사람을 향한 자비심을 불러일으킬 때 자신에 대한 자비심도 나타내게 된다. 남들을 고통에서 벗어나게 하겠다는 소망은 스스로 고통에서 벗어나겠다는 소망과 함께해야 한다. 다른 사람은 내버려 두고 혼자만 고통에서 빠져나올 수 있다는 것은 가장 잘못된 견해이다. 그것은 아득한 과거로부터 우리에게 심어진 잘못된 생각이다. 까담파 스승들은 실제로 우리가 인간으로 성장하려면 다른 사람들이 필요하다고 말한다. 우리가 사랑과 보살핌, 인정과 존중, 칭찬을 받는다고 느낄 때만 발전한다는 생각은 옳지 않다. 우리는 경멸당하고 무시당하고 제지당하고 모욕당할 때도 성장한다. 대승불교에서 말하는 지성을 이용하면 역경 속에서도 성장하는 길을 찾을 수 있다.

# 삶의 진실을
# 성찰하라

---

마음수련의 토대가 되는
예비적인 것들

'예비적인 것들[15]'이란 수행의 토대가 되는 것을 말한다. 예비적인 것들을 성찰하면 수행의 긴급함을 잘 알게 된다. 또 수행 목표를 좌절시키는 부정적 경향에 대처하는 해독제[16]로 활용할 수 있다. 예비적인 것들은 삶에서 무엇이 진정 중요한지 일깨운다. 귀중한 시간을 의미 없고 피상적인 활동에 허비하지 않고 건설적으로 사용도록 분발하게 해 준다. 시간은 매우 빨리 지나가 버린다. 그러므로 우리가 얼마나 급박한 처지인지 깨닫고 아무리 어려워도 굴하지 않고 예비적인 것들을 철저히 성찰해야 한다. 그렇지 못하면 귀중한 기회를 낭비하고 진정 유익한 것을 잃게 된다.

수행에 견고한 토대가 없으면 인내심을 갖고 꾸준히 수행할 수 없을 것이다. 주택 융자금을 갚지 못하고 보험료가 밀려서 걱정하거나 회사에서 승진하려고 진력을 다하는 등 주의를 산만하게 하는 수많은 일이 우리의 지성을 감퇴시키고 수행의 열망을 약화시킨다. 그래서 게으른 태도로 현실에 안주한 채 잠자리에서 간신히 일어나 아무런 목적 없이 하루를 흘려보낸다. 로종의 가르침에서 이런 세속적 권태감을 물리치는 길은 수행을 시작할 때마다 예비적인 것들을 성찰하는 것이다. 그러면 지성이 예리해지고 수행하려는 열정이 되살아난다.

머리보다 몸이 크기 때문에 대개 몸이 가장 중요하다고 생각한다. 하지만 감각 기능과 지성이 머리에서 일어난다는 사실을 고려하면 머리가 더 귀중하다. 머리가 몸보다 더 중요하듯이 예비적인 것들이 수행 자체보다 더 중요하다. 예비적인 것들에서 수행해야 한다는 지향과 동기가 일어나기 때문이다. 예비적인 것들 중 다른 어느 것보다 우선해야 하는 건 '관심을 지닌 겸손'이다. 티베트어 뫼구*mögu*는 '관심*mös pa*'과 '겸손*gus pa*'을 모두 포함하는 의미이다. 뫼구는 서양 문헌에서 종종 '헌신'으로 번역되는데, 전혀 틀린 건 아니지만 티베트어의 의미를 온전히 담은 건 아니다. 까규 계보의 기도에서 "헌신이 명상의 머리이다"라는 말이 "관심을 지닌 겸손이 명상의 머리이다"라는 의미라면, 그 의미를 온전히 인식하게 된다. 관심을 지닌 겸손은 조금도 틀림없이 우리에게 수행을 안내하고 보호하므로 분명히 그것을 명상의 '머리'와 같다고 여긴다.

실제로 수행에서 발전하려면 자신이 귀중한 다르마*dharma*의 감로수를 담을 만한 그릇이 되어야 한다. 산발적이고 제멋대로 열정이 솟을 때만 이따금 하는 수행에 비해 관심을 지닌 겸손으로 유지되는 수행은 더 깊고, 더 폭넓고, 더 오래 지속된다. 우리의 마음은 이미 수많은 판단과 편견으로 가득 차 있기 때문에 호기심과 겸손이 없으면 아무것도 새로 받아들이고 계속 유지할 수 없다. 빼뛸*Patrul* 린뽀체는 『완전한 스승의 구결The Words of My Perfect Teacher』에서 이렇게 말한다.

다른 사람의 말을 경청하지 않는 것은 뒤집어 놓은 항아리와 같다. 귀로 들은 것을 마음에 간직하지 못하는 건 구멍 뚫린 항아리와 같다. 귀로 들은 것을 부정적 감정과 뒤섞는 것은 독이 담긴 항아리와 같다.

다음과 같은 설명도 있다. 어느 자만에 빠진 사람이 선 스승을 찾아나섰다. 드디어 꽤 존경받는 선 스승을 만나자 그는 거만하게 가르침을 달라고 했다. 그 스승은 먼저 차를 한잔 대접하겠다고 했다. 그런데 찻물이 찻잔을 넘어 탁자까지 흘러넘쳐도 스승은 계속 차를 따랐다. 그 사람이 소리쳤다. "멈추세요! 차가 넘쳤습니다!" 그러자 스승이 대답했다. "당신도 넘쳐흐르는 차와 같소."

이기적 투사가 온갖 굴욕감을 주는 탓에 우리는 종종 불합리하고 파괴적이고 기만적으로 행동한다. 하지만 이런 곤혹스러움에도 불구하고 결코 겸손함을 남에게 굽실거리는 태도나 왜곡된 행위로 여겨서는 안 된다. 겸손의 특징은 탐구심과 배우려는 욕구이다. 구도의 길을 갈 때 자신을 과신하거나 오만한 사람은 가슴을 열고 위대한 불교 명상가들의 가르침을 경청하고 실행하는 사람보다 훨씬 더 많은 어려움을 겪을 것이다. 아리야데바Aryadeva(3세기)는 나가르주나Nagarjuna(기원후 150~250)의 제자로 중요한 대승불교 경전을 몇 권 썼는데, 유명한 『관사백론觀四百論(Catusataka)』에서 이렇게 말한다.

편견 없이 지적으로 관심을 가지고

듣는 사람을 그릇이라고 한다.

세속적 성공을 수없이 거두어도 수행하지 않는 삶을 살면 쇠약하고 빈곤해진다는 걸 절대 잊지 말아야 한다. 겸손하고 수용적인 태도를 지녀야 새로운 정신적 차원을 탐구하는 데 필요한 에너지, 열정, 용기를 얻을 수 있다.


# 귀의하기

네 가지 예비적인 것들을 성찰하기 전에 먼저 삼보=寶 즉 세 가지 보물[17]인 부처님, 다르마, 승가에 귀의한다. 삼보는 불교수행의 초석으로서, 모든 선한 자질의 근원이며 우리 마음에 해탈의 씨앗을 심어 주기 때문이다. 삼보 없이 마음수련 하려는 것은 마치 어둠 속에서 구도의 길을 떠나는 것과 같다. 단지 분석만으로는 로종 수행의 진실 여부를 결정할 수 없으므로 삼보에 귀의하는 것은 믿음에 의한 행위이다. 불교는 우리가 배운 것을 논리와 개인적 경험을 통해 시험해 보기를 권한다. 하지만 처음 수행을 할 때는 엄밀한 지성이 그리 의지할 만하지 못하다. 그러므로 믿음의 여지도 필요하다. 잠괸 꽁튈은 이렇게 설명한다.

일반적으로 믿음이 없으면 '하얀' 자질을 개발하지 못한다. 그러므로 종교적 수행에 앞서 믿음이 있어야만 한다. 여러 가지 믿음이 있지만 모든 믿음에는 고귀한 분에 대한 깊은 신뢰와 진실한 존경이 포함된다.

수행이 옳고 효과가 있을 것이라고 믿는 것은 매우 중요하다. 석가모니 부처님도 이렇게 수행해서 윤회의 굴레에서 벗어났으므로 우리는 불교수행이 참되다는 것을 안다. 그러므로 부처님이 깨달음을 얻었다는 것을 확신하고 그분에게 귀의할 수 있다. 석가모니 부처님으로 널리 알려지기 전, 석가족의 싯다르타는 어떤 수행법을 실행하여 목표를 달성했고 그 수행법은 그의 가르침 속에 명확히 담겨 있다. 우리는 그 것을 알기에 부처님의 가르침을 신뢰하고 다르마에 귀의할 수 있다. 한편 불교는 부처님의 가르침을 따르는 사람들의 공동체가 오랜 세월 끊임없이 수행해 온 살아 있는 전통이다. 그러므로 부처님의 가르침을 지지하는 체계를 신뢰하고 승가에 귀의할 수 있다.

## 1. 먼저 예비적인 것들을 깊이 인식하라

인생은 짧다. 실제적이며 지속적인 변화를 일으킬 수 있는 시간은 얼마 되지 않는다. 본질적인 것과 비본질적인 것을 분간하지 못하면 일상적인 일들에 매달리고 하찮은 것을 좇느라 자신을 잃을 것이다. 죽음의 시간이 닥쳤을 때 변화하기에는 너무 늦다. 그러므로 여유 시간이 있을 때 불만족스러운 걸 되뇌기보다 수행에 유리한 여건에 있음을 명심하고 귀중한 기회를 최대한 잘 이용하겠다고 결심해야 한다. 아래와 같은 생각을 언제까지나 마음에 깊이 새겨야 한다.

"이미 많은 시간을 헛되이 보냈다. 더 이상 낭비할 시간이 없다. 이제부터는 의미 없는 일에 시간을 허비하지 않고 삶에 유익하고 건설적인 일을 하겠다."

### 1 귀중한 인간의 몸

예비적인 것들을 성찰할 때는 첫째, 우리가 인간의 몸을 가졌기에 수행할 수 있는 진정한 기회를 얻었으므로 인간의 몸이 깨달음의 토대임을 인식하는 것부터 시작한다. 보통 인간의 몸이 얼마나 귀중한지 모르고 당연히 여기는 탓에 삶에서 부정적인 일이 발생하면 맥을 못 춘다. 정상인 몸을 가진 것이 얼마나 큰 행운인지 알지 못한 채 대개 아주 사소한 일을 걱정하는 데 온 마음을 빼앗긴다. "맙소사, 일 킬로그램이나 살이 더 쪘어"라고 실망하거나 아침에 일어나 눈가에 주름이 세 개더 생긴 걸 보고 슬퍼서 다시 침대에 쓰러진다. 이러는 대신 수행할 수 있는 기회를 잘 이용해서 결실을 거두어야 한다. 유명한 수행자 밀라레빠는 이렇게 권했다.

아, 혼란 속에 있는 세속의 사람들이여,

늘 삶의 여가를 낭비하고 하염없이 시간을 흘려보낸다.

마음은 언제나 "다르마를 수행해야 한다"고 생각하지만

흘러가는 시간 속에 인생을 낭비하고 있다.

가장 큰 잘못은 귀중한 것을 이미 갖고 있으면서도 알아보지 못하는 것이다. 없어진 다음에야 그게 소중하다는 걸 깨닫지만 그때는 이미 너무 늦다. 전통 대승불교의 가르침에서는 인간의 몸이 매우 귀중하며 얻기 힘든 것이라고 한다. 이것을 단지 미사여구로 여길지 모르지만 셀수 없이 많은 곤충에 비하면 인간이 상대적으로 드물다는 사실을 알 수 있다. 이런 식으로 존재 가능한 양태들을 헤아리는 사고방식을 넓혀야 한다. 샨티데바는 『입보리행론』에서 이렇게 말한다.

> 이런 이유로 세존께서 말씀하셨습니다.
> 끝없이 넓은 바다 위에 떠 있는 널빤지 구멍으로
> 우연히 거북이 목을 내미는 것처럼
> 사람으로 태어나는 건 지극히 드문 일이다!

이처럼 인간의 몸이 얼마나 귀중한지 알게 되면 우리의 몸을 조건에 얽매이지 않는 의미와 기쁨을 담는 정신적 매체로 변형시킬 수 있다. 여섯 가지 존재 양태*를 윤회하는 가운데 인간의 몸으로 다시 태어나는 것은 매우 어려운 일이다. 게다가 "귀중한 인간의 몸"이라고 할 수 있는 정상 기능을 갖추고 여가를 보낼 수 있는 기회를 갖는 것은 더욱 드물

---

\* 중생이 윤회하는 여섯 세계인 육도(천신, 아수라, 인간, 동물, 아귀, 지옥)에서 존재하는 모습을 말한다.

다. 이러한 존재 상태를 티베트어로 델 죠르*dal 'byor*[18]라고 하는데, 델*dal*은 '장애가 없는', 죠르*'byor*는 '어떤 자질이 있는'이라는 의미이다. 귀중한 인간의 몸을 얻은 기회를 빼앗기기 전에 변덕스럽고 산만한 마음을 길들여야 한다. 그리고 파담빠 쌍계Phadampa Sangye(12세기)가 제자들에게 권고한 말을 귀담아 들어야 한다.

> 자유와 원만을 갖출 때 인간의 삶은 마치 보물섬과 같으니
>
> 띵라Tingri 사람들이여, 실패해서 빈손으로 돌아오지 마라.

여기서 장애란 비참할 만큼 가난하고, 음식이 부족해 굶주림이 만연하고, 전쟁이 그치지 않고, 오래 살지 못하는 환경에 태어나는 것이다. 그런 삶은 헤아릴 수 없는 고통이 가득하고 모든 조건이 불리하다. 그런 존재 상태에서는 수행을 추구할 만한 여유가 없다. 우리에게 주어진 자유는 인간으로 태어나고, 수행할 수 있는 여가가 있고, 몸과 정신이 건강하며, 바른 가르침을 만나고, 그 가르침을 알아볼 수 있고, 남에게 자비심을 느낄 수 있는 도덕적 민감성을 가진 것이다. 다시 말해 인간의 몸은 우리가 인간으로 환생할 수 있는 정신적 존재를 개발하는 데 필요한 모든 능력이 있다. 사실 수행에 필요한 자질과 여가를 갖지 못한 사람도 많다. 그러므로 수행할 때마다 자신에게 그런 자유와 자질이 있음을 상기하고 마음에 깊이 새겨야 한다.

"나의 삶은 지금과 전혀 다를 수 있었다. 아기일 때 숨질 수 있었고, 심각한 신체장애나 지능 장애로 힘겨울 수 있었고, 지독한 가난에 시달

렸을지도 모른다. 또 정신적 삶을 배척하는 온갖 일을 겪을 수도 있었다. 그러니 나는 정말 운이 좋구나!"

## 2 무상無常

두 번째로 성찰할 예비적인 것은 귀중한 인간의 몸은 얻기도 매우 어렵지만 쉽게 잃을 수도 있다는 것이다. 우리는 유한한 존재인데다 사실상 태어나는 순간부터 소멸이 시작되기 때문이다. 따라서 오만한 태도로 하찮은 것에 집착하느라 삶의 무상함[19]과 위태로움을 성찰하지 못하고 계속 수행을 미룰 수 없다. 많은 사람이 다음에 무슨 일이 일어날지 알 수 없으므로 미래의 일은 걱정하지 말고 오늘을 즐기며 살아야 한다고 생각한다. 언제든지 버스에 치여 죽도록 정해진 운명이라면 순간을 즐기자는 것이다. 하지만 그런 숙명론적 태도는 삶에 아무런 의미를 줄 수 없다. 반면 우리 존재가 처한 곤경을 알고 절박함을 깨달으면 자기만족에 안주하는 게으름을 떨치고 계속 수행을 미루는 습성에 도전하게 된다. 잠괸 꽁튈은 자서전에서 이렇게 말한다.

> 사별한 남편을 못 잊어 슬퍼하는 과부처럼,
> 내가 무엇을 해야 할지 또 무엇이 가장 좋은지 모르기에
> 과거의 업과 현재의 환경이
> 치명적인 불치의 병을 일으킬까?
> 그래서 나는 오늘밤 아니면 내일 아침에 죽을까?
> 무력함과 무상함이

스승이 되어 조심하라고 가르쳐 주었다.

인생에서 추구할 만한 가치가 있는 것은 무엇이고, 없애야 할 것은 무엇인지 숙고해야 한다. 우리는 삶에서 무엇을 우선해야 하는지 모르는 일이 너무 많다. 부정적 감정을 긍정적으로 변화시키는 것을 무시하고 오히려 비참하고 쇠약하게 하는 망상의 유혹을 열심히 좇는다. '의존적 존재 상태[20]' 즉 윤회는 덧없고 찰나적일 뿐 진정한 편안함도 안도감도 주지 못한다. 그러므로 지금 당장 정신적 풍요를 마련하기 위해 무언가를 하지 않으면 더욱 고통과 불행을 겪을 수밖에 없다. 나이가 몇이든 우리에게 지금 주어진 기회가 영원히 지속되기를 바랄 수는 없다. 그래서 파담빠 쌍계는 열렬히 간청한다.

인생은 너무도 덧없어 마치 풀잎 위의 이슬 같으니
띵리 사람들이여, 게으름과 무심함에 굴복하지 마라.

죽음을 피할 수 없다는 것과 더불어 모든 것은 변하기 마련이고 일시적이라는 것을 성찰해야 한다. 산은 견고하고 움직이지 않아 변하지 않는 것 같지만 역시 변하고 있다. 지질학자들은 지구의 대륙판이 이동함에 따라 히말라야 산맥도 계속 커지고 있다고 말한다. 로종의 가르침은 물리적 환경을 조사해서 잠시라도 변하지 않고 그대로 있는 것은 아무것도 없음을 직접 보라고 권한다. 다음의 성찰을 낭송하면서 우리가 죽는다는 사실과 무상의 가혹함을 정말 제대로 알아야 한다.

"거대한 산도 변하고 사라지기 마련이라면, 나의 몸은 말해 무엇하겠는가. 몸은 병에 걸리고, 쇠약해지고, 악천후와 각종 사고에 시달리고, 온갖 해로움을 당하기 쉽다. 그러므로 지금 있는 기회가 영원히 사라지기 전에 이용해야만 한다."

### 3 윤회의 괴로움

예비적인 것들 중 세 번째인 이 성찰은 인생이 본래 불만족스럽다는 의미가 아니다. 단지 세속적 성공을 추구해서는 결코 진정한 인생의 목적이나 의미를 찾을 수 없다는 사실을 강조한다. 우리가 잘못된 방향으로 노력하는 탓에 삶에서 의미를 찾고자 행하는 많은 일이 오히려 더 큰 좌절과 고통과 실망을 초래하고, 우리는 제자리를 맴돌며 같은 실수를 반복한다. 직장에서 승진하고, 아기를 낳고, 새 애인을 사귀는 일은 결코 진정한 만족감을 주지 못한다. 그런 일들이 어떤 수준에서 삶을 풍요롭게 하지 못한다는 의미가 아니라 본질적인 풍요로움을 줄 수 없다는 뜻이다. 왜냐하면 우리의 잘못된 기대와 희망 탓에 세속적 경험과 성취는 늘 불만의 원인이 되기 때문이다. 희망과 기대를 가지면 안 된다는 말이 아니라 윤회의 해악에서 벗어날 수 있다는 희망과 기대가 문제라는 의미다. 우리 마음의 깊은 곳에서 모든 것이 헛되고 속박되어 있다는 느낌은 의존적 존재 상태(윤회)의 본질을 나타내는 것일 뿐이다. 세속적 의미로 어떤 일을 해도 그 느낌을 덜어 낼 수 없다. 여기에 덧붙여 결코 피할 수 없는 늙음, 질병, 죽음 그리고 상실과 이별의 고통, 파괴적 환경의 고통까지 고려하면 세속적 성취를 이루는 것만으로는 인생을 완성할 수 없음을 알게 된다. 이 점에서 밀라레빠는 매우 단호하다.

어떤 일을 하든 고통을 초래하므로 헛되다.
어떤 생각을 하든 무상하므로 헛되다.
무엇을 성취하든 환상에 불과하므로 헛되다.
이 모든 것을 다 가진다 해도 헛되다.
윤회를 이루는 요소들은 헛되다.

일시적 욕구를 채우는 것은 근본적 욕구를 충족하는 것과 전혀 다르다는 사실을 조금도 의심해서는 안 된다. 이것을 분간하지 못하면 본래 근본적 욕구를 채울 수 없는 헛된 만족을 좇다가 끊임없이 좌절하게 된다. 예로부터 티베트에서는 그런 태도를 모래에서 기름을 짜내려 애쓰는 일에 비유한다. 바로 그 때문에 우리는 명확한 방향도 목적도 없이 한 생에서 다음 생으로 윤회하며 정처 없이 떠돈다. 일시적으로 필요한 것은 일시적 수단으로 채워야 하고, 정신적 목표를 이루려면 정신적 수단을 이용해야 한다. 그래서 샨티데바는 이렇게 말한다.

높은 지위에 있는 사람은 머리가 아프고
보통 사람들은 몸의 고통을 겪습니다.
날이면 날마다 머리의 고통과 몸의 고통이
세상 사람들을 짓누릅니다.

우리의 경험을 적절히 살펴보면 기분이 좋을 때에도 실상은 전혀 즐길 만하지 않다는 것이 분명하다. 기쁨은 영원하지 않고 단지 근본적 고통을 일시적으로 가릴 뿐이어서 기쁨이 가라앉으면 고통이 더 명백해진다. 우리가 윤회하는 한 기쁨으로 보이는 것은 순식간에 사라진다. 이는 약물과 술에 의존하는 사람이 취하기 위해서는 점점 더 많은 양을 먹어야 하는 것과 유사하다. 즉 윤회의 기쁨은 대부분 기쁨의 원인으로서 시작되지만 이내 큰 고통의 원인으로 변한다. 감각 경험은 매력, 혐오, 무관심을 느끼며 반응하게 만들어 정신을 산만하게 한다. 무언가를 원할 때는 감각에 빠지고, 혐오감을 느낄 때는 반감이나 무관심을 일으킨다. 이런 반응은 번뇌를 일으키고 결코 진정한 기쁨과 평안을 주지 못한다. 우리가 원하는 것을 결코 얻을 수 없는 곳에서 얻으려 헛되이 애쓴다는 사실을 아래 성찰이 일깨워 준다.

"나의 경험은 대개 불쾌하다. 번뇌로 마음이 완전히 흐트러지고 불안하기 때문이다. 즐겁다고 느낄 때조차 사실은 위장된 고통일 뿐이다. 일시적 목표는 단지 일시적 욕구를 채울 수 있을 뿐이므로 오늘부터 계속 수행에 매진하겠다."

### 4 업業의 원인과 결과

마음 상태와 행위 사이의 연관을 성찰하는 것이 매우 중요하다. 업業[21]은 '세 문'인 봄과 말과 마음의 의도적 행위 즉 의지를 갖고 행동하고 말하고 생각하는 것에 의해 형성되고 유지된다. 우리의 행위와 반응은 행위(업karma)의 원인과 결과를 이루고, 이어서 업은 우리가 경험하는 것을 결정한다. 그러므로 우리의 마음은 우리를 고귀한 존재가 되게 하거나 반대로 혼란과 고뇌로 비참한 상태에 빠지게 할 수 있는 잠재력이 있다. 우리의 행위는 물 위를 지난 발자국과 달리 마음에 새겨지고 무효화하지 않으면 예외 없이 그 결과가 나타난다. 13대 까르마빠Karmapa* 인 두뒬 도르제Dudul Dorje(1733~1797)는 이렇게 말한다.

> 혼란이 머무는 빈 곳에서
> 욕구는 마음에 새겨져 변하지 않는다.
> 돌을 부식해 새긴 것처럼.

우리가 경험하는 생각과 감정, 태도와 신념이 우리의 성격과 기질을 형성하고 어떤 사람이 될지 영향을 준다. 의존적 존재 상태(윤회)의 특징은 망상, 번뇌, 혼란, 온갖 불안이다. 어째서 기쁨은 그토록 덧없고 일시적인 데 비해 고통은 그렇게 많은지 스스로 질문해야 한다. 그 답은 바로 우리의 부정적 행위가 낳은 업의 결실[22]이라는 것이다. 잠괸 꽁튈은 이렇게 말한다.

> 유익한 행위의 결과는 행복이고 유익하지 못한 행위의 결과는 괴로움이며 그 밖에 다른 건 없다. 그 결과는 서로 바뀔 수 없다. 메밀을 심으면 메밀이 나고 보리를 심으면 보리가 난다.

---

* 티베트불교에서 까규빠의 수장을 가리키는 말이다. – 역자주

이러한 원인과 결과의 순환은 가차 없이 계속된다. 하지만 고결한 수행의 길을 따르기 시작하고, 유익한 행위 즉 선업善業[23]을 해서 윤회의 과정을 뒤바꾸는 법을 배우면 달라질 수 있다. 어떤 행동이 유익한지 유익하지 못한지 결정하는 것은 행동을 하는 의도이다. 그러므로 의도가 무엇인지에 따라 미래의 경험이 결정된다. 업의 원인과 결과에 대해 다음과 같이 성찰해야 한다.

"지금 겪는 괴로움은 과거에 내가 한 부정적 행동, 태도, 생각, 감정의 결과이다. 그리고 지금 생각하고 말하고 행하는 것이 미래에 내가 무엇을 경험하고 어떤 사람이 될지 결정한다. 그러므로 이제부터는 업의 진리를 성찰하고 열정과 긍정적 의도를 가지고 수행하겠다."

# 의미 있고 목적 있는 삶을 위해
# 성찰해야 하는 네 가지

어떤 탐험이 성공하기를 바라면 반드시 적절히 준비해야 한다. 계획을 제대로 세우지 않으면 곧 싫증이 나거나 도중에 탐험을 중단하고 돌아가게 될 것이다. 그런 망설임과 부족한 인내력은 수행에도 방해가 되므로 정신적 여행을 하려면 반드시 철저히 준비해야 한다. 예비적인 것들을 수행하는 것은 세 가지 기능이 있다. 수행을 시작할 때 유익하고, 수행을 하는 동안 유익하고, 수행을 마칠 때도 유익한 것이 그것이다. 수행을 시작할 때 예비적인 것들을 성찰하면 동기유발이 되어 적극적으로 수행하게 된다. 수행하는 동안 예비적인 것들을 성찰하면 계속해서 부지런히 수행할 수 있다. 수행을 마칠 때 예비적인 것들을 성찰하면 수행의 성취감을 얻는 데 도움이 된다.

예비적인 것들을 성찰한 내용은 너무 비관적이어서 삶의 기쁨을 부정한다고 염려하는 사람이 많다. 하지만 이는 예비적인 것들을 성찰하는 취지를 완전히 오해한 것이다. 세상에 등을 돌리고 삶에 흥미를 잃게 하려고 예비적인 것들을 성찰하는 게 아니다. 예비적인 것들은 목적이 있는 삶과 의미 있는 삶을 살도록 가르치는 방편이다. 바로 모든 것이 무상하다는 사실 덕분에 삶에서 긍정적 변화를 일으킬 기회를 가질 수 있다. 그러므로 환경이 갑작스레 변할지도 모르는 정해지지 않은 미래까지 미룰 것이 아니라 할 수 있을 때 긍정적 변화를 일으키려 노력해야 한다.

불교의 관점에서 제대로 산다는 것은 후회 없이 사는 것이다. 인생을 사는 본질적인 방식과 비본질적인 방식을 분간하기를 배우고 온 힘을 다해 본질적인 방식으로 살 때 후회가 생기지 않는다. 후회스러운 삶에서는 '쓸모없음'이 명백히 드러나는 데 비해 온전히 살아온 인생에는 성공의 징표가 따른다. 예비적인 것들을 명상하면 의미와 목적이 있는 삶을 사는 데 무엇이 중요한지 날마다 되새길 수 있다.

# 보리심 깨달은 마음 을
# 개발하라

지혜와 자비심을 개발하는
실제 수행

로종의 두 번째 수련법은 명상할 때 보리심을 개발하는 실제 수행[24]을 말한다. 이것은 로종 가르침의 핵심이고 로종 수행과 성찰의 일관된 주제이다. 보리심bodhichitta은 티베트어로 '왕 춥 끼 셈bhang chub kyi sems'인데 '깨달은 마음'이라고 번역할 수 있다. 왕 춥 bhang chub은 '깨달은'이라는 뜻이고 셈sems은 '마음' 혹은 '가슴'을 의미한다. '왕 춥'에는 두 가지 함축된 의미가 있다. '춥'은 '깨달음의 속성과 자질을 가진'이라는 의미이고 '왕'은 '더럽히는 경향으로부터 벗어남'을 의미한다. 일반적으로 보리심이란 생명 있는 존재를 위한 자비로운 염려라고 하며, 진정한 보리심을 일으키는 사람은 자비심[25]과 초월적 지혜[26]를 갖추게 된다.

보리심 즉 깨달은 마음을 개발하는 데는 두 가지 측면과 두 가지 수행이 있다. 그것은 절대적 보리심과 상대적 보리심이다. 전통적으로 대승불교에서는 새가 날 수 있으려면 두 개의 날개가 필요하듯이, 수행을 성취하려면 두 개의 날개가 필요하다는 비유를 든다. 그것은 지혜의 날

개와 자비심의 날개이다. 절대적 보리심은 지혜의 마음, 상대적 보리심은 자비심을 개발하는 것이라고 할 수 있다. 궁극적으로 절대적 보리심과 상대적 보리심은 분리될 수 없다. 하지만 먼저 이 둘을 구별할 줄 아는 것이 중요하다. 로종의 가르침은 주로 상대적 보리심을 개발하는 수행을 말하지만 절대적 보리심이 핵심 기준이며 마음수련의 토대라는 점을 절대 잊어서는 안 된다.

자비심 개발은 로종 수행의 참다운 핵심이다. 자비심은 남의 고통을 덜어 줄 뿐만 아니라 자신의 정신적 변화를 일으키는 강력한 도구이기도 하다. 즉 우리는 다른 사람에게 자비로운 관심을 갖는 법을 배워야 한다. 그 이유는 자비로운 관심을 가지면 분별²⁷⁾과 번뇌²⁸⁾와 자기 집착²⁹⁾을 넘어설 수 있고, 무지와 편견과 두려움과 망설임과 의심의 장벽을 무너뜨릴 수 있기 때문이다.

그에 비해 절대적 보리심은 우리의 진정한 본래 존재 상태이므로 깨달음 중 지혜의 측면에 관련된다. 중생이 수많은 망상과 미혹에 빠져 있지만 그들 마음의 한 요소는 더럽혀지지 않는다. 개념과 관념과 감각 너머에 열려 있으며 공空하고 티 없고 광활하고 청정한 마음이 있는 것이다. 그 마음은 시간의 흐름에 들어가지 않기에 오지도 않고 가지도 않으며 경험과 지성 너머에 있다. 이러한 보리심의 수승한 측면을 맥락에 따라 **공空, 자연스러운 상태, 불성佛性, 마음의 본성, 존재의 근거, 궁극 실재, 원초 상태**라고 부른다. 이 말들은 모두 망상과 무지가 있는 마음에도 본래 존재하는 깨어 있음을 가리킨다.

로종은 주로 상대적 보리심을 개발하는 수행이지만 궁극적 목표는 초월적 상태 혹은 절대 상태를 깨닫는 것이다. 이는 단지 세상을 보고 경험할 때 어떤 심리적 변화를 일으키려는 것이 아니다. 우리는 일순간이나마 절대적 보리심을 직접 볼 수 있다. 하지만 저항하기 힘들 만큼 강박적으로 몹시 해로운 생각과 감정에 빠지는 탓에 그렇게 잠깐 마주친 절대적 보리심을 수행하기 시작할 때 변함없는 깨달음으로 안정시키기가 매우 어렵다. 그런데 우리는 얼핏 스친 일시적 깨달음을 전환해서 안정적 깨달음이 자연스러운 상태가 되도록 해야 한다. 왜냐하면 영원히 자연스러운 상태에 머무를 수 있으면 그것이 바로 절대적 보리심 즉 지혜의 마음을 깨닫는 것과 마찬가지이기 때문이다. 자비심을 수행하면 지혜의 마음을 실현하는 것으로 이어진다. 상대적 보리심을 수행해서 바로 깨달음을 얻을 수는 없다. 하지만 상대적 보리심은 무지의 베일을 걷어 올려 항상 존재하는 절대적 보리심을 계속 실현하지 못하게 가로막는 번뇌를 제거하는 데 도움을 준다. 또 본래 깨어 있는 상태를 깨달으면 상대적 보리심과 절대적 보리심이 실제로 같은 것의 두 측면임을 이해하게 된다.


## 절대적 보리심

명상[30]에서 자비심을 개발하여 절대적 보리심을 깨달으려 하기 전에 먼저 '자연스러운 상태[31]'에 자리 잡아야 한다. 모순처럼 들릴지도 모르지만 자연스러운 상태를 쉽게 안정시키지 못해도 절대적 보리심을 명상하는 것은 그리 어렵지 않다. 머무르기와 안정하기는 결코 같지 않지만 수행의 맥락에서 밀접하게 연관되기 때문이다. 그러므로 상대적 보리심을 수행하기 전에 먼저 성찰적 방법인 고요 명상(사마타)[32]을 해서 일시적으로 자연스러운 상태에 머무르기를 배워야 한다. 그러면 변함없이 계속 절대적 보리심을 접하지는 못해도 명상하는 동안 **일시적으로 절대적 보리심에 머무르기를 배울 수 있기** 때문이다. 이 점을 이해하는 것이 매우 중요하다. 이와 반대로 절대적 보리심의 열려 있고 공<sup>쿵</sup>하고 자유롭고 광활하고 청정한 마음에 머무르기를 배우기 전에 먼저 상대적 보리심을 개발하는 로종 수행을 시작하면 마음의 동요가 더 심해질 뿐이다. 마음이 충분히 차분하지 못해 수행을 진정으로 받아들이기 어렵기 때문이다.

이렇게 자연스러운 상태에 머무르기를 강조하는 것은 까규 전통의 특징이다. 로종 수행에 대한 주석에서 티베트불교의 다른 전통들은 주로 공<sup>쿵[33]</sup>의 관점에서 절대적 보리심을 논한다. 이와 달리 까규 전통에서는 절대적 보리심을 논할 때 공이 아니라 지혜의 마음의 광활한 열려 있음 즉 자연스러운 상태에 머무르기의 관점을 취한다. 궁극적으로 공에 대해 개념적 진술을 하는 것이 불가능하기 때문이다. 앨런 월리스B. Alan Wallace가 절대적 보리심을 설명하는 말을 들어 보자.

공에 대한 가르침은 감각으로 명백히 알 수 없으므로 신비라고 한다. 단지 우리를 응시하거나 사물의 겉모습을 관찰해서 공이라는 실재의 모습을 경험할 수는 없다. 왜냐하면 우리 자신과 몸과 환경의 궁극적 존재 양태는 겉으로 보이는 것과 전혀 다르기 때문이다. 그런 의미에서 공은 불가사의하지만 우리는 공을 경험할 수 있고, 공의 경험은 우리의 마음을 근본적으로 변화시킨다.

이러한 구분은 매우 의미 깊다. 다른 학파에서 공을 객관적으로 강조하는 데 비해 까규빠에서는 궁극 실재[34]로서 마음의 청정함[35]을 주관적으로 강조한다. 그 이유는 공은 객관적 실재이고, 자연스러운 상태는 바로 우리 존재의 일부이기 때문이다. 까규 전통에서 '자연스러운 상태에 머무르기'란 마음에 광활한 정신, 청정함, 안정성이 있다는 의미이다. 이 세 가지 성질이 있는 마음 상태에 머무르는 것은 절대적 보리심을 일시적으로 깨닫는 것과 마찬가지다.

절대적 보리심에 대한 명상을 이해하는 다른 길은 견해, 명상, 행위에 대한 불교의 개념과 관련된다. 이 셋은 서로 상호 보완적이어야 한다. 우리는 견해 없이 명상할 수 없고, 명상의 도움 없이 행동을 바꿀 수 없기 때문이다. 로종 수행에서는 절대적 보리심을 명상함으로써 견해를 발전시키고, 상대적 보리심을 성찰함으로써 명상 수행을 하며, 로종 경구들의 도움을 받아 견해와 명상을 일상생활의 행동으로 옮긴다.

## 고요 명상(사마타)

고요 명상은 마음을 진정시키는 기본적인 명상법이다. 삼보에 귀의하고 네 가지 예비적인 것들을 성찰한 후에 결가부좌를 한다. 허리는 곧게 펴고 머리는 약간 앞으로 기울인다. 눈은 조금 뜨고 명상 자세로 자리 잡는다. 입은 꽉 다물지 않고 혀끝은 입천장에 살짝 닿게 한다. 무릎 위에 놓은 왼손 위에 오른손을 포개고 엄지손가락은 서로 살짝 닿게 한다. 숨은 고르게 쉰다. 어깨를 구부리거나 너무 펴지 않는 게 중요하다. 가슴을 약간 앞으로 내밀고 척추를 곧게 펴기 위해 엉덩이 아래 방석을 받치는 게 좋다. 명상 자세 중에서 등을 곧게 펴는 것이 가장 중요하기 때문이다.

우리는 끊임없이 수많은 생각을 하기 때문에 먼저 절대적 보리심을 명상해서 마음을 안정시켜야 한다. 그래야 다음에 이어지는 상상에 의한 수행을 제대로 할 수 있다. 생각과 감정을 제거해서 억지로 마음을 안정시키는 것이 아니다. 그저 생각과 감정을 좇거나 자세히 말하지 않는 것이다. 이 방법은 어떤 생각이 일어나든 시간과 노력을 들여 억제하지 않고 그저 주의를 기울이는 것이다. 어떤 경우에도 생각을 없애는 것은 실제로 불가능하고, 생각을 좇아 버리려 하면 마음이 더 혼란스러워질 뿐이다. 그러므로 마음에 무엇이 생기든 의지로 복종시키려 하지 않고 단지 그것을 알아차리는 데 집중하면 된다. 가장 일반적인 방법은 호흡이나 시각 대상에 주의를 집중하는 것이다. 많은 명상 안내서에서 그것을 자세히 설명한다.

본질적으로 둘 중 하나를 선택해야 한다. 우리는 알아차림을 포기하고 생각을 좇아갈 수 있고, 아니면 생각이 일어날 때 그것을 알아차릴 수 있다. 이렇게 생각을 알아차릴 때 자연스러운 존재 상태에 있는 것이고 바로 그것이 절대적 보리심의 상태이다.

고요 명상을 수행하기 시작할 때는 꾸준히 생각을 알아차리는 것이 어려울 수도 있으므로 마음에서 일어나는 생각 대신 들숨과 날숨에 집중한다. 호흡보다 생각과 감정에 주의를 집중하기가 더 어렵기 때문이다. 이때 자신에게 자연스러운 리듬으로 들숨과 날숨을 세는 방식을 활용할 수 있다. 처음에는 들숨과 날숨을 한 호흡으로 따져서 호흡을 알아차리면서 일곱까지 세고, 다 세면 다시 하나부터 센다.

숨을 내쉴 때는 숨을 내쉬고 있음을 알아야 하고, 숨을 들이쉴 때는 숨을 들이쉬고 있음을 알아야 한다. 일곱까지 세면서 숨을 쉬는 게 편해지면 세는 횟수를 열다섯까지 늘리고, 나중에는 스물하나까지 늘린다. 이렇게 스물하나를 세는 동안 호흡에 주의를 집중할 수 있으면 마음챙김에 어느 정도 익숙해진 것이다.

## 마음을 머무르게 하는 아홉 가지 방법

티베트불교 문헌에는 마음을 머무르게 하는 아홉 가지 방법이 나온다. 지금 말하는 것은 그것을 설명하는 방식 중 하나로 선정禪定[36]보다 집중 명상[37]을 강조하기 때문에 로종 수행에 가장 유용하다. 이 아홉 가지 명상법은 수행 방식인 동시에 사마타가 확립되는 단계를 나타낸다. 이어지는 단계마다 사마타가 더 개발된다.

① **마음을 머무르게 하기**　이 단계를 '마음을 머무르게 하기'라고

하지만 마음에 산란(도거掉擧)[38]과 혼침惛沈[39]이 전혀 없는 것이 아니라 단지 마음이 끊임없이 들뜨지 않는다는 의미다. 요점은 지속 시간에 상관없이 단지 마음이 차분히 머무르는 것이다. 안정된 마음 상태가 유지되지는 않지만 차분함을 경험하기 시작한다. 이 단계에 이르기 전에는 마음이 끊임없이 어떤 활동에 지배당할 수밖에 없는 것 같다. 마음이 안정된 것을 명확히 알아볼 수 있을 때, 그것을 '마음을 머무르게 하기'라고 말한다.

② 지속적으로 머무르게 하기　마음이 차분히 머무르는 상태를 조금 유지할 수 있으면 다음 단계에 이른 것이다. 단지 마음이 명상의 대상에 머무르면서 마음챙김 수행을 계속한다. 산란이나 혼침으로 마음이 흐트러지면 그것을 인식하고 다시 호흡으로 돌아온다. 마음챙김을 하면 마음속에서 일어나는 것을 알아볼 수 있다. 잠깐 동안이라도 마음이 머무르는 상태를 유지할 수 있을 때 '지속적으로 머무르게 하기'라고 한다. 분별이 일어나 집중을 방해할 때는 단지 분별이 일어났음을 알아차리고, 분별이 생기지 않을 때도 역시 그것을 알아차린다. 대개 이 단계에서는 산란이 심해진 후에야 그것을 알아차릴 수 있다.

③ 기워서 머무르게 하기　명상할 때 마음은 끊임없이 차분함과 산란을 오간다. 마음챙김이 점차 익숙해지면 사마타 수행에 주로 장애가 되는 것은 산란과 혼침이라는 걸 알게 된다. 혼미하고 몽롱하며 무기력하게 가라앉은 상태인 혼침은 차분함과 혼동되는 일이 많기 때문에 산

란을 알아보기가 더 쉽다. 산란·혼침과 차분히 머무는 마음이 번갈아 나타나는 상태가 마치 헝겊을 덧대어 기운 낡은 옷과 비슷하므로 이 단계를 '기워서' 머무르게 한다고 말한다. 마음챙김을 하면 일 분 정도밖에 유지하지 못하고 다시 흐트러진다. 하지만 요점은 분별이 일어나는 걸 알아보고 다시 마음을 다잡아 차분한 상태에 머무르게 하기 시작한다는 점이다. 그렇게 안정되어 머무르면 얼마 후에 다시 분별이 일어난다. 하지만 차분함이 흐트러지는 걸 알아볼 수 있으면 자연히 마음은 차분한 상태로 돌아온다. 다시 말해 산란이 일어날 때 마음챙김과 알아차림을 유지하면 산란을 알아보는 바로 그 행위가 마음을 다시 고요한 상태로 돌아오게 한다.

④ **밀접히 머무르게 하기** 분별에 의한 산란이 일어나지 않으면 마음챙김을 해서 명상의 대상으로 돌아가기가 수월해진다. 자신의 마음과 다투는 일이 적어지면 산란은 점차 가라앉는다. 하지만 다른 산만함이 일어나기 시작한다. 그것이 반드시 폭력적이거나 속상한 감정과 연관된 생각은 아니지만 명상에 방해가 된다. 지루함과 무관심이 심해지면 수행에 진전이 없다고 염려하고 명상을 계속하려는 의욕이 꺾인다.

⑤ **길들이기** 그런 염려 탓에 침체되어 있을 때, 문헌에서는 두 가지 해결책을 말한다. 그것은 명상의 유익함을 성찰하는 것과 명상을 회피할 때 초래되는 해로움을 고려하는 것이다. 완전히 흥미를 잃고 억지로 수행하거나 우울한 채 수행하면 안 되고, 명상의 유익함을 되새겨야

한다. 즉 명상이 번뇌의 열기를 식혀 주고, 공격성과 격정의 열기도 식혀 주며, 외롭고 산란한 마음에 진실되고 검증된 해독제를 제공한다는 것을 떠올린다. 자신의 감정과 성격 특성 그리고 수행의 목표를 성찰한다. 또 명상하지 않을 때 정신 상태에 어떤 일이 일어나는지 살펴보면 일상생활에서 사마타 수행을 하는 것이 얼마나 유익한지 더 잘 알게 된다.

⑥ **미세한 산란을 가라앉히기**  부정적 생각과 감정을 명상하며 주의를 집중함으로써 가라앉힘의 단계에 이른다. 예컨대 화났던 일을 떠올리고 그 결과 자신과 다른 사람이 큰 해를 입은 것을 살펴본다. 질투, 시샘, 탐욕, 정욕 등 다른 번뇌도 명상의 대상으로 삼아 주의를 집중해야 한다. 그러면 정욕이나 야망을 좇느라 고통스럽고 모욕적인 상황을 겪은 것을 기억할 수 있다. 또 체면을 구긴 일, 자신을 해치고 비참하게 만드는 행위에 빠진 일, 사랑을 얻으려다 곤란한 처지가 된 일, 목표를 이루고자 속임수를 쓴 일을 기억할 수 있다. 우리가 이렇게 분별을 많이 하는 것과 그것이 전혀 쓸모없음을 돌아보아야 한다. 그런 생각은 한 번만 일어나고 사라지는 것이 아니다. 수백만 가지 생각이 마음속을 지나간다. 그 생각을 주의 깊게 살펴보면 의심, 편집증, 두려움, 걱정, 근심, 욕구 등이 가득한 걸 알 수 있다. 이렇게 마음에 새겨진 것들을 이해하면 사마타 수행을 하고 싶은 욕구가 되살아난다. 우리는 오직 명상을 할 때만 부정적 감정을 상쇄할 수 있기 때문이다.

⑦ **완전히 가라앉히기**  이 명상 단계에 이르면 마음 상태에 마음챙

김과 알아차림을 잘 갖추게 된다. 마음챙김이 깊어지면 알아차림을 일으키고 애써 마음챙김을 하려 하지 않아도 어떤 생각이나 기분이 일어난 것을 알아차릴 수 있다. 이는 산만한 마음을 가라앉혔음을 보여 준다. 이런 긍정적 특성은 사마타 명상을 해서 분별과 번뇌를 감소시킨 결과다. 하지만 이 단계에서 마음챙김과 알아차림에 지나치게 몰두해서는 안 된다. 특별히 어떤 대상을 성찰하기보다 그저 자연스러운 상태에 머무르는 것이 훨씬 더 유익하다.

⑧ **한 점에 집중하기**　흔들리지 않는 결의로 꾸준히 마음챙김과 알아차림을 수행하면 점차 분별과 번뇌에 휩쓸리지 않고 주의를 집중한 상태를 유지할 수 있게 된다. 분별과 번뇌가 완전히 그치는 것은 아니다. 그렇지만 분별과 번뇌가 일어나고 사라질 때 집착하지 않고 "확고한 알아차림"을 유지할 수 있다.

⑨ **명상적 균형에 도달하기**　사마타의 최종 단계는 '한 점에 집중'이라는 개념과 다르다. '한 점에 집중하기' 단계에서 마음챙김과 알아차림을 하려면 여전히 의식적인 노력이 필요하다. 하지만 '명상적 균형[40]'에 도달하면 의도적으로 노력하지 않아도 저절로 명상 상태에 머무를 수 있다. 특정한 대상을 의식적으로 알아차리려 하지 않아도 자연스레 알아차려 인지할 수 있다.

# 마음챙김과 알아차림

마음챙김[41])과 알아차림[42])은 다르지만 서로 연관된 마음의 특성이다. 마음챙김은 다소 의도적으로 주의를 기울여 대상을 더 명확히 인지하는 것이고, 알아차림이란 단순히 현존하는 것이다. 명상 문헌들에서 마음챙김이란 잊음의 반대라고 한다. 마음챙김의 티베트어 '된빠_dran pa_'는 '기억'이라는 뜻으로, 명상의 대상에 확고히 주의를 집중하는 능력을 말한다. 『대승아비달마집론_大乘阿毗達磨集論(Abhidharmasamuccaya)_』에서 마음챙김의 기능은 "알고 있는 것이 마음에서 빠져나가지 않게 하는 것"이라고 한다. 한편 같은 책에서 알아차림이란 정신적 게으름을 없애고 모호함을 깨끗이 제거할 때 점차 개발되는 육체와 정신의 유연한 상태이며, 그에 따라 마음이 통합 상태에 이르게 된다고 한다. 알아차림에 해당하는 티베트어 '셰 신_shes bzhin_'은 사실 명사가 아니라 동사이며 '알아차림의 상태에 있다'는 의미다. 마음챙김과 알아차림의 근본적 차이는 단순히 마음챙김은 의도적으로 불러일으키는 것이고 알아차림은 저절로 일어난다는 점이다. 불교에서 알아차림은 습관적으로 일어나는 것이 아니라 명상 수행으로 배워야 하는 것이다.

까규 전통과 닝마_Nyingma_*전통에서 마음은 본래 알아차리는 것이므로 알아차림이란 마음에 '본래 있는[43])' 요소라고 말하는 것은 의미심장

---

* 티베트불교의 주요 4대 종파 중 하나로 역사가 가장 오래되었다. 8세기 경 빠드마삼바바를 개조로 한다.
 — 역자주

하다. 또 마음의 본성은 '본질적 알아차림[44]'에서 분리될 수 없지만 마음의 흐름을 지배하는 수많은 번뇌와 분별 아래 묻혀 있다고 한다. 상대적 보리심을 수행하면 이런 장애를 감소시키는 데 도움이 되고, 그러면 깨어 있고 늘 현존하는 본래의 청정한 마음을 인식할 수 있다. 이런 깨어남을 반드시 회복해야 한다. 만약 청정한 마음에 영원히 머무를 수 있으면 이미 깨달은 것이기 때문이다. 어떤 의미에서 우리는 이미 깨달았지만 관념의 혼란과 번뇌의 장막[45]에 가려 그 사실을 알지 못할 뿐이다.

## 통찰 명상(비파사나)

우리는 초월적인 정신적 관점뿐만 아니라 세속적 관점만으로도 유익한 행위를 할 수 있다. 이는 대승불교에서 매우 중요한 구분이다. 항상 세속적인 정신 활동을 초월적인 정신 활동으로 전환하려는 노력이 중요하다는 걸 강조하기 때문이다. 그것이 가능하려면 반드시 통찰 명상(비파사나)[46]의 관점을 개발해야 한다.

세속적인 정신이 단순히 선행을 하는 것을 의미한다면, 초월적인 정신은 실재에 대한 통찰에서 비롯된 초월적 행위를 한다는 점이 다르다. 세속적인 정신 행위는 선행을 해서 공덕[47]을 쌓는 것이다. 그럼으로써 더 나은 삶을 살고 번뇌를 덜고 더 행복해질 수 있다. 하지만 초월적인 정신 행위는 이보다 더 많은 것이 필요하다. 진정한 정신성이란 단지 선한 자질과 긍정적 생각과 감정을 개발하는 것만이 아니라 있는 그대로의 실재와 우리의 망상을 구별하기를 배우는 것이다. 그럼으로써 마음의 본성에 대한 통찰을 얻게 된다.

불교수행에는 두 가지 목표가 있다. 하나는 개인적 탁월함을 성취하는 '당면한 목표[48]'이고, 다른 하나는 깨달음을 얻는 '먼 목표[49]'이다. 우연히 주어진 환경처럼 조건에 의존하는 행복을 추구하기보다 내적 성장의 안정성에 기반한 삶을 살 때, 이번 생과 다음 생에서 보다 충만한 존재가 될 수 있다. 깨달음은 존재가 이를 수 있는 최고선이며 오직 수행과 배움을 함께 해야만 점진적으로 도달할 수 있는 장대한 목적지다. 초월적 깨달음을 얻으려면 당면한 목표와 먼 목표가 밀접하게 연결되어야 한다. 세속적 정신 수준에서 활동하는 것만으로는 충분하지 못하기 때문이다. 통찰 명상으로 예리한 지혜를 개발하지 못하면 세속적 집착을 초월할 수 없고 우리 존재의 잠재력을 온전히 실현할 수 없다.

이어지는 다섯 경구는 비파사나 명상을 위한 것이다. 자연스러운 상태의 관점으로 성찰하면 절대적 보리심을 언뜻 볼 수 있다. 이렇게 절대적 보리심을 언뜻 본 것이 뒤에 이어지는 상대적 보리심 수행을 온전하게 한다.


## 2. 모든 현상을 꿈처럼 여겨라

이 경구는 우리가 타고난 지속적인 깨어 있음의 상태이자 공空의 표현인 절대적 보리심에 대한 또 하나의 성찰이다. 공이란 현상 세계는 실재하지 않고, 자존하지 않고, 실체가 없음을 밝히는 불교의 핵심 교리이다. 이 세상은 꿈과 같고, 신기루나 마술 같은 환상이고, 메아리 혹은 물에 비친 그림자 같다는 것이다. 똑같은 세상이 우리의 미혹을 정화하면 우리의 알아차림의 본성을 꾸민 장식품으로 보인다. 왜냐하면 늘 현존하는 실재를 깨달으면 세상은 단지 꿈이 아니라 우리의 깨달은 몸과 지혜의 마음과 자비로운 가슴의 한 측면이기 때문이다. 그러므로 우리는 관계를 맺고 사랑과 자비를 느낄 수 있다. 다시 말해 불성佛性과 동떨어진 것으로서 세상을 볼 때는 환상일 뿐이지만 불성의 한 측면으로서 세상을 보면 지극히 순수하다. 명상 수행에서 사랑과 자비심을 불러일으키기 전에 생각과 감정도 실체가 없음을 이해해야 한다. 이기적 토대의 상부 구조를 파괴하는 초월적 지혜prajna의 능력을 금강저*에 비유해서 명성을 얻은 『금강저 마음수련The Wheel-Weapon Mind Training』에서 다르마락시타Dharmarakshita(10세기)는 그 관점을 이렇게 요약한다.

바나나 나무처럼 삶에는 속심이 없다. 거품처럼 인생에는 속심이 없다. 옅은 안개처럼 삶은 자세히 살펴보면 흩어져 버린다. 신기루처럼 멀리서 볼 때 아름답다. 거울에 비친 상처럼 삶은 정말 진실인 것으로 보인다. 구름과 안개처럼 삶은 정말 안정되어 보인다.

그런데 삶이 실체가 없다고 보는 관점을 실제로 아무것도 없는 '무無'

---

* 고대 인도 신들이 지녔던 무기. 불교에서는 번뇌를 쳐부순다는 의미에서 의식이나 수행 도구로 사용한다.
  — 역자주

혹은 무존재의 교리로 오해하면 안 된다. 어떤 이는 이 관점을 일종의 허무주의로 오해하여 그 존재론적 의미를 완전히 왜곡했다. 불자였던 서양인들 중에는 공空을 아무것도 존재하지 않는다는 의미로 오해해서 불교를 떠난 이들이 있다. 사실 불교를 해설하는 서양인들 중에 이런 오해에 빠진 사람들이 적지 않다. 브리스톨대학의 폴 윌리엄스Paul Williams 교수는 훌륭한 불교학자이며 30년 동안 티베트불교 겔룩빠Gelugpa의 제자였는데, 최근 가톨릭으로 개종했다. 그는 자신의 개종 이유에 대해 불교의 상대적 수준의 사랑과 자비심에 문제가 있기 때문이라고 주장한다. 즉 이웃 사람들이 단지 법法(다르마dharmas, 정신-육체의 기본 원소), 온蘊(스칸다skandhas, 정신-육체를 이루는 구성 요소), 처處(아야타나ayatanas, 정신-육체의 감각기관)로 이루어져 있다면 우리가 사랑해야 하는 실제 이웃은 존재할 수 없다고 여기는 것이다. 게다가 공은 아무도 사랑하지 않으므로 우리도 공에 대해 사랑이나 자비심을 느낄 수 없기 때문에 궁극적 차원에서 우리가 재결합해야 하는 궁극적 타자도 없다고 한다(타자와의 재결합은 그리스도교 신비가들이 오랜 세월 주장해 온 것이다). 윌리엄스 교수는 이렇게 말한다.

> 여기서 불교는 본질적으로 도넛이 아니라 도넛 가운데 구멍과 같은 종교로 생생히 묘사되어 있다. 불교는 고통을 겪는 사람을 자유롭게 해 주는 자비심을 고취하지만 깨달은 사람의 태도 혹은 부처의 태도는 자신의 입장에서 완벽하고 철저한 자기만족일 뿐이다.

공에 대한 초보적인 지적 이해 혹은 적어도 진정한 의미에 대한 암

시를 얻는 것은 그리 어렵지 않다. 공의 교리는 존재의 개념을 배척하는 게 아니다. 그리고 사실 공의 초점이자 존재 이유는 공이란 존재와 비존재 너머에 있다는 것이다. 사물들이 서로 상호 작용하는 역동적 과정 안에 존재할 수 있는 까닭은 오직 사물에 공이라는 비실체적 본성이 있기 때문이다. 실재에 대한 공의 관점은 초기불교의 무상無常[50]과 연기緣起[51]에 대한 가르침에 근거한다. '연기'란 만물이 원인과 조건에 의존하는 상호 의존 작용, 즉 인과 관계의 결과로서 존재한다는 의미다. 하와이대학의 데이빗 칼루파하나David Kalupahana 교수는 연기에 대한 통찰을 다음과 같이 표현했다.*

이것이 있으므로 저것이 있고,

이것이 생기므로 저것이 생긴다.

이것이 없으므로 저것이 없고,

이것이 멸하므로 저것이 멸한다.

나가르주나는 그의 걸작 『중론中論(Mulamadhyamakakarika)』에서 이 정식을 공의 이론으로 체계적으로 해설했다. 그는 주관적 의식과 물질세계는 의존적으로 생겨나고 허무주의와 불멸주의의 양극단 사이의 중도中道를 나타낸다고 명백히 말한다.

---

* 이 구절은 『잡아함경』에 있다. – 역자주

서로 의존하여 더불어 발생하는 모든 것은

공하다고 일컬어진다.

그것은 의존적 명칭이므로

그 자체가 중도이다.


공의 교리는 삶을 거부하기는커녕 항상 사물을 존재의 척도로 여겼다. 다만 사물이 꿈처럼 존재한다고 여겼다. 단지 현상은 "꿈과 같다[52]"고 말하는데, 현상은 원인과 조건에 따라 생기고 사라지며 본성이 없기 때문이다. 사물의 비실체성을 규정하는 것은 인과 관계의 진리이다. 그래서 달라이 라마는 이렇게 설명한다.


결과적으로 내재적이고 독립적인 존재라는 개념은 인과 관계와 양립할 수 없습니다. 왜냐하면 인과 관계는 부수적 사건과 종속성을 의미하는데 비해 독립적 존재를 가진 것은 불변하고 자기 폐쇄적이기 때문입니다. 모든 것은 의존적으로 연관된 사건들과 고정된 불변의 본질 없이 끊임없이 상호 작용하는 현상들로 이루어져 있습니다. 그리고 사건과 현상은 그 자체가 끊임없이 변하는 역동적 관계 속에 있습니다.


그렇다면 공은 허무주의 같은 것이 아님을 알 수 있다. 공은 글자 그대로 만물이 꿈이라고 주장하지 않기 때문이다. 실제 찬드라키르티 Chandrakirti(600~650)와 나가르주나가 지적하듯이, 사물은 공과 연관되어 존재하게 된다고 이해할 수 있다. 만일 어떤 것이 변함없는 실체라면 틀림없이 언제나 존재했는데 어떻게 새로 존재하게 될 수 있겠는가? 만일 우리의 순박한 세계관이 진실이라면 아무것도 죽거나 없어지지 않고 어떤 것도 새로 생겨날 수 없다. 그러므로 세상은 상상도 할 수 없을 정도로 아무런 변화 없이 멈춰 있을 것이다. 이 점을 이해하면 공을 이해하는 데 큰 도약을 한 것이다. 아리야데바는 이렇게 말한다.

> 지속 기간 없이 영원한 것이 있을 수 있는가?
> 영원하지 않다면 어떻게 지속될 수 있는가?
> 처음에 사물이 지속된다면
> 결국 낡지도 않을 것이다.

외부 현상을 면밀히 분석하면 모든 것이 별개로 분리돼 있다는 통상적인 추측이 옳지 않음을 알게 될 것이다. 우리는 독립적 주체가 '여기에' 있고, 물질세계가 '외부에' 있으며, 자기 충족적이고 독립적으로 존재하는 타자들이 외부에 살고 있다고 잘못 생각한다. 이러한 "객관적 실재성(사물성)"이라는 전제를 면밀히 분석해 보아야 한다. 우리는 탁자 같은 외부 대상을 조사해서 진정한 의미에서 탁자라는 이름으로 더 이상 나눌 수 없는 단일한 실체를 발견할 수 있는지 알아본다. 그러면 탁자는 많은 요소가 모인 것이고, 그 요소들은 점점 더 작은 성분으로 나눌 수 있으며, 마침내 어떤 실체도 남지 않는다는 사실이 밝혀진다. 또 이 방법으로 조사하면 갑자기 튀어 나와 스스로 존재할 수 있는 '자아' 같은 것이 없다는 사실도 발견하게 된다. 즉 우리는 몸의 여러 부분과 생각·느낌·기분·태도 등 많은 것이 합성된 것이다. 게다가 느낌·기분·태도와 현재 감정 상태도 많은 것이 합성된 것이다. 그리고 실제로 꽉 붙잡고 "이 것이 나다"라고 말할 수 있는 것을 찾기는 매우 어렵다.

이와 같이 공이란 만물에 '본래 갖추어진 존재가 없음無自性[53]'을 가리킨다. 이는 우리 자신을 비롯한 모든 현상의 특성이다. 만일 사물에 내재적 존재가 있다면 그것은 어떤 영향도 받지 않고 변화 없이 본질적으로 스스로 존재하므로 의존적으로 발생(연기)될 수 없다. 우리는 '자아[54]'와 '타자[55]'가 본래 다르다고 생각한다. 자아는 보호받아야 한다고 느끼는 동시에 타자는 일종의 위협으로 여긴다. 이런 이원적 인식에 의해 자기와 타자의 자리가 고정되어 있다고 믿는다. 그런데 인식하는 자인 주체라는 개념은 오직 인식 대상이 있을 때에만 의미가 있다. '인식하는 자'와 '인식 대상'이 서로 맞물려 있기 때문이다. 그러므로 우리는 상호 작용의 역동적 과정으로부터 자아와 타자라는 관념을 형성한다. 자아와 타자에 관한 우리의 경험은 끊임없이 움직이고 있다. 이는 팽이의 가운데가 움직이지 않는 것처럼 보이지만 사실은 빠르게 돌고 있는 것과 유사하다. 일상적 시각으로 사물을 볼 때 우리의 자리는 움직이지 않는다고 여길 수 있다. 하지만 면밀히 살펴보면 만물은 부단히 변하며 우리도 변함없이 고정된 자리에 있을 수 없음을 알게 된다. 달라이 라마는 우리의 실체적 속성을 언어 체계와 연관시켜 자세히 말한다.

우리는 순진하고 상식적인 세계관에 따라 마치 사물과 사건이 영속적이고 내재적 실재를 가진 것처럼 생각합니다. 세상이 각각 별개의 독립적 실재인 사물과 사건으로 이루어져 있고, 그런 별개의 정체성과 독립성을 가진 사물들이 상호 작용을 한다고 믿습니다. (중략) 이렇게 세계가 견고한 대상들과 고유의 속성으로 이루어져 있다는 관점은 주어와 술어로 이루어진 언어에 의해 더욱 강화됩니다. 언어는 한편에는 실체를 나타내는 명사와 형용사 그리고 다른 한편에는 활동을 나타내는 동사로 이루어져 있습니다.

현상과 절대 실재 즉 공은 본성에 있어서 분리될 수 없다. 그러니 실재를 인식한다 해서 현상을 폄하할 수 있겠는가? 오직 이원적 마음만이 공과 현상을 절대적으로 나눌 수 있다. 마음과 물질이 전혀 다른 실체라고 관념적으로 구분하며 마음은 단지 뇌의 속성에 따른 기능일 뿐이라고 믿는 사람은 그런 주장을 지지할지 모른다. 하지만 서양에서 선호하는 정신과 물질의 구분에 의한 데카르트적 이원론의 관점과 달리 불교에서는 주체와 객체의 관계에 따라 이원론을 말한다. 철학자이자 신경과학자인 크리스토퍼 드캄Christopher deCharms은 이렇게 말한다.

불교의 견지에서, 대상에 비해 더 물질적이거나 덜 물질적인 주체는 없으며 이 점에서 대상과 주체는 동등하다. 불교사상에 따르면 실재 속에는 하나의 본성의 양면이 있다. 이는 단순한 서양의 관점으로는 모순으로 보인다. 티베트불교 전통에서는 실재가 완전히 통합되어 있다고 말하는 것도 옳지 않고, 실재가 분리되어 있다고 말하는 것도 옳지 않으며, 이런 관점에서만 실재를 진실로 이해할 수 있다.

하지만 현상 세계의 상호 의존성을 철학적으로 이해하는 것만으로는 깨달은 관점을 가질 수 없다. 청정한 비관념적 지혜의 마음을 자각해서 공을 안정적으로 직접 깨달아야 한다. 공을 인식할 수 있는 것이 지혜의 마음이기 때문이다. 연기법을 알면 공을 인식하는 데 도움이 되지만, 그것이 곧 현상 세계의 궁극적 본질을 깨달은 것은 아니다. 명상적 알아차림이 함께 있어야만 편견 없는 비관념적 절대적 보리심을 깨달을 수 있다. 공과 현상의 불가분성 그리고 만물의 여여如如함을 흔들림 없이 직접 깨달아야 한다. 이 깨달음은 어떤 생각, 느낌, 감각이 아니라 광대하고 늘 현존하는 마음의 본성의 청정함이다.

단순한 현상 세계의 밑바탕에 여여함의 세계가 있다. 만물이 상호 연관되어 있음을 보는 것은 있는 그대로의 사물을 보는 것이다. 그에 비해 만물의 상호 연관성의 실제 본성은 공이다. 공을 깨달으려면 실재에 대한 깊은 깨달음이 있어야 한다. 실재 자체는 상호 연관되어 있다고 말할 수 없다. 상호 연관성이란 현상 세계를 설명하는 방식인데 비해, 절대적 보리심은 '같다'와 '다르다'는 분별과 관념 너머에 있기 때문이다.

서양인은 항상 공을 그들의 이론과 똑같이 생각하려는 것으로 보인다. 하지만 칸트의 용어로 말하자면, 그런 현대 이론은 모두 현상 세계에 대한 것이지 본체적noumenal 세계에 대한 것이 아니다. 따라서 그런 이론으로는 공을 깨달을 수 없다.

한편 서양의 많은 불교 주석가가 공과 자비심에 대한 대승불교의 가르침이 정반대라고 이해했다. 두 권으로 된 선불교 역사서를 쓴 하인리히 두몰린Heinrich Dumoulin(1905~1995)은 자비심과 공이 전혀 상반된다고 말한다. 예수회 사제이며 다른 점에서는 뛰어난 불교학자였던 그는 지혜와 자비의 통일에 대해 이렇게 말한다.

> 이 관점의 문제점은 인간들 사이의 조화로운 관계를 말할 수 있는 여지가 없는 것처럼 보인다는 것이다. 그들의 주장처럼 덧없는 인간 존재에는 자성自性(svabhava)이 없기 때문이다. 그래서 사실상 도와주고 구원하는 사람도 없고, 도움과 구원을 받는 사람도 없음을 알아차림 하는 상태에서 다른 사람을 도와주고 구원해야 한다. 그리고 이렇게 실체의 환상에 얽매이지 않으면 보다 활동적이고 자유롭게 자비를 행할 수 있다고 한다. 이런 주장에는 논리적인 모순이 있지 않은가?

그의 논리는 진정한 의미에서 아무것도 실재하지 않는다면 자비심도 틀림없이 실재가 아니고 그런 자비심은 아무런 가치가 없다는 것이다. 따라서 말할 수 없이 큰 고통과 비참함을 겪고 개별적으로 실재하는 개인이라는 개념이 있어야만 자비심을 일으킬 수 있다는 결론에 이른다. 이것을 근거로 일부 서양 학자들은 자비심을 공과 연관 지으려는 것이 어불성설이라고 주장했다. 모든 것을 꿈처럼 여긴다면 자비심도, 자비를 받는 사람도, 심지어 괴로움 자체도 환상일 것이므로 자비심을 불러일으키는 게 거의 불가능하다는 것이다.

하지만 대승불교를 잘 이해하는 사람들에 따르면 공의 실재에 의해 자비심의 효력은 줄어들지 않는다. 오히려 공을 바르게 이해할 때에만 진정으로 자비심을 발휘할 수 있다고 주장한다. 다른 사람에게 세속적인 자비심을 느껴도, 거기에는 자비를 받는 이들을 해방시키는 힘이 없다. 자비심은 공의 지혜와 결합되어야만 다른 사람을 해방시킬 수 있기 때문이다. 이렇게 자비심과 공이 결합될 때에만 현상이 별개의 독립적 주체와 객체로 이루어져 있다는 이원적 인식을 초월할 수 있다. 타자를 향해 자비심을 일으키지 못하는 진정한 이유는 자아와 타자라는 관념에 매달려 있기 때문이다. 우리는 어떤 관계를 맺고 있는 대상에게만 자비심을 느낄 수 있으며, 관계란 상호 의존하며 조건에 좌우되는 존재들 사이에만 있을 수 있다. 따라서 공과 자비심은 양립할 수 있을 뿐만 아니라 모든 것이 꿈같은 허상임을 이해하는 것과 자비심을 일으키는 것은 밀접한 관계가 있다.

이와 같은 궁극 실재에 대한 철학적 물음 외에도 스스로 다음과 같이 질문해야 한다. "현상을 꿈처럼 여기는 것은 참자비심을 개발하는 데 어떤 도움을 주는가?" 모든 고통은 집착[56]에서 비롯되고, 현상을 꿈처럼 보는 것은 세상에 대한 집착을 놓아 버리도록 도와준다는 것이 그 대답이다. '자기'와 '타자'에 대한 집착을 점차 포기하고자 노력하지 않으면 결코 자비로워질 수 없고 끊임없이 삶에 고통과 괴로움을 초래하게 된다. 설령 우리가 배려하고 사랑하고 신중하고 공손한 사람이 되고자 노력해도 집착을 놓아 버리지 않으면 근본적인 변화를 이룰 수 없다. 샨티데바는 이렇게 말한다.

자신을 돕거나 남을 위해
나무랄 데 없는 선행을 할 때
우리가 마치 유령처럼 자아가 없음을
항상 잊지 말아야 합니다.

대개 집착은 계속 더 심해져 생각이 더욱 왜곡되고 편향되고 혼란스러워진다. 이렇게 편견에 빠진 인식은 우리가 알지 못하는 새 마음에 속속들이 배어서 우리의 경험을 모두 망쳐 버린다. 이와 달리 현상을 꿈처럼 여기면 집착에서 벗어나 마음을 활짝 열고 모든 존재를 자비심으로 대할 수 있다. 이는 대개 특정한 사람이나 동물에게만 느끼는 한정되고 이따금 일어나는 자비심이 아니라 모든 존재를 향한 자비심이다. 화엄불교 스승들이 말하듯이 자비심은 만물과 상호 연관되어 있음을 느끼고 타자를 동정하고 공감할 수 있는 것이다. 일본불교 화엄종과 선불교 전문가인 캘리포니아 리버사이드대학의 프랜시스 쿡Francis H. Cook 교수는 만물이 상호 연관되어 있다는 화엄의 관점을 불교에서 명상과 계율을 지키는 삶을 강조하는 것과 적극적으로 연관 지었다.

그러므로 수천 겁의 세월을 가기 시작한 보살은 단순히 종교를 믿는 것보다 더 많은 일을 해야 하고, 철학서를 연구해서 존재의 본성을 이해하는 것보다 더 많은 일을 해야 한다. 즉 화엄의 관점이 의심할 여지없이 실재인 듯 행동해야 한다. 그러므로 불교는 명상과 더불어 명상이 외부로 표출된 계율을 지키는 삶을 매우 강조한다. 둘 다 화엄의 법계法界(dharma-dhatu)를 깨닫고 동시에 그 관점의 실재로부터 행동하는 실질적 수단이기 때문이다.

이것은 단지 철학적·지적 훈련이 아니라 사물을 더 명확히 볼 수 있게 해 주는 명상적 사고방식이다. 통합과 해체는 현상 세계의 일부이므로 어떤 상황도 실재로 여겨 집착할 수 없고, 경험을 단순한 공식 패턴으로 규정할 수도 없다. 경험 속에서 안정적인 패턴을 인식한다고 상상하지만 예상치 못한 혼란과 이변이 늘 발생한다. 모든 것을 꿈처럼 여기라고 말하는 까닭은 우리가 인식하는 모든 것이 유동적 상태이고 붙잡으려 애쓰는 즉시 사라져 버리기 때문이다. 까담파의 스승들은 그것을 "그물로 물을 푸려고 애쓰기"라고 말한다. 참자비심은 불이적不二的으로 삶을 바라보는 데서 비롯된다. 그러면 우리의 경험이 자아와 타자의 분별에 깊이 물들지 않을 수 있다.


## 3. 태어나지 않는 의식의 본성을 탐구하라

앞 경구가 현상 세계의 비실체성을 분석하려는 것이었다면 이 경구는 마음 자체의 비실체성을 분석한다. 마음을 명쾌하게 이야기하기는 매우 어렵다. 왜냐하면 일반적으로 마음이라는 것을 불교에서는 '망상에 빠진 마음[57]'이라고 하기 때문이다. 그 마음은 수많은 인지적·감정적 상태로 이루어져 있지만 '정신적 실체'로 여겨지지 않는다. 그런데 망상에 빠진 마음에는 태어나지 않는 의식이 스며 있다.

태어나지 않는 의식은 절대적 보리심이다. 태어나지 않는 의식은 생각도, 느낌도, 사상도, 감각도 아니며 경험도 아니다. 절대적 보리심은 생각이나 관념이 아니라 직접 경험해야 하는 것이라는 말은 옳지만 그렇다고 경험도 아니다. 경험은 일어나고 사라지지만 절대적 보리심은 생기지도 않고 사라지지도 않으며 광대하고 열려 있으며 티 없는 광활함이 있다. 그것은 시작도 없고 도중도 없고 끝도 없기에 "태어나지 않는다"고 한다. 그것은 시간의 흐름이나 혼란, 고통 속에 들어가지 않는다. 이 끝없는 광활함과 청정함은 우리가 상대적 보리심을 수행해서 장애를 제거하여 늘 현존하고 태어나지 않는 의식에 도달할 때 깨닫는 것이다. 그것은 본래 있고 자생적이고 끊임없이 청정한 마음이다.

이 태어나지 않는 의식은 우리에게 본래 있는 '지혜의 마음[58]'이고, 그것에 의해 공空의 궁극 실재를 이해할 수 있다. 게다가 지혜와 궁극 실재의 구분은 단지 체험적 차이일 뿐이다. 마치 설탕과 단맛처럼 지혜와 궁극 실재는 본성에서 나누어질 수 없기 때문이다. 따라서 절대적 보리심을 참으로 깨달으려면 지혜와 궁극 실재가 통합되어야 한다. '태어나지 않는' 의식이라고 말하는 까닭은 그것이 마음 자체에 본래 있기 때문이다. 배우거나 지식을 쌓아 얻을 수 있는 것이 아니다. 어떤 원인에 의해 일어난 것은 그것을 지탱하던 조건이 바뀌거나 사라지면 더 이상 존재하지 못한다. 하지만 태어나지 않는 의식이라는 지혜는 어떤 조건에도 의존하지 않기 때문에 우리가 그것을 이해하려 하는 것과 상관없이 항상 존재한다. 잠괸 꽁튈은 이렇게 말한다.

> 마음에는 기원이 없으므로 무엇보다 마음은 결코 생겨난 것이 아니다. 또 마음은 몸의 안이나 바깥 어디에 있는 것도 아니다. 마지막으로 마음은 어디로 가거나 존재하기를 멈추는 어떤 사물이 아니다. 마음을 분석하고 조사하면 의식의 본성을 정확하고 분명히 이해하게 된다. 의식은 시작이 없고, 어디에 있다고 할 수 없고, 사라지는 것도 아니다.

깊이 성찰하지 않으면 손에 잡히지 않고 덧없는 생각과 감정이 명백히 실재하며 실체가 있다고 오해한다. 마음을 파악하려 애쓸 때 마음에는 어떤 속성도 특성도 없고 실제 무슨 일이 일어나는지조차 알기 무척 어렵다는 것을 알게 된다. 특정한 생각이 일어난 것을 인식하자마자 이미 그 생각은 사라졌다. 생각, 느낌, 감정, 기분, 기질, 특히 좋아하는 것, 습관 등을 면밀히 관찰하고 분석하면 마음속에서 정말 지속되는 건 아무것도 없음을 알게 되어 자유로움을 느낀다. 그것들을 한 꺼풀씩 벗겨 가면 마침내 마음의 가장 깊은 곳에 이르게 되고 그때 남아 있는 것은 순수한 의식이다. 바로 그 순수한 의식이 절대적 보리심 혹은 불성이다. 마하무드라 문헌과 족첸Dzogchen*문헌에서는 그것을 "마음의 본성[59]"이라고 한다. 의식 자체의 기능을 분석하면 또한 "태어나지 않는 의식"이라고 이름 붙일 수 있는 것은 없다는 사실을 알게 된다.

태어나지 않는 의식을 개념적으로 이해할 수 없다면 그것에 대해 명확한 의견을 가질 수 없다. 물론 책을 읽고 연구하고 깊이 성찰해서 태어나지 않는 의식을 추정하여 이해할 수 있다. 하지만 그것을 직접 체험하지 않으면 그 존재론적 의미를 결코 인식할 수 없다. 우리에게는 태어나지 않는 의식이 있으므로 우리가 무지하고 타락하고 혼란한 윤회의 존재로서 아기처럼 비틀거리면서 깨달음을 향해 가고 있다고 여길 필요는 없다. 때로 스스로를 혼란스럽고 부정적인 생각에 빠지게 하는 격심한 감정의 분출을 겪을지도 모른다. 그러나 마음 깊은 곳에 있는 깨달음의 능력은 결코 줄어든 적이 없다. 우리가 자연스럽게 자비심을 나타내는 지혜의 마음을 본래 지녔음을 알게 되면 참사랑과 자비심을 불러일으키는 능력이 고무된다.

## 4. 치유 방법도 있는 그대로 자유롭다

여기서 치유 방법이란 분석이며, 앞에 말한 비파사나(통찰) 수행의 주요 방법이다. 분석은 집착의 대상을 해체한다. 하지만 로종의 가르침에서는 분석 또한 자체의 실재가 없다고 조언한다. 분석이 공空의 본성과 태어나지 않는 의식의 본성을 드러내는 편리한 도구이지만 분석 자

---

\* 닝마빠에서 전해지는 가르침이자 수행법이다. '위대한 완성'을 뜻하는 말로 대원만 수행이라고도 한다.
  — 역자주

체에는 지혜나 뛰어난 정신 작용이 없다는 것이다. 칼이 자신을 자를 수 없듯이 분석은 자신을 분석할 수 없으므로 결국 우리는 비파사나 명상에서 얻는 답을 놓아 버리고 마음을 자연스러운 상태에 머무르게 한다. 잠귄 꽁튈은 이렇게 말한다.

> 치유 방법 자체의 존재, 참존재의 부재에 대한 생각을 볼 때 마음이 언급할 것은 아무것도 없고 그 생각은 자연히 스스로 가라앉는다.

## 5. 만물의 근원인 자연스러운 상태에 머물러라

앞의 경구에서 사마타(고요) 명상으로 돌아간 후, 다음과 같은 가르침으로 로종 수행을 계속한다: 만물의 근원[60]을 근원 의식[61]과 지혜 의식[62], 두 방식으로 이해할 수 있다. 근원 의식은 망상적 경험이 모두 저장되는 곳이고, 지혜 의식은 망상적 경험과 비망상적 경험 모두의 실제 근거이다. 그것을 깨달은 밀라레빠는 이렇게 말했다.

> 대개 윤회와 열반에 연관된 모든 것은 상호 의존적임을 알았다. 아울러 근원 의식이 중립적임을 인식했다. 윤회는 잘못된 관점에 의해 초래된다. 열반은 완전한 알아차림에 의해 증득된다. 윤회와 열반의 본질은 공하고 청정한 의식에 있음을 알았다.

"만물의 근원에 머물러라." 이 구절의 의미가 근원 의식에 머무르라는 것인지 아니면 지혜 의식에 머무르라는 것인지에 대한 논의가 계속되었다. 까규빠 주석가들 대부분은 이 구절이 절대적 보리심 즉 태어나지 않는 의식과 마찬가지인 지혜 의식에 머무르라는 의미라고 해석한다. 잠괸 꽁튈은 만물의 근원은 "신성한 불성佛性이라는 말이 가리키는 것"이라고 말한다.

까규와 닝마 전통에 따르면, 근원 의식은 인지 과정의 구조를 이루는 바탕이다. 그리고 인지 과정은 여덟 가지 의식으로 나눌 수 있다. 먼저 다섯 가지 감각 의식*이 있다. 여섯째 의식은 사유하는 의식의 자리, 이성적 사고 과정의 중추이다. 이어서 일곱째는 '에고' 의식[63]이다. 여기서 우리가 인식하는 모든 것은 자기 정체성에 통합되므로 자기 인식이 일어나는 자리다. 마지막 여덟째로 근원 의식이 있다. 근원 의식에는 모든 기억, 습관적 경향, 감정 반응, 자기 인식의 흔적과 앞의 일곱 가지 의식에 의해 처리된 통각統覺의 흔적이 있다. 이 흔적은 여덟 가지 의식의 상호 작용이 초래한 '윤회적 각인[64]'에서 비롯돼 사물에 대한 경험, 사고 경향, 감정, 태도, 성격 특성을 결정한다. 의식에 떠올라 처리된 것은 아무것도 그냥 없어지지 않고 침전된 것처럼 남아 윤회를 이룬다. 이 모든 것이 항상 일어나지만 우리는 전혀 알지 못한다.

일곱째인 에고 의식은 근원 의식을 자아로 오해한다고 한다. 근원 의식에 모든 경험과 기억이 저장돼 있기 때문이다. 다른 일곱 가지 의식이

---

* 눈 귀 코 혀 몸(피부)으로 인식하는 감각을 말한다. 이를 '오식五識'이라고 한다. – 역자주

처리한 것은 모두 근원 의식에 새겨지고, 그렇게 새겨진 것이 에고 의식에 의해 '나'와 '나의 것'이라는 관념을 중심으로 구조화된 경험을 발생시킨다. 우리가 무엇을 경험하려면 여덟 가지 의식이 작용해야 하고, 그것이 모여 전체 자아감을 이룬다. 이것을 잠괸 꽁튈은 이렇게 표현한다.

> 집착하는 마음 또한 내부나 외부 어디에도 없으며 구체적으로 색깔이나 모양도 없다. (자아처럼) 존재하지 않는 것이 존재한다고 착각하는 에고의 끊임없는 집착으로부터 여덟 가지 의식이 나타난다. 그것은 허공에 핀 꽃 같고 처음부터 공하다.

이런 순수 의식 상태가 절대적 보리심 즉 지혜 의식의 바탕이다. 전통적으로 그것을 바람 한 점 없는 밤에 깜박거리는 램프에 비유했다. 우리는 자연스럽든 의도적이든 여러 방법으로 마음을 머무르게 할 수 있다. 마음을 머무르게 하는 자연스러운 방법은 어떤 대상도 생각하지 않고 애써 집중하지도 않은 채 단지 순수 의식을 유지하는 것이다.

## 6. 명상의 중간에는 환상의 아이가 되어라

수행에서 자신을 고양하고 해방하려면 일상생활에서도 사물의 비실체적 본성을 보는 관점을 유지해야 한다. 사람과 사물을 별개의 고유한 것으로 보지 않고 의존적으로 발생(연기)한다는 것을 이해하고, 이를 일상생활에 적용해야 한다. 연기법을 적절히 성찰하면 매우 다른 관점을 개발하게 된다. 로종 수행을 할 때는 감정적으로 흥분하기 매우 쉽다. 그래서 사랑과 자비의 감정을 다른 부정적 감정과 혼동하게 된다. 로종의 스승들은 보편적인 자애심이 어느새 자기 연민, 절망, 원한, 분노 등 개인적 사연에 대한 감정으로 빠져 버리는 일이 매우 쉽게 일어날 수 있다고 경고한다. 그런 환상에 빠지는 걸 막기 위해 삶을 너무 심각하게 받아들이지 말고 일상생활에서 남을 위한 감정과 자신에 대한 몰두 사이의 균형을 유지할 것을 권한다.

이 경구에서 말하는 '환상'은 모든 사물이 환영이고 마음이 지어낸 것에 불과하다는 의미가 아니다. 단순히 일반적으로 우리가 사건들을 지나치게 실재인 것으로 착각한다는 뜻이다. 그렇게 집착하는 습성을 버리는 것이 더 적절한 행위 방식일 것이다. 전통적으로는 이러한 집착 습성을 '밧줄을 보고 뱀으로 착각해서 두려움과 공포를 느끼는 일'에 비유한다. 그것은 밧줄 자체가 환상이라는 의미가 아니라 단순히 인식 오류의 결과에 대해 일러 주는 것이다. 이와 유사하게 공空에 대한 가르침에 따르면 우리가 다른 사람을 독립적으로 존재하고 자기 폐쇄적인 개인으로 인식하는 것은 혼란스러운 감정을 초래할 수 있는 인식 오류를 일으키는 것이다. 그리고 자기와 타자에 대한 환상이 깊을수록 집착과 감정의 흥분이 더 심해진다.

로종 문헌은 이 세상과 여기 살고 있는 중생들을 그릇[65]과 그릇에 담긴 것[66]으로 묘사한다. 그릇 안에 담긴 살아 있는 것들은 끊임없이 움직이고 상호 작용하고 행동하고 서로의 삶에 영향을 준다. 우리가 서로 비슷하고 또 다르다는 걸 인식할 때 자연스럽게 우리의 존재 안에 자애심과 자비심이 일어난다. 비파사나(통찰) 수행에 곁들여 명상의 중간에 이런 이해를 적용하면 절대적 보리심에 대한 이해에 기반한 적절한 관점을 견지할 수 있을 것이다. 그러면 불미스러운 감정으로 이타적 태도를 더럽히는 경향을 막을 수 있다. 이것을 '바른 관점을 받아들이기'라고 말한다. 생각이 일어나지 않게 막으려 애쓰지 않고 다른 방식으로 생각하기를 배우는 것이다. 바른 견해를 갖추고 자비심을 키우는 일은 로종에서 가장 중요한 두 가지 수행이다. 인위적으로라도 명상할 때 절대적 보리심의 관점을 견지할 수 있으면 상대적 보리심 수행에 더 깊은 울림을 줄 것이다.


## 상대적 보리심

상대적 보리심이란 자비심을 기르는 것이다. 자비심은 다른 덕성이 자랄 수 있게 해 주는 수분과 같다. 그러므로 만일 이기적이고 남에게 무관심하게 행동하면 다른 덕성도 우리의 존재 안에 뿌리내릴 수 없다. 자비심 수행은 이기적이지 않은 관점으로 세상을 이해하는 길을 개발하고 자신을 평가하기를 배우는 것이다. 이기적 인식은 망상적 인식이므로 항상 번뇌와 망상의 정신 상태에 빠지게 한다.

상대적 보리심을 수행하면 이기주의를 초월할 수 있는 지성을 개발하게 된다. 그런 변화를 일으키는 데 필요한 광대한 관점을 얻으려면 절대적 보리심을 수행해야 한다. 그러므로 상대적 보리심은 비파사나(통찰) 명상의 통찰에 기반한다는 것을 기억하는 게 매우 중요하다. 단지 착한 사람이 되고 선한 마음을 갖는 것만으로는 정신적인 사람이 될 수 없다. 따라서 세속적인 친절은 자비로운 행위에 지성과 평등심을 불어 넣는 초월적 의식 상태와 다르다는 걸 알아야 한다.

대승불교의 주요 학파인 중관학파 창시자들인 나가르주나, 아리야데바, 찬드라키르티와 다른 대승불교 학파인 유식학파[67]를 창시한 아상가Asanga(4세기), 바수반두Vasubandhu(330~400) 등 위대한 스승들의 권위 있는 업적은 불교의 발전에 깊은 영향을 주었다. 당시 저자들 대부분은 책의 첫머리에서 부처들과 보살들에게 경의를 표하는 게 관행이었다. 그런데 그와 달리 찬드라키르티가 『입중론入中論(Madhyamakavatara)』의 첫머리를 자비심을 찬미하는 노래로 시작한 것은 특별한 의미가 있다.

성문승들과 불성佛性에 이르는 도중인 이들은 위대한 성인에게서
태어난다.
그리고 부처들은 보살 영웅들로부터 태어난다.
자비, 불이성不二性, 남을 위해 불성을 얻으려는 소망이
(진리의) 정복자의 자녀가 되는 근원이다.

자비는 불성의 풍성한 수확을 낳는 씨앗이다.
더 많은 수확을 거두게 하는 물과 같고

지속적인 행복의 상태로 익게 만든다고 한다.

그러므로 맨 처음에 자비를 경축하노라!


사랑과 자비에 대해 명상하는 것이 여행을 준비하는 것과 같다면 보시 바라밀, 인욕 바라밀, 정진 바라밀, 지계 바라밀[68]을 수행하는 것은 실제로 여행하는 것과 마찬가지다. 예비적인 것들의 수행에서 말하듯이, 만일 여행 전에 충분히 고려하고 철저히 대비하지 않으면 나중에 아무리 애를 써도 제대로 진행되지 않고 끝내 도저히 극복할 수 없는 장애물에 가로막힐 것이다. 따라서 일상생활에서 보살의 길을 실행하려면 먼저 어떤 방식으로 생각하도록 수련해야만 한다. 티베트 불자들은 생각하는 마음을 강조할 때 로*lo*라는 말을 사용하므로 로종*lojong* 수행은 습관적으로 생각하지 않고 다른 방식으로 생각하도록 마음을 수련하는 행위라고 말할 수 있다. 로도*lodro*[69]는 '지성'을 의미하고 매우 훌륭한 지성을 로도 첸뽀*lodro chenpo* 즉 '위대한 지성'이라고 한다. 로종 수행은 단지 성찰 방법이 아니라 보고 생각하고 느끼고 인식하는 마음의 활동을 모두 변화시키는 수단이다.

그러므로 상대적 보리심에는 두 측면이 있다. 첫째는 남을 유익하게 하려는 의도이고, 둘째는 남을 위해 일하는 실제 행동이다. 상대적 보리심의 성찰적인 면은 자비심을 명상하는 것이고, 활동적인 면은 일상생활에서 자비를 실천하는 것이다. 불교에서는 자비심을 성찰하는 것과 자비심을 실제 행동으로 옮기는 것을 명확히 구별하지 않는다. 먼저 마음속에 보리심을 일으켜야만 진정 자비로운 행위를 할 수 있기 때문이다. 상대적 보리심을 기르려면 순수한 의도가 있어야 하므로 행위보다 의도가 우선해야 한다. 샨티데바는 그것을 여행에 비유한다.

> 깨달은 마음인 보리심에는
> 간단히 말해 두 측면이 있으니
> 첫째는 보리심을 일으키는 원보리심이고,
> 둘째는 실천하는 행보리심입니다.

> 여행하려 마음먹는 것과
> 실제로 길을 떠나는 것은 다릅니다.
> 그러므로 지혜로운 사람은 그 차이를 알아야 합니다,
> 원보리심과 행보리심에 점진적으로 순서가 있음을.

단지 눈에 보이는 고통을 겪는 중생뿐만 아니라 모든 중생을 향한 자비심을 기른다. 전혀 어려움 없이 사는 존재는 없으므로 모든 존재에게 자비심을 보내야 한다. 그리고 자비심이 맹목적 감정에 빠져 무분별한 행동을 초래하지 않도록 평등심을 유지하도록 유의해야 한다. 그러려면 자비심에 지성이 충만해야 한다. 단순히 남을 돌보는 것만으로 자비심이 현명하게 표출된다는 보장은 없다. 그러므로 일반적인 자비심과 보리심에 의한 자비심인 '대자비심[70]'을 구분해야 한다.

이런 변화를 일으키려면 사랑과 자비심을 성찰하는 것이 실제로 사랑하고 자비롭게 행동하는 것 못지않게 중요하다는 것을 인식해야 한다.

사랑과 자비심에 대해 생각하는 것을 과소평가하면 안 된다. 근본적으로 다르게 생각하는 데 익숙해지지 않고서는 결코 자비로운 행동을 할 수 없기 때문이다. 대개 자비란 "다른 사람들과 함께 고통받는 것"이라고 이해하지만 불교에서 말하는 자비는 그렇지 않다. 불교에서 자비는 다른 사람이 "괴로움과 괴로움의 원인으로부터 자유로워지기를" 바라는 것이고, 실제로 사람들이 병든 몸과 괴로운 마음에서 벗어나 있다고 상상함으로써 자비심을 불러일으킨다. 샨티데바는 이렇게 힘주어 말한다.

> 제가 의지할 데 없는 이들의 보호자가 되고
> 여행자들의 안내자가 되며
> 강을 건너려는 이들에게
> 배가 되고 뗏목이 되고 다리가 되게 하소서.

> 제가 육지를 찾는 이들에게 섬이 되고
> 불빛을 찾는 이들에게 등불이 되며
> 쉴 곳을 찾는 이들에게 쉼터가 되고
> 하인이 필요한 이들에게 노예가 되게 하소서.

단지 사랑과 자비심을 상상하는 것만으로도 변화를 일으킬 수 있다. 그 소망이 사실상 실현할 수 없는 것일 때도 마찬가지다. 실제로 우리가 다리나 노예가 될 수 없다는 건 그다지 중요하지 않다. 핵심은 다른 사람에게 유익한 일을 하고 싶다는 바람이다. 그런 바람을 품으면 내면에서 다른 사람들을 향한 사랑과 자비심이 자연스레 일어난다. 이는 일반적으로 어떤 일을 할 때 실현 가능성이 없는 일은 더 이상 생각할 필요도 없다고 여기는 것과 다르다. 여기서 요점은 자비로운 생각을 할 때 자비로운 행동을 하게 된다는 것이다.

상대적 보리심을 개발하는 것은 무엇보다 먼저 자기중심적 태도를 바꾸어 '상대'를 자신과 동등하게 여기는 태도를 기르는 것이다. 로종 수행의 토대인 그런 태도를 기르면 자기애의 경향이 자연히 감소하므로 일부러 이기심을 억제하려 애쓸 필요가 없다. 까담파 스승들은 우리의 고통을 다른 사람들 탓으로 여겨 끊임없이 남을 비난하는 것이 진정한 문제라고 말한다. 이기적으로 자신의 욕구를 채우려 함으로써 이기적인 마음이 제멋대로 하게 놓아두고 지칠 줄 모르고 자신을 학대한다. 이렇게 강박적으로 자신만의 행복을 얻으려는 경향은 자존감을 높이거나 행복하게 하지 못하고 오히려 외로움과 관계의 단절을 악화시킨다. 행복을 원하는 것이 문제가 아니라 다른 사람을 희생시켜서라도 행복을 얻으려는 것이 문제이다.

자기를 보호하려고 다른 사람을 해치면 자신에게도 매우 해롭다는 사실을 아는 것이 마음수련을 하는 버팀목이다. 삶이 빈곤하다고 느끼는 감정을 만족감으로 바꾸는 유일한 방법은 이기적 태도를 거꾸로 돌려 다른 사람의 행복을 바라는 데 집중하는 것이다. 티베트불교의 위대한 스승 양괸빠Yangonpa는 『마음수련의 가르침Instruction on Training the Mind』에서 이렇게 말한다.

다른 사람의 행복을 고려하도록 생각을 수련하라.

이 핵심에 의해 틀림없이 그대가 하는 모든 일이 곧 수행이 된다.


이런 태도의 중요성을 이해할 때 로종 수행은 또한 자신의 고통을 줄이는 수단임을 알게 된다. 남에게 부정적 태도를 품는 건 곧 자신을 파괴하는 습성이고 자신의 욕구에 집착하면 결코 만족할 수 없다. 그러므로 자신의 경험을 성찰하고 행동의 동기[71]가 무엇인지 명확히 알아야 한다. 상대적 보리심을 이해하면 "때로는 내가 살아남기 위해 다른 사람을 해칠 필요가 있다"는 생각이 얼마나 잘못된 것인지 알 수 있다. 이런 태도를 뒤바꿀 수 있으면 남에게 유익할 뿐만 아니라 자신의 삶 또한 대단히 만족스러워질 것이다.

서양인은 다른 무엇보다 행동을 가치 있게 여기지만 불교에서는 행동의 이면에 있는 동기를 훨씬 더 중요하게 여긴다. 행위의 동기를 분석해 보면 본질적으로 남을 도우려는 욕구와 해치려는 욕구로 구분할 수 있다. 그런데 두 욕구는 종종 가까이 있고 혼동하기도 쉬우므로 우리가 좋은 의도를 가지고 있어도 늘 선의를 다시 살펴보아야 하는 문제가 그림자처럼 따라다닌다. 우리가 행동하는 의도는 언제나 분별하는 판단에서 비롯되고 우리는 언제나 행복은 더 늘리고 고통은 줄인다고 여기는 것을 하려 한다. 나쁜 의도로 하는 행위도 목적은 똑같다. 그러므로 행위의 이면에 숨은 자기기만을 꿰뚫어 보려면 마음속의 여러 의도와 목적을 온전히 자각해야 한다.

## 7. 두 가지를 호흡에 실어 주고받는 수련을 하라

주고받기 수행(통렌tong len)은 상대적 보리심을 개발하는 성찰 수행이다. 우리는 보통 싫어하는 것을 거부하고 좋아하는 것에 집착하는데, 통렌 수행은 그런 일반적 경험에 반대되는 반직관적 수행이다. 통렌 수행을 하는 이유는 우리의 행위가 마음의 습성을 그대로 따르기 때문이다. 따라서 부정적인 마음의 습성을 변화시키지 않으면 생각과 행동으로 결코 자비를 베풀 수 없다. 샨티데바는 다른 사람을 배려하는 태도를 개발하는 예를 다음과 같이 보여 준다.

길을 잃어 괴로운 사람은
동료 여행자를 만나게 하시고
도둑이나 포악한 맹수를 피해 안전하게 하시고
지치지 않고 수월히 여행하게 하소서.

통렌 수행은 근본적으로 새로운 관점으로 사물을 보게 한다. 자신의 삶에서 좋은 것을 모두 남에게 주고 남의 삶에서 나쁜 것을 모두 가져오므로 "자신을 남과 바꾸기"라고 한다. 통렌 수행은 용기를 기르는 수련으로 걱정과 두려움이 덜하도록 수련하는 것이 요점이다. 통렌 수행이 잘 되면 남에게 사랑과 자비를 느끼는 능력과 남의 고통을 떠맡으려는 용기가 커진다. 통렌 수행은 모든 걸 방어하는 자세로 생각하는 습성을 멈추는 수련이므로 매우 유익하다. 더 이기적이고 자기중심적일

수록 더 방어적 태도를 취하게 된다. 반대로 다른 이와 행복을 나누기를 원하면 자신에게 덜 집착하게 되고 번뇌는 자연히 가라앉는다. 갤쎄 톡메 쌍뽀Gyalsay Togme Sangpo(1295~1369)는 『서른일곱 가지 보살 수행The Thirty-seven Practices of Bodhisattvas』에서 이렇게 조언한다.

> 모든 고통은 자신의 행복을 바라는 데서 비롯된다.
> 완전한 부처들은 남을 도우려는 생각에서 태어난다.
> 그러므로 자신의 행복을 남의 고통과 바꾸어라.
> 이것이 보살 수행이니라.

자기 집착에는 자신의 가치를 과대평가하는 것뿐만 아니라 자신이 부족하다고 느끼는 것과 자기비판도 포함된다. 일반적인 두려움과 달리 마음속으로 남의 고통을 떠맡는 것은 자신의 고통을 악화시키지 않으며 오히려 삶을 풍요롭게 한다. 끊임없이 괴롭히는 문제에서 벗어나게 해 주고 심리에 깊은 변화를 가져온다. 자기 집착에 얽매이면 우리의 존재는 오그라들고 스스로 내면의 불안에 갇힌다. 하지만 자기 집착의 해독제인 통렌 수행을 하면 마음이 고양되고 광대해진다[72]. 샨티데바는 이렇게 말한다.

> 낙담하지 말고 혼신의 힘을 다해
> 용기를 가지고 자제력을 기르세요!
> 나와 남을 동등하게 여기는 수행을 하고

나와 남을 바꾸는 수행을 하세요.

　실제로 통렌 수행을 할 때는 먼저 삼보=寶에 귀의하는 것으로 시작
해 예비적인 것들을 성찰하고 자연스러운 상태에 머무른다. 이어서 비
파사나(통찰) 명상을 하고 다시 자연스러운 상태에 머무른다. 그 상태에
서 통렌 수행을 한다. 다른 사람들이 고통받고 해로운 일을 겪는 것만
을 떠올린다. 남들이 질병의 고통, 상실의 고통과 괴로움, 가난의 박탈
감과 고뇌, 정신 질환의 혼란과 괴로움, 번뇌에 좌절해 괴로운 모습을
상상한다. 그런 남의 고통을 모두 들숨과 함께 자신에게로 받아들인다.
이어서 자신이 행복한 것만을 생각한다. 소중히 여기는 것, 사랑과 친밀
감을 느껴 가슴에 품은 특별한 추억, 자신을 편안히 대했던 순간을 상
상하고 숨을 내쉴 때 그것을 남에게 보낸다.

　또 다른 사람의 삶에서 고통의 원인과 조건을 들이쉬고, 남의 행복
에 필요한 원인과 조건을 내쉰다. 실제로 괴로움을 경험하면 우리는 번
뇌 탓에 괴로워하며 쇠약해진다. 그 번뇌는 다시 같은 고통과 괴로움의
원인이 된다. 따라서 번뇌는 괴로움의 원인이자 결과이며 윤회라는 악
순환을 초래한다. 통렌 수행에서는 이 모든 것을 받아들여 남을 쇠약하
게 하는 것을 들이쉬고 남의 기쁨의 원인이 되는 것을 내쉰다.

　운동으로 몸을 단련하듯이 로종 수행은 마음을 단련한다. 그런데 건
강해지려는 방법이 매우 잘못된 경우가 있다. 끊임없이 음식을 먹고 많
이 쉬어야 몸에 좋다고 여기지만 그것이 항상 건강에 좋은 건 아니다.
몸을 너무 아끼고 제멋대로 놓아두면 점점 작은 불편에도 예민해져 아

주 사소한 자극도 대단한 결핍으로 여기게 된다. 몸이 건강하면 꽤 먼 길도 어렵지 않게 걸을 수 있지만 건강하지 못하면 집 밖에 나가는 것도 힘들다. 불편과 병을 두려워할수록 더 불편하게 느끼고 병세가 더 심해 보일 것이다. 마음이 약할 때 감기에 걸리면 아주 녹초가 되고 많이 아플 수 있으며 때로는 더 심각한 병에 걸릴지도 모른다. 이와 마찬가지로 마음을 제대로 수련하지 않으면 무기력하고 게을러져 사소한 불쾌감도 큰 모욕으로 여긴다. 샨티데바는 그것을 다음과 같이 노래한다.

> 인간의 몸은
> 애지중지하면 할수록
> 바로 그만큼 바로 그 정도로
> 더 예민해지고 허약해집니다.

에베레스트 산에 오르려는 사람이 훈련으로 지구력을 키우듯이 통렌 수행은 용기와 결단력을 길러 준다. 심리적으로 어려움에 대처하는 준비를 하면 시련과 고통이 닥쳐도 그리 힘겹지 않을 것이다. 윤회에 얽매인 마음은 매우 허약하고 쉽게 성내지만 강인한 마음은 어떤 일이 일어나도 잘 견딘다. 로종 수행에서 이 밖에 다른 것은 부차적이다.

통렌 수행을 처음 접하면 많은 혼란과 의심이 일어날 수 있다. "통렌 수행을 하면 항상 남의 고통을 생각하느라 완전히 비참해지고 말 거야" 라고 염려하거나 안 좋은 일이 생기면 통렌 수행 때문이라고 여기는 사람이 있다. 하지만 이런 두려움은 오해일 뿐이다. 통렌 수행으로 우리 삶에 불행과 혼란을 불러들일 수는 없다. 실제로 남의 고통을 함께 겪고자 통렌 수행을 하는 게 아니라는 점을 명심해야 한다. 암 환자의 고통을 통렌 수행으로 받아들일 적에 "이제 나는 암에 걸릴 거야"라고 생각해서는 안 된다. 남의 고통을 떠맡는 걸 시각화할 때 그 고통은 우리 내면에서 즉각 사라지는 것이다.

한편 자신에게는 남에게 베풀 사랑이 없다고 믿는 사람도 있다. "나는 텅 빈 것 같아요. 내면에 아무것도 없어요"라고 말하는 사람이 많다. 이러한 경험이 흔한 까닭은 우리가 태어나는 순간부터 자신에게 집착했기 때문이다. 형제자매가 있는 사람은 어렸을 때 자신의 몫을 다 먹고 나서 형제자매의 음식까지 더 먹고 싶었던 기억이 있을 것이다. 누이나 형의 장난감을 갖고 싶어 하고 얻지 못하면 떼를 쓰기도 했다. 우리가 느끼는 공허함은 남에 대한 사랑과 자비가 없는 상태이다. 반대로 남에게 사랑과 자비의 선한 감정을 느낄 때는 모든 것이 허무하다는 존재의 위기를 느끼지 않는다. 남을 보살피는 마음이 있을 때 자신도 보살핌을 받는다고 느낀다. 보살피는 마음이 있는 사람만이 실제로 보살필 수 있고, 그런 사람은 남을 돌보는 태도에 의해 자기 자신도 보살핌을 받는다. 남을 보살피는 자질을 개발할 수 있으면 남이 흘리는 사랑의 부스러기라도 주으려고 여기저기 헤매고 다닐 필요가 없을 것이다.

부처들은 괴로움을 초월한 존재인데 어떻게 남의 괴로움을 나눌 수 있는가? 우리와 함께 괴로워하고 우리의 괴로움을 나누는 부처 같은 것은 없다. 부처들도 인간이었으므로 괴로움을 겪는 것이 무엇인지 잘 알기에 그들의 자비심은 그침이 없고 무한하다. 부처들이 더 이상 괴로움을 경험하지 않으면서도 괴로움에 대해 아는 건 깨달았기 때문이 아니다. 괴로움을 초월했기 때문이다. 이것이 불교의 핵심이다. 괴로움이란 고통과 고통을 피하려 애쓰는 마음이 함께 있는 것이다. 하지만 집착과 회피하려는 마음을 없애면 고통만 남는다. 그것은 괴로움과 다르다. 만일 깨달음을 얻은 후에도 여전히 괴로움을 느낀다면 일체의 마음수련과 힘겨운 수행이 아무 쓸모없는 것이다.

통렌 수행을 할 때 말 그대로 우리의 외부로 나가거나 우리 안으로 들어오는 건 아무것도 없다. 그러므로 숨을 들이쉴 때 다른 사람의 병, 슬픔, 고뇌, 육체의 아픔, 마음의 고통을 떠맡는 것을 걱정하지 않는다. 또 숨을 내쉴 때 사랑하는 마음과 보살피는 태도를 내보내고 우리가 남에게 도움이 될 만큼 강하다고 상상하는 것을 두려워하지 않는다.

한편 통렌 수행이 단지 마음속에서만 일어나는 일이므로 현실에서는 아무에게도 영향을 줄 수 없다고 의심하는 사람도 있다. 하지만 불교의 관점에서는 만물이 상호 연결되어 있으므로 통렌 수행이 다른 사람에게 영향을 줄 수 있다. 우리의 이기심과 곤궁이 남에게 부정적 영향을 주는 것처럼 우리의 긍정적 태도 또한 실제로 남에게 영향을 준다. 하지만 로종 수행은 궁극적으로 자신을 위한 것이지 세상의 문제를 해결하는 길이 아니다. 우리가 세상의 문제를 해결하겠다는 소망을 부지런히 내쉬어도 실제로 세상을 바꾸지는 못한다. 하지만 훌륭한 덕성을 내쉬고 끔찍한 고통을 들이쉬면 자신에게 실제적이고 매우 깊은 변화가 일어난다. 인생에서 부딪치는 온갖 고난과 고통스러운 경험은 자기와 타자의 관념에 집착하는 탓에 생긴다. 반면 자신을 남과 바꾸는 수행을 하면 이기적인 마음의 한계를 넘을 수 있으므로 자아를 초월하는 경험을 한다. 습관적인 이기주의에 갇힌 상태에서 벗어나는 걸 경험하기에 자기 자신보다 더 큰 존재가 된다. 로종의 태도를 가지면 이전에 접근조차 할 수 없을 것 같던 문제들을 그리 심각하게 여기지 않게 된다. 이렇게 우리의 관점을 바꾸는 능력을 개발할 기회를 준 다른 사람들에게 감사함을 느낄 때 통렌 수행의 진정한 수혜자는 바로 우리 자신임을 깨닫게 된다.

## 명상의 중간

통렌 수행을 마친 후에는 다시 사마타(고요) 명상으로 돌아오고 자연스러운 상태에 머무른다. 수행이 끝나고 일상생활로 되돌아간 때를 '명상의 중간'이라고 부른다. 일상의 일들을 명상 수행의 부수적인 것으로 간주해야 하기 때문이다. 즉 명상에서 했던 마음챙김과 알아차림 그리고 통렌 수행을 할 때 남을 위하는 태도를 일상에서도 계속 유지한다. 어떤 이들은 알아차림을 자의식으로 오해한다. 그들은 "나는 이 상황, 사람 혹은 상호 작용에 어떻게 반응하고 있지?"라고 질문하고 머릿속에서 벌어지는 일에 주의를 기울인다. 자의식은 단지 자신에 대한 다른 사람의 반응에 주목하고 있음을 의식하는 것이다. 이는 다른 형태의 자기 집착일 뿐이다. 여전히 자신에게 가장 주의를 기울이기 때문이다. 이와 달리 로종 수행에서는 명상의 중간에 다른 사람과 상황에 대한 자신의 반응에 주목하라고 권한다. 그렇게 하면 다른 사람의 욕구와 기대의 맥락에서 자신의 행동을 이해하게 된다. 이런 경험을 명상과 기도에 통합하고 남의 행복을 진심으로 바랄 때 우리의 태도는 깊이 변화된다.

명상의 중간에는 이를 '깊은 바람(원顧)[73]' 즉 '열망의 행위'라고 한다. 서양인에게는 이 개념이 낯설지만 매우 강력한 심리학적·정신적 기법인 열망을 이해하는 것은 매우 중요하다. 깊은 바람을 '기도'로 번역하기도 하는데 약간 오해의 여지가 있다. 불자들은 어떤 대상에게 기도하는 게 아니기 때문이다. 불자들이 하는 기도의 힘은 생각 외부에서 주어지는 게 아니라 자신이 긍정적 의도와 수행을 쌓음으로써 일어난다. 그 정신 에너지를 열망의 행위에 집중함으로써 우리가 미래에 실현하고 싶은 것을 더 가까이 끌어온다.

명상의 중간에 활동할 때 알아차림을 유지하는 데 도움이 되는 세 가지 경구가 있다.


## 8. 세 가지 대상과 세 가지 독을
## 세 가지 덕의 씨앗으로 변화시켜라

대개 우리는 일상생활에서 사람들을 세 부류로 나눈다. 우리와 잘 지내는 사람, 잘 지내지 못하는 사람, 별 관심이 없는 사람. 그중 우리와 잘 지내는 사람을 사랑하고 매우 집착하며 어떤 피해도 주지 않으려 한다. 반대로 몹시 싫어하는 사람은 그저 나무라고 비난하고 언제든 욕한다. 한편 우리가 알지 못하는 나머지 사람들 대부분에게는 애정도 미움도 느끼지 않는다. 하지만 무관심도 하나의 감정이므로 그들을 완전히 중립적이고 무해하게 대하는 것은 아니어서 언제든 집착하거나 혐오할 수 있다. 불교의 관점에서 보면 깊은 애정을 느끼는 사람은 욕망의 대상이고, 혐오하는 사람은 분노의 대상이며, 알지 못하고 관심 없는 사람은 어리석음의 대상이다. 이 경구에서 말하는 '세 가지 대상'이란 이 세 부류의 사람들이다. 그리고 '세 가지 독'이란 우리가 그들에게 느끼는 욕망과 분노와 어리석음을 말한다. 또 '세 가지 덕'은 갈망하지 않음, 분노하지 않음, 어리석지 않음을 뜻한다.

이 경구는 세 가지 대상과 독을 세 가지 덕으로 변화시킬 수 있음을 말한다. 덕을 악함과 완전히 동떨어진 것으로 여기지 않고, 어떤 감정을 느끼는 대상과 다른 방식으로 관계를 맺으면 부정적 경향을 오히려 덕성을 기르는 토양으로 이용할 수 있다. '세 가지 대상'에 대한 알아차림을 유지할 수 있으면 친구나 적 혹은 모르는 사람들과 맺는 관계가 진공 속에서 이루어지는 게 아니라는 사실을 인식할 수 있다. 다양한 요인과 환경, 조건 속에서 어떤 사람은 친구가 되기도 하고 적이나 낯선 사람이 될 수도 있다. 이것은 다른 사람과 맺는 관계를 매우 깊이 바라보는 관점이다. 본래 친구이거나 적인 사람은 아무도 없다. 그들과의 관계는 순식간에 변할 수 있기 때문이다. 좋은 친구인 줄 알았던 사람이 어느 순간 미운 적이 될 수 있고, 적이었던 사람이 어느 날 갑자기 가장 좋은 친구가 되기도 한다. 또 아무런 감정을 느끼지 않았던 사람이 친구나 적이 될 수도 있다.

이처럼 관계가 변할 수 있음을 알게 되면 자애심과 자비심을 더 수월하게 개발할 수 있다. 이는 다른 사람들이 '적'으로 등장할 때 특정한 사람들은 '친구'가 아니라는 의미가 아니다. 단지 우리가 그런 일시적 인식을 넘어설 수 있고 모든 관계가 의존적으로 생겨나는 걸 알 수 있다는 뜻이다. 모든 것이 꿈과 같다는 걸 분명히 기억하면 다른 사람들을 친구 혹은 적이라는 고정된 실체로 여기고 집착하는 습성에 저항할 수 있다. 우리가 그렇듯이 다른 사람들도 외로움, 낙담, 우울, 절망, 좌절, 상상하기 어려운 괴로움과 고통을 극복하고 싶어 한다. 모든 것을 꿈처럼 보지 못하면 포괄적 관점을 잃게 된다. 이렇게 절대적 보리심과 상대적 보리심이 균형을 이루어야만 참으로 남을 동정하는 능력을 가질 수 있다. 그러므로 먼저 낯선 사람부터 시작해서 적이나 대하기 어려운 사람까지 점점 범위를 넓히면서 사랑과 자비심을 확장하려 노력한다. 샨티데바는 이렇게 말한다.

> 그러므로 친구나 적이
> 부적절한 행동을 하는 걸 보더라도
> 모든 것은 조건에 의존해 발생하는 걸 상기하고
> 마음의 안정을 잃지 말아야 합니다.

우리는 좋은 친구를 사귀어야만 인간으로서 성장하는 게 아니다. 남들이 우리를 괴롭히고 수행을 방해하려 작정한 것 같을 적에도 성장한다. 다시 말해 악이 없는 데서만 덕성을 개발하는 게 아니라 악함을 다루어서 덕성을 기르게 된다. 그러므로 이런 명상이 매우 중요하다. 여전히 매일 집착과 분노와 무관심을 다루는 일이 어려울 수 있지만 명상할 때 어려움을 긍정적으로 다루려 노력하면 덕의 씨앗을 뿌리게 된다.

그리고 그 과정을 용이하게 하기 위해 명상의 중간에 상상으로 수련할 수 있다. 강한 욕망을 느끼는 사람을 만나면 과거에 어떤 사람에게 도저히 외면할 수 없는 매력을 느꼈지만 결국 불쾌함과 괴로움을 겪었던 일을 떠올린다. 과도한 욕망에서 비롯된 온갖 문제를 상기하고 다른 중생도 과도한 집착에 의해 비슷한 경험을 했을지도 모른다고 생각한다. 우리가 그들의 괴로움을 모두 흡수해서 그들을 비통함에서 벗어나게 한다고 상상한다. 이어서 마음속으로 "나와 모든 중생이 과도한 욕망에 따르는 괴로움에서 벗어나고 집착하지 않음의 덕을 얻게 하소서"라고 간절히 소망한다. 이 수련의 열쇠는 단지 남의 고통을 기꺼이 떠맡는 것만이 아니다. 열망의 힘으로 남의 고통을 이용해서 우리의 독을 그에 상응하는 덕의 씨앗으로 변화시키는 것이다. 이 전체 수행 과정을 온전히 이해하기 어려울지 모르지만 적극적으로 이용하면 그 의미와 효과는 실제로 매우 심오하다.


## 9. 모든 활동에 경구를 사용해 수행하라

간결한 격언은 일상생활에서 마음을 옳은 방향으로 이끄는 데 도움이 된다. 그러므로 단지 로종 수행서에 있는 경구뿐만 아니라 될수록 많은 경구를 기억해 두면 좋다. 잠괸 꽁퇼은 아래 글에서 간결한 격언으로 유명했던 샨티데바의 말을 인용한다.

> 다른 사람들의 악이 내 안에서 자라게 하시고
> 나의 덕성이 그들 안에서 자라게 하소서.

단순히 경구에 익숙해지기 위해 앵무새처럼 흉내 내는 게 아니라 실제로 자신의 관점을 바꾸고자 경구를 이용하는 것이다. 말과 글은 내용에 따라 긍정적 영향이나 부정적 영향을 줄 수 있다. 진정으로 경구를 사유하고 그 깊고 섬세한 의미를 이해하면 보살의 태도를 견지하고 부정적 생각의 흐름을 차단하는 데 도움이 될 것이다. 로종의 가르침에서는 경구의 힘을 결코 과소평가하면 안 된다고 한다. 경구를 떠올릴 때마다 자동적으로 우리가 습성에 이끌려 반응하는 걸 피할 수 있다.

이 경구는 본질적으로 '함께 기뻐함'의 개념을 가리킨다. 우리는 부정적인 말과 행동을 계속 반복하기 쉽다. 대중매체는 세계 어디서든 불행한 일이 발생하면 뉴스 가치가 있다고 여긴다. 반면 좋은 사건은 많이 일어나도 보도하지 않는다. 좋은 뉴스는 별다른 뉴스가 못 되고 나쁜 뉴스가 더 인기 있다. 아마도 나쁜 뉴스를 들으면 자신의 인생에 넘치는 나쁜 뉴스가 상대적으로 더 좋은 뉴스처럼 보이는 사람이 많기 때문일 것이다. 종종 우리는 자제하지 못한다. 즉 어떤 이가 갑자기 큰 재산을 얻거나 사랑에 빠지거나 승진했다는 좋은 소식을 들으면 자동적으로 자신보다 나은 것도 없는 사람이 행운을 얻었다는 사실에 분개한다. 결코 함께 기뻐하지 않는다. 하지만 로종의 경구를 적절히 이용하면 그 일에 관련된 경구를 떠올리기만 해도 다른 사람의 행복을 함께 기뻐할 수 있고 스스로 행복해지는 법도 배울 수 있다.

이것이 로종의 핵심 전략 중 하나이며 우리를 행복하게 하는 비결이다. 만약 다른 사람의 아름다움이 자신의 추함을 떠올리게 하거나, 남의 부유함이 자신의 빈곤을 상기하게 하거나, 다른 집 자녀가 공부를 잘하는 것이 내 아이의 낮은 성적을 다시 보게 할 때는 자신이 못났다는 자괴심에 빠져 허우적거리기보다 남의 행운을 함께 기뻐하는 법을 배워야 한다. 남의 행복에 부정적으로 반응하면 우리가 불행해지기 때문이다. 그러므로 다른 사람의 행복에 대한 태도를 긍정적으로 바꿀 수 있으면 남의 기쁨에서 우리를 단절시키지 않고 그들의 행복을 함께 나눌 수 있다. 이것이 부정적 태도를 극복하는 길이고, 로종 수행이 남의 행복뿐만 아니라 자신에게도 유익할 수 있는 이유다.

불자들은 우리가 생각하고 느끼고 행하는 모든 것이 윤회의 업으로 새겨진다고 믿는다. 명상할 때 마음에 새겨지는 업은 마음을 긍정적 방향으로 돌릴 수 있으므로 지극히 중요하다. 그러므로 로종의 경구들을 사유하고 그 의미를 마음에 깊이 새겨야 한다. 그렇게 할 수 있으면 명상의 중간에 어떤 상황이 생겨도 로종의 경구가 자동적으로 머릿속에 떠올라 기분을 바꾸어 줄 것이다. 이런 머릿속의 '혼잣말' 혹은 내면의 대화는 매우 중요하다. 이것은 일종의 마음 길들이기인데, 우리는 우리가 생각하는 대로 그런 사람이 되고 또 어떤 사람이 되면 그 사람처럼 생각하기 때문이다. 우리는 항상 어떤 식으로든 자신에게 이야기를 하는데 부정적인 피드백인 경우가 많다. 로종 수련은 그런 패배주의적 습성을 고칠 수 있게 도와준다. 틀에 박힌 행위나 말하는 방식을 바꾸어도 근본적 변화는 일어나지 않는다. 다르게 생각하는 법을 배워야 한다.

## 10. 자기 자신과 주고받는 과정을 시작하라

자기 집착은 유아론적 상태이다. 유아론solipsism이란 자신의 경험만이 존재하고 자신의 외부에는 참으로 아무것도 없다는 믿음과 관련이 있다. 하지만 그런 상태에는 안심, 편안함, 휴식이 없다. 따라서 끊임없이 "이런 유아론적 자기도취 상태를 넘어 다른 사람들과 관계 맺을 수 있는 힘을 갖기를 바랍니다"라고 기원해야 한다. 자기 집착에서 벗어날 수 없으면 스스로 만든 고통스러운 감정 상태에 갇히게 된다. 그런 자아에 갇힌 세상에서는 자신이 인식하는 것이 이론의 여지없이 옳다고 생각하고 자신의 현실을 무조건 믿는다. 세상에 대한 자신의 확신으로 번뇌와 망상의 마음 상태를 극복하지 못한다. 유아론을 해체하는 유일한 길은 다르마락시타가 조언하듯이 자신을 남과 바꾸는 것이다.

> 내가 이기적 상태에 빠져 있다면 그것을 극복하기 위해
> 나의 행복을 중생에게 줄 것이다.
> 마찬가지로 동료가 배은망덕하다 해도 나는 만족할 것이다.
> 나의 변덕스러움에 대한 응보라 여기고.

자신을 남과 바꾸는 수행을 시작하는 가장 좋은 방법은 자신의 고통 대신 다른 사람이 겪는 고통을 생각하는 것이다. 다른 사람의 경험을 고려하는 것이 자기 집착에서 마음을 돌리는 방법이다. 자신의 감정과 느낌을 걱정하는 대신 남의 감정과 느낌을 경험하려고 노력하는 것부터 시작한다. 지나치게 자신에게 몰두하는 것이 파괴적이라는 걸 우리는 알고 있다. 거식증 환자는 자신의 현실에 과도하게 몰두하는 탓에 자신이 과체중이라는 왜곡된 두려움이 커져 실제로 생명을 위협할 지경이 된다. 불교의 가르침에 따르면 정도의 차이는 있지만 모든 사람이 그런 식으로 행동한다. 그것이 바로 윤회계의 특성이다. 진보하려면 그런 습성에서 벗어나야 한다. 가장 좋은 방법은 다른 사람의 입장이 되어 보는 것이다. 물론 남이 겪는 일을 정말 똑같이 경험할 수는 없지만 그렇게 상상하려 노력할 수 있다. 그러면 다른 사람의 경험이 자신의 경험보다 더 고통스럽고 비참할 수 있음을 알게 되므로 근본적으로 변화할 수 있다. 샨티데바는 이렇게 말한다.

속히 자신과 다른 사람들을
보호하고자 한다면
'나'와 '남'을 바꾸기라는
신비한 수행을 해야 합니다.

누구나 과중한 책임감에 짓눌리거나, 다른 사람의 심한 괴로움에 휩쓸리거나, 자신의 불행을 놓아 버리는 데 심리적 저항을 느낀 적이 있을 것이다. 그때 먼저 자신에게 자비심을 보내서 주고받기 과정에 시동을 걸어 참된 자기 수용을 일으키고 무능감과 자기혐오 같은 감정을 없애 버리는 것이 도움이 된다. 그러므로 먼저 자신을 향해 주고받기 수행을 시작한다. 번뇌나 자기 집착 같은 괴로움과 고통의 원인을 내쉬고, 이기주의를 극복하고 긍정적 감정을 개발하는 능력을 들이쉰다.

까담파 전통에서는 무생물에 대해서도 이런 태도를 개발하라고 권한다. 일상생활에서 자신을 다른 사람과 바꾸는 노력을 하는 동시에 모든 사람과 사물을 존중하는 법을 배워야 한다. 보살의 행위에 대한 상당히 많은 문헌에서 이 닦기, 설거지, 길에서 만나는 사람들에게 인사하기, 문과 창문 닫기, 침구 정리하기, 옷 정리법을 말한다. 샨티데바는 다음과 같은 내용을 여러 번 말한다.

> 식사할 때는 소리 내며 게걸스럽게 먹거나
> 입을 크게 벌리거나 가득 채우고 먹지 말아야 합니다.
> 다리를 쭉 뻗고 앉거나
> 무례하게 손을 비비면 안 됩니다.

옷은 바닥 아무 데나 던져 놓지 않고 단정히 개어 둔다. 우리가 먹는 음식은 생명에서 비롯된 것이므로 소중히 요리한다. 요리할 때 재료를 함부로 섞지 않고 너무 익히거나 덜 익혀도 안 되며 적절히 익힌다. 까담파에서는 이를 "부드럽게 요리하기"라고 말한다. 양파는 대충 자르지 말고 조심스럽게 자른다. 그 밖에 주변의 모든 것에 대해서도 이런 태도를 지녀야 한다. 가재도구들을 늘어놓거나 낭비하지 않고 잘 정돈한다. 집을 깨끗이 청소하고 보살핌과 사랑과 알아차림과 현존의 태도로 적절히 유지 보수한다. 이 모든 것이 마음챙김과 알아차림과 성실함을 수련하는 길이다. 생명이 없는 사물을 대수롭지 않게 여기면 살아 있는 존재를 다룰 때도 부주의한 태도가 드러날 것이다.

자신을 남과 바꾸는 수행은 자기 확신을 북돋고 자신을 더 참되고 진정한 존재로 확립하는 길이다. 우리가 더 진정한 존재가 될수록 자신의 노력에 확신을 갖게 된다. 주고받기 수행은 많은 서양 주석가의 주장처럼 자긍심을 훼손하기는커녕 실제로 자기 확신을 북돋운다. 어떤 이들은 불교철학이 자긍심을 깎아내린다고 비난하고 개인의 성장을 돕는 데 명상보다 심리 치료가 더 효과적이라고 주장한다. 하지만 사람들이 스스로를 도울 수 있는 구체적 방안을 제시하지 못한다. 그들은 단지 내담자의 부모를 탓하는 것처럼 자기 확신이 부족한 정신 역학적 원인을 분석할 뿐이다. 실제로 '확신'을 이루는 게 정말 무엇인지 분명히 알지 못한다. 그래서 그들이 제시하는 치료법은 자신의 의견을 중요하게 여기고, 다른 사람의 관점은 고려하지 않고, 자신의 의견을 주장해서 자신감을 개발하는 것이다. 하지만 그런 자기주장은 근본적으로 자아 존중감에 아무런 도움이 되지 못한다. 삶에서 참으로 행복을 얻는 방법은 남을 사랑하고 남에게서 사랑받는 것이다. 윤회계에서 우리의 정체성이 얼마나 허약하고 상호 의존적인지 인식하지 못하면 참자신감을 얻을 수 없다. 그때 행복해지려는 소망은 애초에 실제로 존재하지도 않는 정체성을 유지하는 데 집중될 것이기 때문이다.

# 명상으로 마음에 새로운 습관을 들이고
# 점진적으로 부정적 경향을 극복하는 길

절대적 보리심과 상대적 보리심을 명상할 때 먼저 삼보三寶에 귀의하는 것으로 시작한다. 이어서 예비적인 것들을 명상하고 사마타(고요) 명상으로 자연스러운 상태에 머무른다. 그 상태에서 절대적 보리심에 대한 비파사나(통찰) 명상을 하고 다시 자연스러운 상태에 머무르기로 돌아온다. 자연스러운 상태의 관점에서 통렌(주고받기) 수행을 하고, 그 수행을 끝내면 다시 자연스러운 상태에 머무르기로 돌아온다. 세 가지 독을 성찰하고 자신을 남과 바꾸기 수행을 하고 명상을 마친다. 명상의 중간에 시간이 되면 다른 경구를 성찰할 수 있다. 경구를 몇 번이고 거듭해서 자세히 살펴보며 그 의미와 주석을 검토한다. 명상할 때 확고히 자리 잡지 않으면 로종 경구들은 우리 존재 안에 깊이 뿌리내릴 수 없다.

로종의 가르침은 보살의 길과 연관된다. 자기 집착을 변화시키고 동시에 다른 사람과 사물을 다르게 대하는 법을 배우는 것이다. 높은 이상을 추구해야 하지만 우리의 마음이 새로운 사고방식에 적응하는 데 시간이 필요하므로 자신을 너무 몰아 부치지 않는 것도 매우 중요하다. 할 수 있는 만큼 수행하면서 통렌 수행을 더 잘하도록 점진적으로 자신을 독려하면 정신적 지평이 넓어지고 보다 수용적이고 유연해진다. 로종 수행만 하면 안 되고 다른 불교수행들과 함께함으로써 보완하는 것이 좋다.

로종 수행은 마음의 부정적 경향을 인위적으로 억제하는 게 아니라 마음에 새로운 습관을 들이고 점진적으로 부정적 경향을 극복하는 길이다. 단지 번뇌에 대한 집착을 줄이면 번뇌는 더 이상 문제가 되지 않을 것이다. 다시 말해 마음의 부정적인 면을 극복하기 전에 먼저 긍정적인 면을 개발할 수 있다. 이는 대승불교의 수행법 중 하나다. 특히 다루기 힘든 문제가 있을 때 그 문제에 직접 부딪치면 긍정적 결과보다는 해를 입을 위험이 있다. 그 대신 그 문제의 해독제 같은 것에 집중해서 주의를 다른 데로 돌리면 자신도 모르는 새 골치 아픈 문제가 수월해진다.

Point

# 3

# 역경을 깨달음의 길로
# 바꾸어라

---

왜냐고 묻기보다 무엇을
할 수 있는지 찾는 법

이제 불리하고 원치 않는 상황에서 마음수련하는 법을 배우기 시작한다. 우리는 예측할 수 없고 역경이 일어나는 불완전한 세상에 태어나 유한한 인간으로서 결점이 있고 실수하며 혼란에 빠지고 비합리적으로 생각하며 살고 있다. 세상은 씨름해야 할 문제로 가득하고, 어려움을 사전에 예방하거나 피하는 우리의 능력은 보잘것없다. 우리는 전지전능한 존재가 아니므로 자신을 보호하고 삶의 질서를 유지하려 애쓰지만 재난에서 자신을 지킬 능력이 없다.

자연은 도저히 예측할 수 없으며 우리 마음대로 되지 않는다는 건 자명하다. 2004년 인도양에서 발생한 쓰나미와 2005년 미국 뉴올리언즈 주를 덮쳐 많은 사상자를 낸 허리케인을 보면 잘 알 수 있다. 이런 자연재해는 과거에도 여러 번 일어났고 미래에도 계속 일어날 것이다. 또 과거 장티푸스·콜레라·이질·흑사병·후천성면역결핍증 등 다양한 질병에 의해 수백만 명이 목숨을 잃었고, 현재도 잃고 있으며, 앞으로도 잃을 것이다. 개인적으로도 많은 일이 엉망이 되고 계획한 일을 마치려고 노력하지만 끊임없이 질병, 정신적 고통, 다른 사람들의 속임수와 학대 탓에 방해받고 좌절당한다.

의존적 존재 상태(윤회)에서는 불리한 상황과 환경을 피할 수 없다. 그것은 예기치 못하게 갑자기 발생하므로 개인적·사회적 삶에서 자연재해와 격변이 일어날 때 놀라면 안 된다. 불자들은 신이 세상을 창조했다거나 전지전능하게 세상을 지배한다는 걸 믿지 않고 모든 것은 적절한 조건과 환경이 조성되면 일어나기 마련이라고 생각한다. 샨티데바는 『입보리행론』 인욕품에서 "여러 조건이 모여도 어떤 결과를 일으키겠다는 의도가 있는 것은 아닙니다"라고 말한다. 설령 우리가 이 과정을 몰라도 모든 것이 상호 의존적이라는 사실은 변하지 않는다. 연기법을 제대로 이해하는 게 매우 중요하다. 실제로 할 수 있는 일과 할 수 없는 일을 분간할 줄 알아야 하기 때문이다. 빼마 까르뽀Padma Karpo(1527~1592)는 이렇게 말한다.

> 그대의 일상 행동을 면밀히 살펴보면
> 그대가 믿는 것처럼 행동을 신뢰할 수 없음을 알게 될 것이다.
> 그대는 지배하는 자가 아니라 자신이 투사한 생각의 희생자이다.
> 그 점을 더 자세히 살펴보아야 하지 않겠는가?
> 부디 마음을 내면으로 돌려서 그것을 성찰하라.

세상을 우리 마음대로 재단할 수 없고 또 우리의 관점에 세상을 끼워 맞출 수도 없다. 그렇다고 해서 개선하려는 열망을 버리라는 건 아니다.

보살의 이상은 분명히 힘이 닿을 때까지 더 나은 세상을 만들려고 노력하기를 권한다. 하지만 보살의 이상은 세상이 불완전하고 앞으로도 계속 불완전할 것이라는 인식에 기반을 둔다. 가끔 일이 조금 잘 풀리기도 하고 더 나빠지기도 하지만 무지, 증오, 질투, 자만과 이기심이 있는 한 사회적·정치적으로 불완전한 세상에 살게 될 것이다. 샨티데바는 끊임없이 변하는 삶에 직면하여 평정심을 가지라고 권한다.

> 문제가 닥쳐도 해결책이 있으면
> 낙담할 이유가 없습니다.
> 만일 해결할 수 없는 문제라면
> 슬퍼해도 소용없습니다.

불자들의 말처럼 만물이 상호 의존적이라면 우리는 예기치 못한 사건으로부터 자신을 보호할 수 없을 것이다. 자연의 질서가 이루어지는 과정에서 동떨어진 존재의 실제 질서는 없기 때문이다. 그러면 무슨 일이든 일어날 수 있고 실제로 일어난다는 사실에 그리 놀라지 않게 된다. 그러면 어떤 일이 발생했을 때 왜 그런 일이 발생하는지 묻기보다 우리가 무엇을 할 수 있는지 묻게 된다. 엄밀한 의미에서 환경을 바꿀 수는 없으므로 태도를 바꾸어 다른 시각으로 보아야 한다. 그래야만 원치 않는 상황일지라도 주어진 상황을 충분히 이용할 수 있다. 종종 엄청난 난관에 부딪쳐 아무것도 할 수 없을 것 같은 때조차 로종의 가르침은 사실은 그렇지 않다고 말한다. 불완전한 세상은 우리의 목표를 방해하는 장애물이 아니라 깨달음을 얻는 기회가 될 수 있기 때문이다.

어떤 일이 일어났을 때 무엇을 해도 그 상황을 바꿀 수 없을지도 모른다. 하지만 적어도 그 일에 대한 우리의 반응은 선택할 수 있다. 그러므로 재난이 닥쳐도 절망할 필요가 없다. 이제까지의 습성대로 반응하며 점점 더 나빠질 수도 있지만 반대로 상황을 전환해서 도리어 역경을 정신적 성장의 밑거름이 되게 할 수 있다. 병에 걸렸을 때 회복이 더디도 낙담에 빠지면 안 된다. 최고의 의사에게 치료받고 가장 좋은 약을 쓰면서 다른 한편으로는 어려운 상황을 굳세게 받아들이고 그것을 이용해서 마음을 수련하여 포용력과 이해심을 개발해야 한다. 아무리 힘겨운 일을 당해도 그것을 정신적 여정에 통합시켜 마음을 단련할 수 있다. 또 하나의 마음수련서인 『금강저 마음수련』은 이기적 행위가 칼이 되어 되돌아와 자신을 해친다고 말한다. 또 역경을 대할 때 그것을 자신의 부정적 행위에 대한 반향으로 여기고 동시에 부정적 행위를 초래한 자기 집착을 제거하는 방법으로 받아들이라고 조언한다.

간단히 말해 재난이 닥칠 때, 그것은 나 자신의
악행이 무기가 되어 내게 되돌아온 것이다.
대장장이가 자신이 만든 칼에 죽음을 당하듯이.
이제부터 악행을 하지 않도록 주의할 것이다.

까담파의 위대한 스승 아티샤는 티베트의 2차 불교 전파 시기(11~14세기)에 초청받았다. 그는 티베트로 갈 때 마음수련의 상대로 삼고자 아주 성미가 까다로운 벵골인 하인을 데리고 갔다. 티베트인은 아주 친절하다는 소문을 들었기 때문이다. 그런데 얼마 지나지 않아 아티샤는 그 벵골인을 고국으로 돌려보냈다. 그 이유를 묻자 아티샤는 이렇게 대답했다. "그 사람은 더 이상 필요 없습니다. 당신들 티베트 사람들이 있으니까요." 까담파 전통에 흔히 나오는 이런 이야기는 로종 수행이 역경 속에서도 포기하고 절망하기보다 마음을 강인하게 하는 것임을 보여 준다.

계속 어려움을 회피하지 않고 기꺼이 역경을 헤쳐 나가려 하면 정신적으로 더 빨리 성장할 수 있다. 로종의 가르침에 따르면 고통을 완고하게 대하면 우리는 더 예민해진다. 남에게 더 가혹하고 잔인해질수록 자신을 향한 자극이나 분노에 더 민감해진다. 이러한 본능을 벗어나 남들과 세상에 대해 더 개방적인 태도를 지니는 방법을 배우면 더 강하고 유연해질 수 있다. 상대를 어떻게 대할지는 바로 우리가 선택하는 것이다. 뿌리 깊은 습성과 근원 의식에 깊이 밴 내면의 집착에 굴복할 수도 있다. 이와 반대로 상황의 한계를 인식하고 신중하게 행동할 수도 있다. 그런데 조건에 매인 윤회의 마음으로는 주위 환경이나 사람들에게 반응해야 하는지 아닌지 질문하기보다 늘 우리가 통제할 수 없는 것에 몰두할 수밖에 없다. 반면에 이기심이 기계적으로 반응하는 것을 알아차리면 그 과정을 뒤바꿀 수 있다.

로종 수행이 매우 효과적인 이유는 마음수련을 통해 이런 불리한 환경을 반전시켜 유익하게 이용할 수 있기 때문이다. 로종의 주된 기준은 역경이 닥치고 개인적이든 정치적이든 어떤 세상에 맞닥뜨려도 결코 포기하지 않는 것이다. 할 수 있는 일이 아무것도 없다는 생각이 들 때,

그래도 할 수 있는 어떤 것이 있다는 사실을 깨닫는다. 그리고 그 '어떤 것'이 실제로 대단한 것임을 알게 된다.

## 11. 모든 존재와 세상이 악으로 가득할 때
## 역경을 깨달음의 길로 변형시켜라

마음수련을 하면 역경에 처했을 때 해답 없는 궁지에 몰리지 않고 오히려 어려운 상황을 유용하게 이용할 수 있다. 악을 마주쳤을 때 패배주의적 태도에 기우는 경향은 일상생활의 가장 큰 장애이며 정신적 목표를 달성하는 데도 방해가 된다. 그러므로 더 효과적으로 역경에 대처하는 법을 부지런히 배워야 한다. 그러면 자기 자신과 전쟁을 벌이는 습성을 피할 수 있다. 인내, 용기, 이해, 개방성으로 대응하면 더 높은 자기 존중감이 생기고 상황을 개선하거나 완화하는 데 도움이 될 수 있다. 바로 이것이 불리한 환경을 직면해서 "수행의 길로 삼아[74]" 문제를 거스르지 않고 문제와 함께 일하기를 배우는 길이다. 남이나 자신과 다투는 것은 문제를 악화시킬 뿐이므로 끊임없이 자신의 부정적 반응을 살펴볼 필요가 있다. 그리고 자신의 반응이 어떤 목적에 부합하는지 아니면 습성에 얽매인 무의식적 패턴에 굴복한 것인지 알아차려야 한다.

모든 일이 원하는 대로 이루어지고 다른 사람들이 친절하게 대해 줄 때만 유익을 얻는 것이 아니다. 일이 잘 안 풀리고 남들이 부당하게 대하는 경우에도 유익을 얻을 수 있다. 그런데 이것은 특히 학대와 희생에 매우 민감한 서양인에게는 상당히 미묘한 점이다. 어떤 이는 이 경구가 착취를 조장한다고 오해하고 피해자에게 학대를 기꺼이 받아들이기를 강요하는 것으로 의심한다. 하지만 이 경구에는 결코 그런 의도가 없다. 오직 마음을 단련해서 유아론적 상태를 벗어나 자유롭게 더 넓은 세계로 들어갈 수 있게 하려는 것이다.

능숙하고 정확하게 사랑과 자비심을 불러일으킬 수 있으면 남의 허망한 자존심을 부추기거나 남에게서 긍정적 반응을 이끌어 내어 자신의 평판을 높이는 사람이 아니라 온전함과 존엄, 깊이, 영향력을 갖춘 의미 있는 사람이 될 수 있을 것이다.

다르마락시타는 『독을 파괴하는 공작의 마음수련The Poison-Destorying Peacock Mind Training』에서 이렇게 말한다.

> 그가 원숭이 보살이었을 적에
> 우물에 빠진 죄인을 끌어올려 준 것처럼,
> 그대도 악한 사람들을 자비롭게 인도해야 한다.
> 보답을 받기는커녕 해를 입을지라도.

이 경구는 자비심의 개발을 말한다. 대승불교에서 자비심은 곧 '방편[75]'이며, 자신을 희생하거나 반대로 자기 잇속만 차리는 행위가 아니다. 메릴랜드 세인트마리아대학의 초기불교 학자인 존 슈뢰더John Schroeder의 설명처럼 자비심은 통찰과 융합된 이타적 동기이다.

매우 일반적으로 방편이란 집착을 극복할 수 있게 도와주는 여러 스타일의 교수법, 명상법, 종교 활동을 가리킨다. 또한 다른 사람들에게 불교를 전하는 방식을 말하기도 하다. 방편은 '지혜란 세계에 대한 추상적 개념이 아니라 우리가 타자에게 반응하는 모습속에 구현된다'는 생각에서 비롯되며 불교의 가르침이 지닌 구원론적 유효성에 대한 지속적인 관심을 반영한다.

로종의 가르침은 역경을 깨달음의 길로 변형하는 세 가지 '방편'을 말한다. 그것은 첫째 상대적 보리심의 방편, 둘째 절대적 보리심의 방편, 셋째 특별한 방편이다. 이어지는 경구들을 성찰할 때 스스로 피해의식에 사로잡히지 않도록 주의해야 한다.


# 상대적 보리심의 방편

감당할 수 없는 큰 사건을 당해 괴로울 때 자신을 피해자로 여기면 괴로움은 한없이 커진다. 대개 감정을 경험하는 것은 삶에서 일어난 일을 해석하고 개인적으로 받아들이는 방식의 결과다. 그러므로 어떤 사건이 주는 영향을 실제로 결정하는 요인은 그것에 대한 자신의 반응을 다루는 기술이다. 일정한 상황에서 똑같이 반응하는 사람이 아무도 없다는 건 알기 쉽다. 그렇다면 같은 사건이 일어났을 때 어떤 이는 엄청난 충격을 받는 데 비해 어떤 이는 대체로 평온을 유지할 수 있는 까닭이 무엇인지 자문할 필요가 있다. 그것은 같은 사건에 대해 사람들마다 반응이 다르기 때문이다. 자신이 부족하다고 느끼는 분야에서 누군가 성공했다는 소식을 들으면 처음에는 부러움을 느낀다. 이런 일은 아주 흔하다. 하지만 부러움에 계속 매달려 있으면 그 경험은 더 깊은 영향을 준다. 바로 집착에 의해 부정적 영향이 악화되기 때문이다. 그러므로 어떤 일이나 상황에 대한 우리의 첫 반응이 항상 명백히 옳고 정확하다고 믿기보다 괴로움의 실제 원인을 조사하는 게 매우 중요하다. 찬드라키르티는 이렇게 주장한다.

> 자신의 믿음에 대한 집착과
> 남의 관점에 대한 혐오, 그것은 모두 생각일 뿐이다.

도전과 어려움이 없는 인생은 그리 가치가 없을 것이다. 이러한 사실을 알아도 용기 있고 개방적인 태도로 삶을 마주하지 못하고 자신도 모르게 게으름에 빠지는 일이 많다. 설령 하고 싶은 대로 다 하고 살아도 결코 충분해 보이지 않고, 자신의 불행을 한탄하고, 가진 것은 못마땅해하고, 가지지 못한 것은 아쉬워한다. 대개 실패와 어려움을 겪고 고생을 해 봐서 그것을 극복하는 법을 배운 사람들이 처음부터 편하게만 살아온 사람들보다 훨씬 더 잘 살아남는다. 우리는 이기적 충동을 길들일 때에만 인이 박인 행동을 중단하고 진정한 인성을 개발할 수 있다. 역경을 헤치고 나와 더 나은 사람이 되는 것이 로종 가르침의 목적이다. 끊임없이 에고 방어하기를 중단할 때만 그럴 수 있다. 에고는 역경을 직면할 수 없고 감정의 드라마나 부정적 마음에 빠지기를 더 좋아하므로 문제가 닥치면 언제나 남을 탓한다. 바로 그런 의미에서 우리가 겪는 고통과 괴로움의 크기는 외부 환경이 아니라 우리 자신에게 달려 있다. 남을 탓하면 남에게 우리를 지배할 힘을 넘겨주게 되며 영향력을 모두 빼앗긴다. 반면 자신의 삶에 책임을 지면 자신이 힘을 갖고 어떤 상황에서도 자신을 피해자로 만드는 경향을 치유할 수 있다. 다음의 두 경구는 바로 자기 집착을 다루어 역경을 이기는 길을 말한다. 첫째는 자신에 관한 것이고, 둘째는 다른 사람에 관한 것이다.

## 12. 모든 책임을 하나의 적에게 물어라

평범한 의식 있는 존재인 우리는 자신의 이기적 욕구에 지배당한다. 역사책에는 유명한 인물들이 지나친 욕정, 탐욕, 질투, 증오로 바라던 행운을 얻지 못했을 때 자신의 필요와 욕구를 채우려고 거짓말, 사기, 살인, 도둑질을 하다가 결국 파멸한 이야기가 많다. 한편 우리의 삶을 살펴보아도 이기적 욕망이 초래한 어려움으로 괴로움을 겪는 걸 알 수 있다. 그것은 우리가 얼마나 어리석게 행동하는지 잘 보여 준다. 이렇게 우리는 폭력적 관계에 갇혀 있거나 부끄러운 줄도 모르고 무모하게 자신을 포함한 모든 사람을 무시하는 행위를 한다. 심지어 이기적 욕구를 채우려다 목숨이 위태로워지기도 한다. 자기 자신에게만 몰두하면 할수록 더 곤란해지고 혼란에 빠진다. 사실 그런 망상은 자기기만이지만 어느 수준에서 그것이 유익하다고 오해하기 때문이다. 샨티데바는 분명히 말한다.

> 오, 나의 마음이여, 헤아릴 수 없는 세월 동안
> 자신만의 이익을 탐했는가?
> 그처럼 큰 고생을 했지만
> 오직 고통만 얻었구나!

우리에겐 근본적으로 남의 태도와 행동을 바꿀 수 있는 힘이 없다. 하지만 자신의 이기적 욕구를 알아차림 하면 우리와 다른 사람을 해치는 강박적 집착을 제거하는 데 도움이 된다. 이기적 마음은 욕구를 만족시켜 주겠다고 끊임없이 약속하지만 실제 이루어지는 건 아무것도 없다. 이기심이 이끄는 대로 투자하고, 애쓰고, 무슨 일이든 해도 약속대로 얻는 건 아무것도 없다.

그런데 많은 사람이 처음에 이 가르침을 오해해서 "모든 게 내 탓이야!"라고 자신을 비난한다. 하지만 로종의 가르침은 우리의 존재 전체가 아니라 이기적인 망상을 꾸짖는 것이다. 에고를 꾸짖는 건 전 존재를 나무라는 것과는 다르다. 만약 이기적 마음이 우리의 전부라면, 그것을 초월하면 우리는 아무것도 할 수 없을 것이다. 하지만 우리에게는 태어나지 않는 의식인 불성佛性이 있으므로 자기 본위적 태도를 벗어나도 자신을 완전히 없애 버리는 게 아니다. 불교에서는 여러 수준의 의식과 독특한 존재 단계에 따라 다양하게 자기 동일시를 하며 자아 정체성이 구조적으로 형성되는 것은 받아들인다. 하지만 개별적으로 존재하는 '자아'는 인정하지 않는다. 불행의 원인이 이기적 마음 탓이라고 나무라는 것은 우리의 정체성 중에서 바로 그 특정한 측면을 책망하는 것이다. 자신에게서 에고를 따로 분리해서 생각할 수 있음을 알아야 한다. 반드시 에고가 우리의 최고 사령관 역할을 맡아야 하는 건 아니다. 그래서 다르마락시타는 이렇게 말한다.

> 실상이 그러하므로 나는 적을 붙잡는다! 숨어서 나를 속인
> 도둑을 붙잡는다. 나를 속이고 나인 양 위장한
> 위선자를 붙잡는다. 아! 그것은 바로
> 에고에 집착하는 것이다. 틀림없다.

자신을 단일체로 여기면 어떤 변화를 일으키려는 노력도 소용없다고 오해할지 모른다. 또 에고의 파괴성을 이해하면 우리는 비참한 존재일 뿐이라고 믿을 수 있다. 하지만 그것은 옳은 관점이 아니며 마음수련과 수행의 목표에 이르려는 노력을 방해한다. 우리는 단지 어떤 면에서만 비참한 것이며, 그건 바로 이기적인 자기 집착이다. 그러므로 원치 않는 일이 일어날 때 남이나 다른 것을 탓하지 말고 자신이 그 일에 어떤 역할을 했는지 보아야 한다. 우리의 인식이 항상 옳지는 않으며 실제 일어난 일을 있는 그대로 반영하지 않을 수 있으므로 항상 스스로 점검해야 한다. "실제는 내 생각과 다를지 모른다. 단지 나의 왜곡된 에고의

마음이 그 상황에 무엇을 투사한 것일 수도 있다."

우리가 부단히 모든 것을 개인적으로 받아들이는 걸 살펴보면 불행의 진정한 원인은 자신의 마음 상태를 적절히 다루고 교육하고 변형하지 못했기 때문임을 알게 된다. 일이 잘못될 때마다 다른 사람이나 외부의 대상을 비난하고 불편을 초래한 책임이 외부에 있다고 여기며 크게 분노한다. 하지만 설령 비난할 사람과 환경을 찾아내도 그것은 자신의 불안과 좌절과 원한을 부채질할 뿐이므로 곤경을 해결할 수 없다. 남을 탓하면 부당한 책임을 면할 수 있다고 여길지 모르지만 단지 자신의 힘을 빼앗길 뿐이다. 그리고 다른 사람이 문제를 일으키지 못하게 애쓰며 평생을 보내야 하는데 그건 현실적으로 불가능하다. 병을 치료하려면 먼저 올바른 진단을 내려야 한다. 로종의 가르침은 우리가 윤회에 얽매인 상태를 올바르게 진단한 것이고 남에게 잘못이 있다고 믿는 부정확한 진단을 바로잡는 해독제이다. 샨티데바가 말하듯이 사건에 대한 우리의 반응을 다루는 것이 실질적으로 괴로움을 줄이는 월등한 길이다.

> 온 세상을 가죽으로 덮으려면
> 어디서 그 많은 가죽을 구할 수 있을까요?
> 하지만 가죽신 하나만 신으면
> 온 세상을 다 덮은 것이나 마찬가지입니다.

로종의 가르침은 남을 탓할 게 아니라 자신의 이기적 마음을 바라보고 그것을 나무라야 한다고 말한다. 이는 다른 사람이 우리에게 영향을 주는 걸 부정하는 게 아니다. 사실 다른 사람이 우리에게 영향을 주기 때문에 로종 문헌에서 우리가 위대한 존재와 어울리면 위대해지고 악한 사람과 어울리면 악에 물들 것이라고 말하는 것이다. 대승불교에서는 황금산과 독산의 신화를 통해 이것을 말한다. 황금산은 주변 지역을 황금으로 바꾸고 독산은 모든 것을 독으로 변화시킨다. 걜쎄 톡메 쌍뽀는 이렇게 조언한다.

> 그들과 어울리면 삼독三毒이 늘고,
> 듣고 사유하고 명상하는 활동이 쇠퇴하며,
> 자애심과 자비심을 잃게 된다.
> 그러므로 나쁜 친구들을 떠나라.
> 이것이 보살 수행이니라.

우리의 존재 조건을 참으로 이해하지 못하면 괴로움의 실제 근원을 통찰할 수 없다. 에고는 늘 방어 자세를 취한다. 계속해서 상황이 자신에게 유리한지 불리한지 판단하려 애쓰기 때문에 틀림없이 편집증이 일어난다. 실은 바로 이것이 부정적 마음 상태와 우리가 겪는 고통과 괴로움이 명백히 연관되는 또 하나의 방식이다. 습관적 사고방식은 여러모로 매우 부담스럽고 마음을 허약하게 만든다. 그러므로 마음을 강하게 수련하는 로종 수행을 해야 하며 괴로움이 닥칠 때마다 남의 비난하는 행위를 중단해야 한다. 사물을 비판적으로 분석하지 않으면 실재와 전혀 동떨어진 환상의 세계 속에서 길을 잃게 된다. 그래서 샨티데바는 자기 집착과 그에 따른 번뇌를 악마에 비유한다.

　　　　이 세상에 가득한 모든 역경과
　　　　모든 두려움과 고통은
　　　　'나'에 대한 집착이 초래했습니다!
　　　　이 거대한 악마를 어찌해야 할까요?

　불교에서는 해를 끼치는 것을 악마라고 부른다. 실제로 대승불교에서는 자기에게 집착하는 번뇌를 '네 악마' 중 하나라고 한다. 자기 집착은 단지 마음속에서만 일어나는 경험이 아니고 우리로 하여금 온갖 매우 어리석은 행동을 하게 만든다. 그러므로 대승불교의 가르침에서는 전혀 분별없이 행동하는 사람을 보면 "그 사람이 아니라 독을 비난하라"고 권고한다. 그 사람으로 하여금 극단적 행동을 하게 하는 것이 바로 독이기 때문이다. 이를 잘 이해하면 다른 사람을 대하는 새로운 관점을 기를 수 있다. 그러면 남의 행동 때문에 화내지 않고, 최악의 일이 벌어지거나 그들이 최악의 일을 저지를 것이라고 생각하지 않게 되고, 적어도 다른 사람의 행동을 선의로 받아들일 수 있다. 아리야데바는 명확히 말한다.

　　　　악마에게 사로잡힌 사람이 사납게 날뛰어도
　　　　의사가 화를 내지 않는 것처럼
　　　　진리의 정복자는 번뇌를 적으로 여길 뿐,
　　　　번뇌에 얽매인 사람을 적으로 보지 않는다.

일부 서양의 불교저자들은 이 경구를 약간 왜곡해서 제시했다. 서양인은 자아가 허약하므로 먼저 건강한 자아를 회복해야만 나중에 자아를 파괴할 수 있다고 주장한다. 그에 따라 개인적 사연이나 고뇌와 원한에 대한 집착을 놓아 버려야 한다는 점을 평가 절하한다. 하지만 그런 논리는 완전히 넌센스다. 로종 수행은 일상생활을 하는 데 도움이 되는 마음의 어떤 부분도 약화시키지 않는다. 참으로 자신을 신뢰하는 사람만이 이런 식으로 역경을 이겨 낼 수 있다. 서양인은 자기 자신을 지나치게 곱씹는 경향이 있으므로 개인적 욕구와 문제에 과도하게 집중하는 걸 그만둘 필요가 있다.

불교에서 말하는 무아無我의 개념은 오해하기 쉽다. 간단히 말해 불교에서는 에고를 포함한 모든 현상에는 고정되고, 변치 않고, 유일하며, 다른 것들과 분리되어 존재하는 실체가 없다고 말한다. 상대적 세계에서 수월하게 에고를 제거할 수 없는 것은 지극히 당연하다. 에고는 어떤 역할을 하는 우리의 중요한 일부이기 때문이다. 하지만 마음수련을 하면 수행할 때 에고의 에너지를 이용할 수 있다. 그럼으로써 삶에서 해결이 어려운 면을 변형하여 초월적 관점을 지니고 수행에 생기를 불어넣는다.


## 13. 모든 사람의 큰 친절에 대해 명상하라

요람에서 무덤까지 남들은 우리에게 많은 일을 해 준다. 설령 우리가 사랑받지 못하고 방치되어 있다고 생각해도 사실이 그렇다. 특히 우리가 아기였을 때 만일 다른 사람들이 도와주지 않았다면 살아남지 못했을 것이다. 지금도 여전히 다른 사람들이 세상을 유지하는 데 도움을 주기 때문에 우리는 계속 살 수 있는 것이다. 우리가 제대로 배웠다고 생각하든 그렇지 않든 사람들은 교육을 제공하고 굶주리지 않게 해 주었다. 사실상 우리가 느끼는 즐거움, 기쁨, 행복은 모두 남들의 존재와 활동에 의해 이루어진다. 수많은 사람이 식품을 생산하고 포장해서 유통하는 일을 하기에 우리가 음식을 먹을 수 있다. 우리가 마시는 물, 입는 옷, 사용하는 전기와 가스를 비롯한 다른 수많은 것도 다른 사람들의 활동이 있기에 이용할 수 있다. 식당 웨이터는 음식을 가져다주고, 호텔 직원은 인사를 하고 때론 반갑게 이름도 불러 주며, 버스 기사는 우리를 목적지에 데려다주고 인사말을 주고받는다. 이처럼 우리는 살기 위해 남들에게 의지해야 한다. 비록 우리가 사랑하는 이들의 친절함을 가장 무심히 지나치는 일이 많기는 하지만 마땅히 감사해야 하는 건 가깝고 친밀한 사람들만이 아니다.

남의 행동에 습관적으로 대응하면 모든 것이 우리에게 대항하는 것으로 보이며 그렇게 느껴지기 때문에 무력하게 된다. 이렇게 경직되고 협소하며 습관화된 관점에서 벗어날 수 있으면 새로운 태도로 상황을 포용하는 힘을 기를 수 있다. 그러면 모든 상황이 더 원만해 보이기 시작한다. 하지만 남들이 기회만 있으면 우리를 이용하려 한다고 여기기 때문에 끊임없이 자기방어적인 태도로 다른 사람을 의심한다. 그러므로 어느 것도 당연히 여기지 말고 남들의 친절에 감사해야 함을 거듭 상기해야 한다.

우리를 곤란하게 하고 방해하는 상황과 여건, 사람들은 늘 있기 마련이다. 이 경구는 구체적으로 부정적 상황에 부딪쳤을 때 남들의 친절함을 생각하라는 가르침을 준다. 또 우리는 오직 시험을 당할 때만 정신적·심리적으로 성장할 수 있음을 기억하라고 한다. 그러므로 우리를 곤경에 빠뜨린 사람들을 좋게 생각하려 노력해야 하고, 그런 부정적 상황을 오히려 더 현명하고 강해질 수 있는 수행의 기회로 바꾸어야 한다. 샨티데바는 이렇게 말한다.

> 그러므로 집안에서 쉽사리 보물을 얻은 것처럼
> 내가 찾아다니지 않아도 적들이 나타나
> 보살행을 하도록 도와주니
> 얼마나 기쁜 일입니까?

아무리 나쁜 상황에서도 이것은 사실이다. 까담파 스승들은 우리가 장애와 역경을 극복할 때마다 그만큼 더 총명해지고 적응력이 좋아진다고 말한다. 다양한 경험이 쌓일수록 삶이 풍요로워지기 때문이다. 그리스도교와 불교의 스승 모두 역경에 굴하지 않고 그것을 다루는 것이 중요하다고 강조한다. 표현과 권하는 방식은 다르지만 모두 우리가 역경을 통해 성장한다고 말한다. 십자가의 성 요한은 이른바 "영혼의 어두운 밤"을 말하며 어둠에 굴복하지 말고 어둠을 빛의 징조로 보라고 훈계한다. 이와 마찬가지로 역경이 으레 우리를 파괴한다고 여기면 안 된다. 까담파 가르침에서는 경험의 거름이 보리bodhi(깨달음)의 밭을 기름지게 하는 비료가 된다고 거듭 말한다. 다르마락시타는 『독을 파괴하는 공작의 마음수련』에서 이렇게 말한다.

남의 배은망덕을 기꺼이 포용하는 보살의 갑옷을 입지 않으면
윤회에 갇힌 사람에게 행복이 오지 않으리라.
그러므로 달갑지 않은 모든 것을 기꺼이 받아들여라.

역경 자체가 아니라 역경에 대처하는 방식이 삶에 어떤 영향을 줄지 결정한다. 이러한 사실을 알게 되면 자연히 있는 그대로의 삶을 더 깊은 의미로 받아들이기 시작할 것이다. 나쁜 습관이나 실수 때문에 자신을 비난해서 실제 상황보다 더 불행해지는 경우가 흔하다. 또 남의 실수에서 교훈을 얻어 그런 실수를 되풀이하지 않고 혼란을 악화시키지 않는 것도 중요하다. 어떤 이가 비난받을 만한 행동을 했다고 여길 때 그를 비난하기보다 자신의 행동을 주의 깊게 살펴보고 그런 식으로 행동하지 않겠다고 결심해야 한다. 남의 행동으로 인해 끊임없이 화가 날 수 있지만 자신의 반응을 들여다보면 종종 우리도 그렇게 행동하면서 자신에게는 더 관대하다는 걸 알게 된다. 이처럼 정직한 내적 성찰을 통해 균형 잡힌 시각을 갖는 것은 '남을 탓하기를 삼가라'는 로종의 가르침을 잘 따르는 것이다. 그럴 때 다른 사람들의 행동을 더 객관적으로 보게 되고 남에게서 긍정적인 점을 배울 가능성이 많아진다. 누구나 자신의 업을 쌓아 왔고 자신이 한 일에 대한 업보를 감당해야 한다. 아무도 그것을 모면할 수 없다. 남의 행동에 대해 판결을 내리는 심판자가

되려는 태도는 아무 소용이 없다. 사회 문제에 관심을 가지면 안 된다는 의미가 아니라 무슨 일을 하든 정신적 관점을 견지해야 한다는 뜻이다. 우리가 마음대로 할 수 있는 것은 오직 자신의 경험밖에 없다. 분노와 두려움 없이 역경에 대처하는 법을 배우면 자신의 경험을 더 능숙하게 다룰 수 있다. 찬드라키르티는 이렇게 말한다.

> 다른 사람이 그대를 해칠 때 그에게 화를 내면
> 그대가 입은 손상을 분노가 없애 주는가?
> 원한은 이번 삶에서 전혀 도움이 되지 않으며
> 내생에서 역경을 초래한다.

## 절대적 보리심의 방편

로종 수행 도중에 이따금 감정이 격해져 그것에 휩쓸리는 위험을 무릅쓰는 경우가 있다. 다른 사람들에 대한 감정에 깊이 빠져 슬픔과 무력감에 억눌려 꼼짝도 못하고 결국 "너무 괴롭지만 아무것도 할 수 없어"라고 포기한다. 이런 부정적 느낌이 지나치게 강해지면 로종 수행에 방해가 될 수 있으므로 절대적 보리심의 관점에 집중하여 그런 경향을 상쇄해야 한다. 절대적 보리심과 상대적 보리심의 이런 균형 상태가 로종 가르침의 기반이 되고 대승불교 전반의 골격을 이룬다. 아티샤가 말하는 것처럼 방편과 지혜는 의존적 존재 상태(윤회)를 극복하기 위한 두 가지 필수 요소다.

> 방편 없는 지혜도
> 지혜 없는 방편도
> 구속이라 한다.
> 그러므로 어느 하나도 포기하지 마라.

불교에서 전하는 사랑과 자비의 개념에는 초연함[76]과 평정심[77]이 들어 있다. 그런 관계를 알지 못하면 평정심과 자비심을 완전히 다른 마음 상태로 여기거나 초연함에 머물면서 사랑하는 마음을 갖는 건 불가능하다고 생각할지 모른다. 하지만 초연함은 무관심과 다르다. 평정심은 아무런 감정도 느끼지 않는 상태가 아니다. 단지 감정 반응을 할 때 균형감을 유지하려고 사랑·자비를 초연함·평정심과 결합하려는 것이다. 대승불교의 스승들은 두 가지를 함께 갖추는 것이 하나만 불러일으키는 것보다 훨씬 더 효과적이라고 말한다. 자비심 없이 초연함만으로 다른 사람과 관계 맺는 것은 진정한 대승불교의 방식이 아니며, 평정심이 깃들지 않은 사랑으로 남을 대하면 급격한 감정 변화에 취약하게 된다.

자비심은 단순히 감정을 쏟아 내는 것이 아니라 긍정적 태도를 능숙하게 내보내는 것이다. 감정을 능숙히 표현하려면 주의를 집중해야 하며 인식이 온전하고 빈틈없어야 한다. 감정을 억누르지 않는 게 중요하고 동시에 감정을 슬기롭게 표현하는 법을 배워야 한다. 그러므로 감정에 초연함과 평정심을 불어넣는 게 중요하다. 이러한 결합이 바로 자비심을 가리킨다. 『방편경The Skill in Means Sutra』에서는 이렇게 말한다.

> 공경하옵는 주인님, 위대한 영웅인 보살은 모든 집착을 경계합니다. 그들은 이와 같이 상상도 할 수 없는 방편에 거하여 형태, 소리, 냄새, 맛, 감촉을 경험합니다. 그것은 모두 집착이 일어날 수 있는 경우이지만 보살은 결코 집착하지 않습니다.

다른 사람들이 독립적 존재라는 생각에 집착하면 휘몰아치는 감정의 힘에 대해 평정심을 잃게 된다. 그리하여 머릿속에서 남들의 괴로움을 도저히 극복할 수 없어 보이는 장애물로 실체화한다. 이 문제에 대한 해독제는 지혜에 대한 명상이다. 우리가 염려하는 중생 또한 우리처럼 의존적으로 발생(연기)하고 본성이 공空하다는 것을 상기해야 한다. 심지어 현상을 더 유연하게 인식하는 걸 방해하는 혼란조차 공의 발현이다. 왜냐하면 궁극 실재는 우리의 생각이나 감정과 따로 떨어져 있는 게 아니기 때문이다. 이 관점은 다른 번뇌와 더불어 분노와 질투를 다루는 법을 배우는 것이다. 번뇌를 완전히 없애는 것은 아니지만 보다 수월히 가라앉히는 법을 배움으로써 번뇌를 일으키고 영속시키는 습성을 버릴 수 있게 된다.

이러한 절대적 보리심과 상대적 보리심의 통합 혹은 공과 자비심의 통합은 불교에서 말하는 중도中道의 한 표현이다. 감정은 항상 우리를 혼란스럽게 하므로 감정에 휩쓸리지 않으려면 늘 합리적으로 사고해야 한다고 주장하는 사람도 있다. 반면 어떤 이들은 감정을 느끼는 능력이 무엇보다 중요하며 추상적 사고에 지나치게 의존할 때 삶이 빈곤하게 될 위험이 있다고 주장한다. 불교의 관점은 이 두 관점의 중간쯤 된다. 부처님은 끊임없이 중도를 강조했다.

> 가전연이여, 일상 경험은 "이것은 ~이다" 혹은 "이것은 ~이 아니다"라는 이원성에 의존한다. 반면 다르마와 지혜에 의지하여 만물이 발생하고 사라지는 것을 직접 지각하는 사람에게는 "이것은 ~이다" 혹은 "이것은 ~이 아니다"라는 분별이 없다. 가전연이여, "모든 것은 존재한다"는 주장은 한쪽 극단일 뿐이고, "아무것도 존재하지 않는다"는 주장 또한 다른 극단에 지나지 않는다. 그러므로 가전연이여, 여래는 두 극단의 어디에도 의존하지 않으며 중도로서 다르마를 가르친다.

보살 수행은 모든 사람을 사랑하고 보살피려는 것이다. 윤회계에 사는 모든 중생은 이런저런 괴로움을 겪는다. 불교에서는 강하고 권력이 있는 사람도 괴로움을 겪는다고 한다. 거만한 사람은 거만함 탓에 괴로움을 겪고, 경멸적인 사람은 멸시당하며, 부자는 재산 때문에 괴롭다. 샨티데바는 재산을 모으고 집착하고 잃는 것 그리고 끊임없이 남이 자신의 재산을 탐낸다는 두려움에 사로잡힌 상태가 얼마나 괴로운지 말해 주려 애쓴다.

재산은 지키기 어렵고 상실하면 큰 고통을 주어

끝없는 불행을 초래할 뿐이니

재물을 탐내는 사람은

윤회의 고통에서 한시도 벗어날 수 없습니다.


어떤 이들은 마음수련의 강조점을 정치적·사회적 행동주의로 바꾸려 노력한다. 하지만 마음수련의 유일한 관심은 마음을 수련하는 것이며 행동주의와는 아무 관련이 없다. 세상일에 관여하고 어떤 대의를 지지해서는 안 된다는 의미가 아니다. 그런 일을 하더라도 더 넓은 정신적 관점을 취해야 한다는 것이다. 관점은 하늘만큼 넓어야 하고 행동은 정확히 우리가 마주치는 것을 향해야 한다.


## 14. 혼란과 부정적 감정의 실재는 공<sub>空</sub>임을 보라

부처의 몸*kaya*[78], 즉 '부처의 존재 양상'은 세상에 대한 깨달은 관점을 견지하는 데 도움을 준다. 화신化身(*nirmanakaya*)은 부처의 존재가 물리적으로 나타난 몸이고, 보신報身(*sambhogakaya*)은 부처의 지혜가 구현된 몸이며, 법신法身(*dharmakaya*)은 부처 존재의 초월적 측면이다. 법신은 궁극 실재와 분리될 수 없다. 왜냐하면 우리가 인식하는 모든 것에는 공空의 본성이 있기 때문이다. 보신은 만물의 상호 연관성을 나타낸다. 정신적인 것과 육체적인 것은 서로 완전히 독립적이지 않으며 존재하는 모든 것-선과 악, 아름다움과 추함, 성스러움과 세속적인 것-은 사건과 과정의 일부이기 때문이다. 화신이란 만물이 공의 발현으로서 우리의 감각에 나타나는 걸 보는 것이다. 일반적으로 대승불교 문헌에서는 부처의 몸kaya을 단지 세 가지로 말하지만, 세 측면의 불가분성을 나타내기 위해 넷째 몸을 언급하기도 한다. 이를 자성청정신自性淸淨身(svabhavivakaya)이라 하는데, 넷째 '몸'이 아니라 앞의 세 몸을 통합하는 개념이다. 즉 부처가 육체적·정신적·초월적 측면으로 분리된 실체가 아니라 세 몸이 상호 의존적으로 통합된 불가분의 전체로서 존재하는 것으로 보아야 한다는 사실을 의미한다. 아티샤는 이 '함께 일어남coemergent'의 성질을 공과 자비의 측면에서 논한다.

> 춤추는 파도와 광대한 바다 사이에
> 결코 분리되거나 나누어진 건 없다.
> 이와 마찬가지로 공의 자발적 함께 일어남으로부터
> 존재를 어루만지고 마음을 흔드는 자비가 일어난다.
> 아들아, 자비가 일어날 때 공으로부터 생성되며
> 자비가 중단될 때도 공에서 중단된다.

부처의 육체적·정신적·초월적 측면은 단지 개념적 이해의 수준에서만 구분할 수 있다. 부처 자신의 존재라는 관점에서는 그런 분리가 없다. 물이 때론 액체이고 때론 얼음일 수 있듯이 부처 존재의 세 측면은 근본적으로 서로 구별될 수 없지만 각각 따로 발현될 수 있다. 그러므로 객관적 관점과 주관적 관점에서 부처의 네 가지 몸을 이해할 수 있다. 네 가지 몸을 객관적으로 이해할 때는 우리와 분리된 완전히 깨달은 존재를 말한다. 또 초월적으로 주관적인 관점에서 네 가지 몸을 이해할 수 있는데, 이는 자기중심적으로 주관적인 관점과는 전혀 다른 것이다. 마하무드라와 족첸 전통은 초월적으로 주관적 관점에서 부처 존재의 측면을 말하며, 네 가지 몸을 우리 자신과의 관계 속에서 이해해야 한다고 가르친다. 마찬가지로 이 경구도 부처의 네 가지 몸을 우리의 경험에 적용하라고 권하므로 초월적인 주관적 해석을 잘 따르는 것으로 보인다. 부처의 세 가지 몸을 상기하면 마음을 경직되게 하는 집착을 놓아 버릴 수 있다. 파담빠 쌍계는 이렇게 말한다.

> 외부와 내면이라는 개념은 마음 안에서 생겨나는 것이니
> 띵리 사람들이여, 단단한 얼음이 녹아 물이 되게 놓아두어라.

이런 주관적 해석에 따라 부처의 화신은 우리의 의식에서 끊임없이 일어나는 생각, 감정, 느낌이라고 이해한다. 그리고 보신은 우리의 인지 능력 즉 의식의 핵심인 청정함에 연관 지을 수 있다. 법신은 생각, 감정, 의식을 인지하는 일의 공한 본성에 연관 지을 수 있다. 이어서 자성청정신은 세 가지 몸이 통합된 하나의 실재임을 인식하는 것이다. 명상 경험에 의하면 우리의 생각은 화신의 측면이다. 명상 수행을 할 때 대개 우리의 생각은 완전히 혼란 상태에서 제멋대로이다. 하지만 때때로 명확한 생각이 떠오르는 경우도 있다. 문헌에서는 이를 '불가해한 명석

함'이라고 말한다. 바로 이것이 보신이다. 그런데 그 생각은 마음의 눈에는 생생하게 보이더라도 만질 수 없고 포착하기 매우 어려우며 붙잡을 수도 없다. 이렇게 붙잡을 수 없음이 법신이다. 이러한 통찰을 얻으면 감정에 휘둘리지 않고 평정심을 유지할 수 있다.

혼란에는 부정적 감정만이 아니라 긍정적 감정도 있음을 알아야 한다. 왜냐하면 긍정적 감정 또한 항상 감추어진 의도와 기대 즉 숨은 의도로 오염되어 있기 때문이다. 하지만 자신을 비난할 필요 없으며 단지 감정 반응이란 늘 복합적임을 인식하면 된다. 혼란 속에 명확함도 있음을 알 때 평정심을 개발할 수 있다. 통념과 달리 혼란은 실재를 모호하게 하지 않으며 혼란의 와중에도 실재는 결코 멀리 있지 않다. 티베트의 위대한 명상 스승인 옹뚭 갤첸Ngotrup Gyaltsen은 얽매이지 않은 마음을 이렇게 설명한다.

분별은 마치 바다의 파도들과 같다.
파도가 일어나도 그 본질은 공하다.
얼마나 재미있는가, 태어나지 않는 것이 이렇게 태어남이!

대승불교의 관점, 특히 까규-닝마의 관점에서 현상과 실재는 분리될 수 없다. 대개 현상은 겉모습이고 실재는 그 뒤에 숨겨져 있다고 생각한다. 또 겉모습은 많이 왜곡되어 있으며 숨겨진 실재는 전혀 불순함이 없다고 상상한다. 동양과 서양의 철학 전통에서 궁극 실재를 이런 식으로 이해하는 일이 많다. 하지만 불교에서는 존재의 본성을 그렇게 보

지 않는다. 불교에서는 현상과 실재 사이에 분리가 있을 수 없다고 한
다. 현상과 실재가 똑같다는 의미가 아니라 둘을 분리할 수 없다는 뜻
이다. 절대적 보리심의 관점을 지니면 혼란은 단지 현상일 뿐이므로 혼
란의 실재는 당혹감이 아님을 알게 된다. 혼란의 실재는 공이다. 이런
관점을 가지면 부정적 감정이 생겨도 휘둘리거나 얽매이지 않을 것이
다. 부정적 감정의 실재가 공임을 잘 알기 때문이다. 그러므로 공이 가
장 견고한 방어이다. 그리고 샨티데바는 이렇게 말한다.

꿈과 같은 중생의 상태를 잘 살펴보면
바나나 나무와 같이 실체가 없으므로
괴로움의 상태인 윤회와 모든 슬픔을 초월한 열반은
그 본질이 다르지 않습니다.

이 점을 되새기면 궁극적 관점에서 만물의 순수함을 접하게 된다.
상대적 차원에서 의존적 존재 상태(윤회)의 특성은 불만, 좌절, 괴로움
과 고통이다. 하지만 절대적 관점에서 보면 만물의 평등함[79]이 있다. 이
것을 이해하고자 노력하면 역경을 수행의 길로 이용하는 데 큰 도움을
얻을 수 있다.

# 특별한 방편

대개 우리는 역경을 방해로 여기고 가능하면 피하려 한다. 하지만 삶의 상황을 오해하고 실제로는 전혀 해롭지 않은 것을 위험하다고 인식하는 일이 많다. 반면 실제로 매우 파괴적인 것을 이롭다고 오해하는 일도 있다. 오락을 할 때 느끼는 즐거움에서 많은 기쁨을 얻을 수 있다. 또 행실이 나쁜 사람의 수상쩍은 행동에 마음이 끌리거나 사업상의 기회, 뜻밖의 경제적인 소득, 그 밖에 매혹적인 여러 일이 실은 인생에 큰 피해를 줄 위험이 있는데도 이를 좋은 것으로 여길지 모른다. 그래서 빼마 까르뽀는 이렇게 말한다.

그대는 멋있는 인생을 원하지만 늘 엉뚱한 일만 한다.
그리고 만족스러운 삶을 살고자 괴로움의 원인을 찾아다닌다.
그래서 자신의 충동에 얽매인 노예가 되었다.

또 우리는 주변 환경과 다른 사람에게 여러 번 속았다. 빛나는 갑옷을 입은 기사나 인간의 모습을 한 여신을 만났다고 기뻐할지 모르지만 사실 기사가 아니라 사기꾼이고 여신이 아닌 마녀인 걸로 밝혀진다. 그런 산만함으로 인해 최면 상태에 빠지고 어리석게 행동하기 시작한다. 그 결과 큰 고통과 비참함을 겪고 후회, 자기 폄하, 자기혐오, 절망에 찌든다. 대상을 제대로 지각하지 못하면 역경이 닥칠 때 고통과 괴로움을 겪게 된다. 그러므로 특별한 방편을 이용해 일상생활에서 생기는 곤경을 다룰 수 있는 길을 찾아야 한다. 특별한 방편이란 매일 우리의 행동을 개선하는 방법이다. 이어서 소개하는 두 경구가 이와 관련이 있다.

## 15. 최고의 전략인 네 가지 수행을 하라

여기서 역경을 '나쁜 조건[80]'이라고 하는데, 그 상황을 단지 일시적인 것으로 여기기 때문이다. 우리를 계속 힘들게 하는 것은 상황 자체가 아니다. 우리가 괴로움에 집착하기에 일어나는 감정의 혼란이다. 그러므로 바로 그런 집착을 잘 다루어야 한다. 그저 나쁜 조건은 항상 원치 않는 경험과 상황을 일으키므로 인생에는 고통스러운 상황이 끊임없이 생긴다. 하지만 그 순간 우리의 마음이 거기서 벗어날 수 있다면 고통스러운 상황이 반드시 우리 마음속에 번뇌를 일으키는 것은 아니다.

로종 수행은 이렇게 역경을 잘못 이해하여 불행에 고착될 때 일어나는 괴로움을 다루는 불교수행법을 제공한다. 그것은 네 가지로 공덕 쌓기, 참회하기, 악령에게 공양물 바치기, 다르마의 수호자들에게 공양물 바치기이다.

### 1 공덕 쌓기

불교에서 강조하는 공덕의 개념은 서양인이 이해하기 매우 까다로운 것이 분명하다. 서양인은 대개 공덕을 일종의 회계 제도나 예금 잔고로 생각해서 공덕을 쌓으면 흑자가 되고 공덕이 다하면 적자가 된다고 여긴다. 하지만 공덕을 쌓는 건 그런 게 아니다. 에너지를 변환할 수 있는 어떤 것처럼 소유하거나 잃을 수 있는 것이 아니기 때문이다.

불교에서 공덕의 개념은 심리적·정신적 기질의 특성을 말한다. 삶이 풍요롭기를 원하고 모든 게 부질없다는 공허함을 극복하고자 한다면 공덕을 기르는 것이 얼마나 중요한지 잘 알아야 한다. 공덕을 쌓는 것에 따라 우리가 어떤 사람이 되는지 결정되기 때문이다. 이는 단지 성격 특성을 형성하는 심리적 기질만 말하는 게 아니라 말로 표현하기 어려운 정신적 능력도 가리킨다. 이런 용어를 번역하기 어려운 이유는 유신론적 언어를 사용해 불교의 개념을 설명할 수 없기 때문이다. 서양의 세속적 사상에 맞춰 불교용어를 설명하면 정신적 요소를 놓칠 수밖에 없다. '공덕' 같은 불교의 개념에는 매우 강한 정신적 차원이 있기 때문에 그것은 매우 안타까운 일이다. 공덕의 전체 개념은 대략 다음과 같이 작용한다. 큰 공덕[81]을 쌓으면 장애를 피하며 역경을 예방할 수 있다. 충분한 공덕을 쌓으면 역경을 극복할 수 있다. 공덕이 거의 없으면[82] 실제로 삶에 역경을 끌어들인다. 허약한 몸이 병을 부르는 것과 마찬가지다. 이처럼 공덕은 부유함, 행운, 긍정적 성격과 기질 등 우리가 누릴 수 있는 모든 행복의 원인이다.

그런데 그런 행복은 결코 '우연히' 얻는 게 아니다. 행운이나 결심, 몇 번의 인정 많은 행동 덕분에 생기는 것도 아니다. 전생에서 공덕을 쌓은 덕분에 얻은 것이다. 뻬마 까르뽀는 "인간의 몸은 우연이 아니라 공덕을 쌓아서 얻은 것이다"라고 말한다. 공덕을 쌓으려면 자비로운 행위를 하고 친절한 마음으로 선한 의식 상태를 개발해야 한다. 그러면 삶이 부정적인 현상에 영향을 받지 않고 긍정적 에너지가 흐르게 된다. 반면 늘 부정적 관점으로 사물을 보면 설령 좋은 일이 생겨도 금방 공덕을 소진해 버리고 온갖 격변과 혼란에 노출돼 삶에 부정적인 에너지를 끌어오게 된다.

티베트불교에서는 두 갈래 접근법(티베트어로 '최 진*mchod sbyin*')을 받아들이라고 가르친다. 여기서 최*chod*는 '공양물', 진*sbyin*은 '주기'를 의미한다. 티베트 불자들은 존귀한 존재에게 예식을 올리고 중생을 위해 헌신한다. 부처들과 보살들 같은 존귀한 존재에게 제사를 드리고, 선원에 기부하고, 탱화나 유물함·불상·경전 등을 봉헌한다. 또 몸과 말과 마음을 게으르지 않게 함으로써 평범한 중생에게 봉사한다. 위대한 존재를 받드는 데만 헌신하고 우리 자신과 같은 평범한 중생을 무시하면 안 된다. 깨달은 존재에게나 망상에 사로잡힌 중생에게나 똑같이 친절과 강인함과 열성의 행동으로 예를 올려야 한다. 그래서 아리야데바는 이렇게 말한다.

여래가 말씀하시기를
오랜 세월 동안 방편을 통해
끊임없이 모인 공덕은 한없이 커서
전지全知한 분조차 헤아릴 수 없다.

## 2 참회하기

불교에서 참회[83]는 독특한 의미가 있다. 라마승이나 스승 등 누군가에게 고백하는 게 아니라 부끄럽게 여기는 것과 마음속 깊은 곳을 갉아먹는 것을 스스로 인정하는 것이다.

참회의 개념을 이해하려면 업業의 작용에 대한 전반적인 이해가 필요하다. 과거 행동의 동기가 공격성, 분노, 이기주의, 질투, 원한으로 오염돼 있었다면 악덕이 발생한다. 공격성에서 비롯된 행동을 하거나 악의를 갖고 남을 헐뜯거나 남이 곤경에 처한 것을 기뻐할 때, 깊은 흔적이 생겨 마음속에 숨겨지고 잠재적인 업이 된다. 알아차림을 하며 신중히 행동하지 않으면 이런 부정적 업의 흔적이 의식이 미치지 못하는 곳에 점점 쌓이고 곪는다. 그리고 적당한 조건이 주어질 때 촉발되어 나쁜 경험의 형태로 나타난다.

다행히 업의 인과 관계는 기계적으로 미리 정해진 대로 작동하는 것이 아니라 매우 가변적이다. 즉 업의 결과로 반드시 고통을 당해야 하는 건 아니다. 불교에는 어떤 종류의 도덕률도 없다. '업의 법칙'이란 불교적 사고에 도입된 서양의 개념이다. 원인과 결과의 관계는 대단히 복잡하고 불확실해서 정해진 '법칙'이라고 말하기 어렵다. 업의 인과 관계가 있지만 원인과 결과는 모두 인간의 행위에 관한 것이므로 모든 경우에 적용되는 보편 법칙 같은 것은 없다.

지난 세기에 서양의 사상가들은 정치와 도덕 철학에서 자연법칙과 도덕법칙을 말해 왔다. 하지만 지금은 아무도 그런 해석에 동의하지 않는 것 같다. 심지어 물리학조차 자연법칙을 말하는 경우가 점점 적어지고 있다. 힌두교에서는 보편적 우주 질서에 대한 믿음을 고취하는데 그것은 업의 개념에 집약되어 있다. 그런데 우주가 정말 법칙에 따라 질서 정연하다면 우주에 순응하기만 하면 혼란과 예상치 못한 사건이 발생하는 걸 막을 수 있어야 한다. 하지만 실제는 그렇지 않다.

업을 참회하면 업을 바꾸거나 개선할 수 있다. 자신의 부정적 행위를 인정하고 화산 폭발처럼 격렬할 수 있는 업의 활동을 겉으로 드러냄으로써 나중에 훨씬 더 큰 폭발이 일어나는 걸 방지할 수 있다. 부정적 행위가 발생시킨 잠재적 업의 성향을 벗어나려면 진정으로 뉘우치고 참회해야 한다. 의식적으로 인정하든 인정하지 않든 끔찍한 일을 저지르면 언제나 그것에 대한 죄의식으로 끊임없이 괴롭다. 그리스도인이 말하듯이 "양심의 가책을 느끼는" 것이다. 그 불쾌한 경험은 미래에 매우 부정적인 경험을 일으킬 잠재력이 있다. 이처럼 죄의식은 과거에 고착되어 있고 같은 실수를 되풀이하게 한다.

반면에 진정한 뉘우침은 앞으로 다시는 그런 행위를 하지 않겠다는 약속을 포함하기 때문에 매우 효과적인 예방책이다. 그런 의미에서 빼 뗄 린뽀체는 이렇게 말한다.

> 뉘우침의 힘은 과거에 저지른 부정적 행위에 대한 깊은 후회에서 비롯된다. 아무것도 숨기지 않고, 자신의 악행이 잘못임을 알고, 통렬히 후회하며 참회하지 않으면 아무것도 정화될 수 없다.

후회를 인정하는 과정에 증인을 세우는 것도 중요하다. 이를 위해 부처들과 보살들이 자신의 곁에 있다고 상상하며 그분들에게 다음과 같이 참회하고 기원한다.

"제가 이런저런 행위를 했으며 저의 잘못된 행위를 온전히 인정합니다. 저의 행위로부터 숨지 않고 제가 한 일을 부정하지 않습니다. 아무런 변명도 하지 않습니다."

원하는 사람은 참회문을 낭송하기도 한다. 그 후에 부처들과 보살들이 우리의 참회를 받아들이고 업의 짐을 내려놓을 수 있게 해 준다고 상상한다.

### 3 악령에게 공양물 바치기

티베트불교에서는 두 가지 해로운 존재 혹은 힘이 존재한다고 말한다. 하나는 삶에서 혼란을 초래하는 존재이고, 다른 하나는 우리가 빚을 진 존재이다. 이를테면 매우 중요한 사람을 만나러 가는데 출발 전에는 아주 건강했지만 도중에 병에 걸렸다면 부정적인 힘이 개입했기 때문이라고 해석할 수 있다. 또 남에게 '미결의 빚[84]'이 있을 수 있다. 우리는 과거에 많은 사람과 관계를 맺으면서, 특히 환생을 믿는다면 우연이든 고의든 다른 사람들에게 빚을 졌을 가능성이 많다.

환생이나 악령과 유령을 믿는 것이 로종 수행에 반드시 필요하지는 않다. 하지만 그런 것들이 실제로 존재할 가능성을 완전히 무시할 수는 없다. 그것은 너무 주제넘은 태도다. 여러 재난이 잇달아 일어날 때, 유령과 악령이 우리를 해치려 하거나 삶에 혼란을 부추기려 한다고 염려할 수 있다. 많은 사람이 그렇게 굳게 믿는다. 이와 관련해 불교는 모든 사람에게 제공할 것이 있으므로 이런 간섭을 해결할 방법도 있다. 종교의식을 거행하는 것은 우리가 끌어들였는지 모르는 부정적 힘을 달래는 것이다. 인간 아닌 존재들[85])에게 빚을 졌기 때문에 그들이 해치려 할지도 모른다고 여기면 그들에게 '공양떡[86])'을 바칠 수 있다. 다르마락시타는 궁극적으로 우리가 현상을 어떻게 보느냐는 중요하지 않다고 말한다.

> 적이나 악마가 생길지도 모르지만, 그것을 전혀 고려하지 마라.
> 자아에 대한 집착과 남에 대한 혐오를 짓밟아 버려라.
> 절대 그것을 상상하지 말고, 기억과 인식을
> 분노한 대위덕명왕大威德明王(Yamantaka)*처럼 바라보라.

실제로 악령이 존재하지 않아도 그 존재를 정말 믿는 듯이 종교 의식을 거행하면 약간의 심리적 안도감을 얻을 것이다. 때때로 사람들은 의기소침하고 민감하고 불안할 때 어떤 고약한 다른 세상의 존재가 주위를 떠돈다고 짐작한다. 유명한 티베트 수행자 밀라레빠는 우리가 깜짝 놀랄 때 실제든 상상이든 악령이 일어난다고 말한다. 어느 날 밀라레빠가 외출했다가 돌아오니 그가 사는 동굴에 수많은 정령이 모여 있었다. 처음에 그는 놀라서 정령들을 복종시키려 애쓰고 그들에게 동굴을 떠나라고 요구했지만 아무 소용이 없었다. 그런데 밀라레빠가 보리심을 불러일으켜 자비심을 전하자 정령들이 사라졌다. '붉은 바위 마노산Red Rock Agate Mountain'이라는 노래에서 밀라레빠는 이렇게 노래한다.

---

* 밀교의 5대 부처 가운데 한 분이며 보살이나 명왕으로 모습을 바꾸어 나타나 악마를 굴복시킨다. – 역자주

악령이여, 여기 더 머물고 싶다면 나는 괜찮다.

동료들이 있다면 데리고 오라.

우리의 다른 점에 대해 이야기해 보자.

아아! 나는 이 정령에게 연민을 느낀다.


어원학적으로 공양떡을 뜻하는 티베트어 '또르마*torma*'는 '때려 부수고 멸절시키는 것'을 의미한다. 그러므로 그런 공양물과 종교 의식은 유익하지 못한 감정, 업보, 기질, 불길한 환경과 여건에서 비롯된 부정적 힘을 완전히 제거하려는 것이다. 공양떡을 잘 만들 필요는 없다. 일종의 보상으로 무엇이든 바쳐도 되고 실물 대신 상상으로만 바쳐도 된다. 낭송하는 간단한 전례도 있다. 여기서 중요한 것은 예식이 아니라 "이리 와서 떡을 좀 드시고 이제 나를 괴롭히지 마세요"라고 말하는 심리적 과정이다. 악령과 전쟁을 하거나 악마 같은 것을 몰아내려는 게 아니다. 미신에 너무 빠져 어디서나 눈에 보이지 않는 힘이 작용한다고 믿으면 안 된다. 하지만 실제로 우리는 무엇이 존재하고 무엇이 존재하지 않는지 알지 못하는 게 사실이다. 이 수행에서 중요한 점은 이해하지 못하는 것에 대해서도 열린 태도를 갖는 것이다. 다음과 같이 기도하면서 효과가 있다고 상상하면 또르마를 바치는 행위가 우리의 부정적 경향을 바꿀 것이다.

"살았든 죽었든 모든 중생에게 빚진 것을 지금 최종적으로 갚기를 원합니다. 의도적으로 교활한 행위였든 부주의나 게으름 때문이었든 내가 빚을 진 것을 모두 갚겠습니다. 나는 여러분과 다툴 일이 없고, 악의도 없고, 원한도 없고, 아무런 문제도 없습니다."

## 4 다르마의 수호자들에게 공양물 바치기

다르마의 수호자들[87]은 자비롭고 깨달은 존재이다. 마치 그리스도교의 천사처럼 해로운 환경과 여건에서 우리를 보호해 준다. 나쁜 일이일어나거나 재난을 예방하고자 도움을 요청할 때, 그들에게 보호해 달라고 기원하며 또르마(공양떡)를 바친다. 병들거나 파산하거나 비극이 닥쳐 너무 힘들고 아무것도 할 수 없을 때가 있다. 이렇게 역경에 처해 아무것도 소용없을 때 다르마 보호자들에게 공양물을 바치는 지혜는 우리가 할 수 있는 대안 전략이다. 악령과 다르마 보호자가 무엇인지 이해할 수 있는 길이 여럿 있고 티베트불교에도 있다. 위대한 은둔 수행자 고닥빠Godrakpa(1170~1249)는 이렇게 말한다.

깨달음이 없을 때 혼란된 현상과

악령의 방해가 출현한 것이 신과 유령이다.

티베트에 널리 알려진 쬐Chod*수행을 창안한 이는 여성 스승인 마칙랍된Machik Lapdron(1055~1149)이다. 그는 쬐 가르침에서 악령이란 어떤면에서 우리의 심리 상태라고 할 수 있고, 다른 면에서는 외부의 존재로 볼 수 있다는 점을 지적한다. 그녀는 『완벽한 설명Complete Explanation』

---

* 티베트어 '쬐'는 '끊는다'는 의미로 번뇌와 업, 이상을 소멸하고 완전한 자비를 구현하는 지혜를 얻기 위한 수행이다.
 ─ 역자주

에서 이렇게 말한다.

> 악귀라는 것은 마주치는 사람들을 겁주고 망연자실하게 만드는 거
> 대한 검은 괴물이 아니다. 자유를 얻는 걸 방해하는 모든 것이 곧
> 악귀이다. 그러므로 매우 가깝고 사랑스러운 친구도 우리의 자유
> 를 방해한다면 악귀가 될 수 있다. 하지만 무엇보다 자아에 대한
> 집착이 가장 큰 악귀이다. 우리가 자기 집착을 끊어 버릴 때까지
> 모든 악귀들은 입을 크게 벌리고 기다리고 있다. 따라서 자기 집
> 착이라는 악귀를 끊어 버리기 위해 방편을 이용해 노력해야 한다.

다르마의 보호자에 대해서도 마찬가지로 말할 수 있다. 그들을 우리
의 지혜 의식의 반영으로 간주할 수 있다. 외부에 있는 다르마의 보호
자를 달래거나 간청할 수 있지만 그보다 우리의 내면에 있는 존재로서
다르마의 보호자를 이해하는 것이 더 중요하다. 그렇지만 이런 관점이
곧 다르마의 보호자가 외부에 나타나지 않는다는 의미는 아니다. 내면
과 외면은 늘 함께하기 때문이다. 외면과 내면을 서로 동떨어진 두 영
역으로 나누는 건 이원적이고 과학적인 사고방식일 뿐이다. 불교의 관
점에서는 외부에 있는 것과 마음속에 있는 것을 나누는 고정불변의 경
계선이 없으며 내면 세계와 외면 세계는 나눌 수 없는 전체이다. 마음
의 내부와 외부가 똑같다고 여길 필요는 없지만 또 우리의 생각만큼 다
른 것도 아니다.

## 16. 모든 경험을 즉시 명상과 결합하라

이 경구는 역경을 깨달음의 길로 변화시키는 수행을 말한다. 이는 습관적으로 반응하지 말고 알아차림을 유지하면서 이해와 개방성과 용기를 가지고 대응해야 한다는 걸 알려 준다. 명상은 명상 시간에만 하는 것이라고 여기면 안 된다. 일어나는 모든 일에 마음을 집중해서 바로 그 상황을 명상으로 여기고 수행해야 한다. 여건이 좋을 때나 나쁠 때나 마음을 수련하는 기회로 이용하면 우리와 다른 사람들에게 언제나 유익할 것이다. 고닥빠는 모든 경험을 명상과 결합하는 것에 대해 이렇게 노래한다.

> 수행자는 칼과 같다.
> 나는 떠오르는 모든 생각을 즉시 베어 버린다.
> 만나는 것을 모두 수행의 길로 삼으니 행복하다.

어려운 상황을 만날 때마다 낡은 습성을 따르면 반드시 더 곤란한 처지가 될 것이다. 우리는 자기중심적이고 이기적이고 거만하고 횡포하고 교활할 때 자신의 삶을 스스로 책임지고 있다고 생각할지 모른다. 하지만 사실은 질 수밖에 없는 싸움을 하는 것이라고 로종의 스승들은 말한다. 오직 명상적 반응을 할 때만 어떤 경우에 무슨 일이 일어나든 가로새지 않고 압도당하지 않으며 마음의 주인이 되어 현존하는 마음을 유지할 수 있다.

어떤 상황에 처해도 인내와 용기와 활기를 개발하는 게 매우 중요하다. 뜻대로 일이 풀려 마음수련을 할 필요가 없어 보이는 상황도 마찬가지다. 삶에서 무슨 일이 일어나든 그것이 기회를 빼앗거나 다른 길로 유혹한다고 여기지 말고 자신을 개선하는 계기로 삼아야 한다.

# 역경을 기회로 이용하는 최고의 방법은
# 자기 집착에서 벗어나는 것

바른 로종의 정신을 갖추면 아무리 어려운 상황이 닥쳐도 유익함을 이끌어 내고 모든 것을 공덕의 근원으로 변형할 수 있다. 역경을 기회로 이용하고 끊임없는 자기 집착에서 벗어날 수 있음을 확신해야 한다. 유아론적 상태에 얽매이지 않고 남에게 관심을 기울이며 긍정적으로 세상일에 관여할 때 가치 있고 훌륭한 일을 시작할 수 있을 것이다. 자신의 경험을 곱씹어서는 마음의 힘을 기를 수 없다. 우리는 부정적으로 생각하고 해석하는 습성이 너무 강하므로 의도적이고 의식적으로 그런 습성을 바꿀 수 있어야 한다.

역경을 변화시키는 가장 좋은 길은 자신의 경험을 개인적으로 받아들이고 그것으로 드라마를 지어내는 습성에 저항하는 것이다. 보다 외부 지향적이 되려 하고 자신이 지어낸 드라마에 얽매이는 경향에 저항하려 노력하면 역경에 따르는 큰 괴로움과 고통을 피할 수 있을 것이다. 그뿐만 아니라 보다 의미 있게 인생을 살게 될 것이다. 이는 단지 역경을 극복하는 실용적 방법일 뿐만 아니라 맞닥뜨린 문제를 푸는 데 다르마를 해독제로 이용하는 길이다.

다르마가 아닌 방식은 윤회를 해결할 수 없으므로 일시적 미봉책에 불과하다. 정

치·사회·경제·기술적 수단을 이용해 윤회 안에서 완전을 추구하는 것으로는 문제를

해결할 수 없다. 다르마에 귀의해야만 진정한 평안과 안락을 얻을 수 있다.

# 평생 수행을
# 유지하라

죽는 순간까지 해야 하는
다섯 가지 중요한 수행

로종 수행의 넷째 수련법은 살아 있을 때 끊임없이 집중해서 상기해야 하며 임종 때도 적용하는 '다섯 가지 힘'을 말한다. 이 다섯 힘을 이용해 제대로 수행하는 법과 인생의 다양한 상황에 적절히 대처하는 법을 배우는 것이다. 살아 있을 때와 임종할 때 수행해야 하는 다섯 힘은 같은 것이지만 적용 방법은 조금 다르다. 살아가는 동안과 임종 순간에 다섯 힘을 적용하는 것은 로종 가르침의 정수를 이용하는 것이다. 그것은 불교의 가르침에서 '정수 중의 정수'이다.

## 17. 가르침의 정수인 다섯 힘을 수련하라

넷째 수련법의 골수 가르침은 살아 있을 때 수행하는 것과 죽음에 임해서 수행하는 것, 두 가지를 말한다. 다섯 힘[88]은 일생 동안 따라야 하는 가르침의 정수이다. 삶의 현장에서 따라야 하는 핵심 가르침의 실행법을 알려 주기 때문이다. 이 경구는 명상과 일상적 행동에 모두 관련된다. 우리가 깨달음을 얻기 전에는 명상과 일상생활이 늘 완벽히 일치할 수 없겠지만 다섯 힘에서 권하는 방법을 따르면 명상과 일상생활 사이의 간극을 점차 줄일 수 있다.

## 1 열망의 힘

명상 수행을 하거나 유익하고 가치 있고 건설적인 행위를 할 때는 처음에 자신뿐만 아니라 다른 사람에게도 유익하기를 열망하는 것이 중요하다. 로종의 골수 가르침에서는 무작정 수행을 시작하지 말고 미래의 명확한 목표를 정하는 것이 매우 중요하다고 한다. 로종 수행의 주요 목표는 상대적 보리심을 불러일으키고 절대적 보리심을 깨닫는 것이다. 우리가 정신적 활동이나 세속적 활동을 시작할 때 모든 존재의 유익함을 위해 깨달음을 얻겠다고 열망하면 긍정적 에너지를 대단히 많이 일으킬 것이다. 빼뛸 린뽀체는 열망의 힘에 근거해서 세속적 선행과 정신적 선행을 명백히 구분한다.

조건에 의존한 선행은 그 자체의 목적이 없다.
그러므로 모든 중생의 유익함을 열망하는 원대한 기도를 하라.

가끔 이런 열망을 '추진력'이라고도 한다. 열망이 없는 경우에 비해 미래에 더 나은 상태로 우리를 이끌어 주기 때문이다. 집중력과 에너지를 이용해 목표를 달성했다는 상상을 미래에 투사하면 그 성취가 현재로 이끌려 올 것이다. 현재의 정신 상태를 포착해 고결한 상태로 전환하면 거대한 긍정적 에너지를 일으킬 수 있다. 부정적 정신 에너지가 쌓이면 자체의 관성이 생겨 부정적 경험을 끌어당긴다. 이와 마찬가지로 긍정적 정신 에너지를 일으키면 보다 원대한 목표의 결실을 끌어당기는 힘을 지닌 상당한 집중력을 발생시킬 수 있다. 다음은 정신적 활동과 세속적 활동을 시작하는 예이다.

"제가 지금 하려는 행동이 유익한 결과를 내게 하소서. 그것이 제게 다른 사람을 유익하게 하는 힘을 주게 하소서. 번뇌와 망상을 없애게 하소서. 수행의 길에 장애를 없애게 하소서. 미래의 깨달음의 상태로 저를 이끌게 하소서."

열망의 힘을 모든 서약에 적용할 수 있다. 우리는 구족계具足戒를 받아 승려가 되거나 사미·사미니가 되기를 원할 수도 있고 짧은 수련 기간 동안 오계五戒*를 받거나 특별한 예비 수행을 원할 수도 있다. 열망의 힘은 우리가 어떤 활동을 하든 그 결과가 모든 이에게 유익하도록 성실하고 온전히 실행하는 것이다. 이런 서약에 의해 일어나는 힘은 미래에 목표를 실현하는 데 투사된다. 노력의 결실을 얻으려고 열망함으로써 긍정적인 정신 에너지를 발생시키는 것은 특히 수련할 때 중요하다. 샨티데바는 열망의 힘에 대해 아주 명백히 말한다.

---

* 불교의 다섯 계율. 죽이지 마라, 훔치지 마라, 성적으로 방종하지 마라, 거짓말하지 마라, 취하는 것을 먹지 마라. 오계는 모든 단계의 수행자가 지닐 수 있다.

모든 공덕은 열망으로부터 비롯되고,

열망의 뿌리는

업보에 대해 끊임없이 명상하는 것이라고

부처님께서 말씀하셨습니다.


일상생활에 열망의 힘을 적용할 수 있다. 아침에 머릿속에 떠오르는 첫째 생각과 잠들기 전의 마지막 생각에 특별히 주의를 기울이는 것이다. 이 두 순간 사이에 일상생활이 끼어 있으므로 우리가 깨어 있는 시간을 보내는 데 큰 영향을 준다. 로봇처럼 아침에 그냥 일어나 판에 박은 듯 똑같이 일하기보다 잠을 깬 직후 긍정적 생각을 미래에 투사하는 것이 중요하다. 기운차고 열정적인 태도로 그날 할 일을 떠올려 생기를 느끼며 잠을 깨는 것이 좋다. "아무리 힘들어도 이번 생에 세운 목표를 반드시 이루겠어"라고 결심하며, 단기와 장기 목표에 대한 계획을 세우고 긍정적 열망을 그날에 투사하는 게 중요하다. 어제의 걱정은 놓아 버리고 생기 있고 낙관적인 태도로 오늘을 계획하는 법을 배운다. 로종의 정신으로 목표를 이루겠다고 결심하는 게 정말 중요하다. 뻐뚤 린뽀체는 이렇게 조언한다.


아침에 일어날 때 소나 양이 우리에서 뛰어나오듯이 서두르지 마라. 침대에서 긴장을 풀고, 눈을 내면으로 돌려 마음속을 주의 깊게 살펴보라.

밤에 침대에 누울 때는 걱정하거나 흥분한 채 잠에 빠지면 안 되고 그날 하루를 돌아보면서 찬찬히 마음을 비워야 한다. 그날 할 일을 제대로 실행할 수 있었는지 자문하고 로종 정신을 잘 유지했는지 돌아보아야 한다. 만약 오래된 습성에 빠져 마음수련의 정신을 잊었다고 생각될 때는 너무 낙담하거나 자신을 탓하지 말고 내일은 마음 상태를 더 면밀히 지켜보겠다고 결심하는 것이 매우 중요하다. 잠들며 무의식에 빠질 때 그 서약을 재확인하면 긍정적 마음 상태가 되어 걱정과 불안이 꿈이나 악몽으로 떠오르지 않게 되므로 더 편히 잠들 것이다.

긍정적 결심을 미래에 투사해서 행동에 불어넣는 정신 에너지는 삶의 질과 방향성에 심대한 영향을 주어 매일매일이 새롭고 생기 있고 잠재력으로 충만하게 된다. 매일이 어제의 반복이라는 건 사실이 아니다. 하지만 진취성과 통찰이 부족할 때는 그렇게 보인다. 부풀려진 부정적 생각에 짓눌리면 하루하루가 그저 늘 똑같이 반복되는 것 같기 때문이다. 반면 순간마다 집중하고 긍정적 방향으로 에너지를 기울이면 삶을 의미 깊은 정신적 여정으로 변화시킬 수 있다.

## 2 습관화의 힘

설령 긍정적 정신 에너지를 일으키고 미래에 투사하기를 잘해도 도중에 종종 장애를 만난다. 그렇기 때문에 진정 결실을 거두고자 한다면 열망의 힘에 이어 습관화의 힘이 뒤따라야 한다. 그런 장애는 성격에 특정한 결함이 있어서가 아니라 단지 우리가 습관을 따르는 존재이기 때문에 생긴다. 인간은 행동 양식이 확립되기 전에는 무엇이든 자신의 욕구와 불안을 달래는 것을 반복하는 경향이 있다. 반복적으로 하는 행위는 우리의 정신적 관점을 이루는 흔적을 의식에 새긴다. 습관적으로 하는 많은 행위는 매우 자멸적이고 비건설적인데 그것을 깨기는 여간 힘든 게 아니다. 일례로 약물 남용에 빠지면 인간관계가 비참해지고 크나큰 비극을 초래할 수 있다. 하지만 우리는 그 잘못에서 아무것도 배우지 못하는 것 같다. 이런 습관화 과정은 끊임없이 일어나고 그 결과로 생기는 습관은 무의식적으로 형성되므로 거의 항상 부정적이다. 이런 습관화 과정을 중단하지 못하면 틀림없이 자기 집착에 얽매여 영원히 의존적 존재 상태(윤회)에 빠지게 된다. 그래서 까담파의 스승 최끼 갤첸 Chokyi Gyaltsen(1121~1189)은 이렇게 충고한다.

> 그대는 얼마나 오래 윤회에서, 특히 낮은 영역*에서 헤매고 있는가? 그 원인은 자아를 소중히 여기고 자아의 행복을 바라는 것이다.

약물 중독 같은 습관은 집중적으로 관리해야 중단할 수 있다. 하지만 대부분의 습관은 시간이 지나면 사라진다. 불교의 관점에서 보면 우리는 태어날 때부터 그런 습관을 가지고 있다. 그러므로 우리가 할 수 있는 일은 습관의 힘이 강하다는 사실을 인정하고 보다 긍정적인 지향을 가지고 습관의 부정적 영향을 끊어야 한다는 점을 깨닫는 것이다. 새롭게 행동하는 법에 익숙해져야 하므로 습관화의 힘을 '익숙함의 힘'이라

---

* 중생이 윤회하는 육도 중 지옥, 아귀, 축생을 의미한다. - 역자주

고도 한다. 샨티데바는 이렇게 말한다.

> 습관을 들여 익숙해지면
> 쉬워지지 않는 일이 없습니다.
> 그러므로 작은 어려움을 참고 익숙해짐으로써
> 큰 역경을 견딜 수 있습니다.

부정적 습관을 단번에 끊을 수는 없어도 시간이 지날수록 능숙하게 자신을 변화시키는 법을 배우면 습관적으로 생기는 공격적 감정을 타인에 대한 사랑과 자비로 바꿀 수 있다.

마음수련이란 의식이 작동하는 방식을 이용해 마음에 긍정적 각인을 새기는 것이다. 습관을 직접 뜯어고치려 하지 않고 해독제 역할을 하는 행위에 에너지를 기울여 간접적으로 습관을 변화시킨다. 점진적으로 이런 새로운 행위를 하면서 차차 더 자주 그 행위를 반복하면 마침내 부정적 마음의 성향이 약해지기 시작한다. 오랜 습관이 반복된 행위에 의해 형성된 것처럼 반복적으로 습관에 대응하는 행위를 하면 결국 부정적 습관을 이길 수 있다. 처음부터 너무 큰 변화를 일으키려 하다가 좌절해서 다시 오랜 습관에 빠지는 것보다는 이런 방식이 훨씬 더 효과적이다. 따라서 그리 심하지 않은 습관부터 시작해서 점차 힘이 생기면 더 어려운 습관을 다루는 것이 중요하다. 거의 바꿀 수 없는 것처럼 보이는 오랜 습관을 고치려다가 낙담하면 안 된다. 그렇게 굴복하면 결국 자기혐오, 냉소, 무관심에 빠지게 되므로 주의한다. 자신을 부드럽게 대하면 긍정적 행위를 통해 점차 충분한 힘을 모아 정말 극복하기 어려운 오랜 습관에 도전할 수 있을 것이다. 찬드라키르티는 그것을 우아하게 표현한다.

> 건장한 도공이 돌림판을 다루어
> 오래 열심히 애써 잘 돌아가게 하면
> 나중에는 더 힘들이지 않아도 잘 돌아가고
> 그 위에서 도자기가 만들어지는 걸 보게 된다.

긍정적 태도와 감정을 이용해 새로운 행동 양식을 확립할 때 부정적 습성에 빠지는 경향에서 벗어나게 된다. 어떤 상황에서 우리의 반응 즉 우리가 쓰는 말, 어조, 시선, 행동, 식사하는 모습 등을 살펴보면 점차 의미 있는 변화를 일으킬 수 있다. 실제로 습관이 변하면 성격이 변하고, 성격이 변하면 다른 사람이 된다.

업의 각인이 끊임없이 어려운 상황을 촉발하고 해결되었다고 믿었던 오랜 문제들을 다시 불러일으키므로 늘 수행에 진척이 있다고 느끼지 못할지도 모른다. 이런 업의 망상과 모호함은 의식에 매우 깊이 새겨져 있으므로 어떤 수행이든 그것을 완전히 뿌리 뽑을 수 있다고 생각하는 건 비현실적이다. 수행은 그런 식으로 작용하는 게 아니다. 하지만 조금씩이라도 계속해서 제거하면 망상이 점차 줄어들 것이다. 여전히 갑작스레 장애물이 생기고 신경증이 폭발할지 모르지만 점점 예전보다 강도가 약해지고 곤란하거나 상처를 받는 일도 줄어든다. 잠긴 꿈튈은 이렇게 말한다.

> 무슨 직업을 가지거나 어떤 행동을 하든지-고결하든 고결하지 않
> 든, 어느 쪽도 아니든 - 마음챙김과 알아차림을 굳게 견지하며 항
> 상 마음속에 절대적 보리심과 상대적 보리심을 간직하고 거듭 수
> 련하라.

습관화의 힘으로 수행을 강화하는 것은 매우 중요하다. 일상적인 마음 상태로 하는 서약은 깊지 못하고 피상적이기 때문이다. 수행할 때는 처음부터 높은 목표를 가져야 한다. 수행이 아무리 어렵고 복잡하더라도 습관화의 힘에 의해 점차 수월해진다. 점차 깊은 수행을 하고 마음에 습관을 들여 큰 목표를 향할 준비를 해야 한다. 그렇지 않으면 단지 잠깐 정신적 변화를 시도해 보고는 비현실적인 온갖 기대 속에서 해로운 마음 상태를 초래할 뿐이다. 그러므로 평생 습관화의 힘으로 수행해야 언제나 열린 태도로 새로운 행동 방식을 배울 수 있다. 그렇게 함으로써 습관화의 힘에 의해 마음에 공덕의 씨앗을 심어 목표에 더 가까워진다. 그러면 다음 힘에 도달할 수 있다.

### 3 하얀 씨앗을 심는 힘

실제로 정신적 습관을 바꾸려면 마음을 좀 더 긍정적 관점으로 돌려야 한다. 우리 몸은 병이 들면 건강한 세포를 만들어 병든 세포에 대항해서 건강을 회복한다. 마찬가지로 망상 또한 알아차림, 사려 깊음, 양

심, 보살핌, 인내, 용기, 활력, 에너지의 긍정적 씨앗을 심어서 물리칠 수 있다. 우리 마음에 심는 씨앗은 검은 씨앗과 하얀 씨앗, 다시 말해 부정적 각인과 긍정적 각인으로 나눌 수 있다. 끊임없이 검은 씨앗을 심으면 즉 우리가 보고 듣고 냄새 맡고 맛보고 만지는 모든 것을 부정적으로 판단하면 감정 속에 부정적 견해를 심게 된다. 그것은 마음속에 지속적인 앙금을 남긴다. 『귀중한 자질의 보고The Treasury of Precious Qualities』에서는 이렇게 말한다.

독수리가 땅 위를 높이 날 때
어디서도 그 그림자를 볼 수 없다.
하지만 독수리와 그림자는 늘 연결되어 있다.
우리의 행위도 마찬가지다.
조건이 모이면 행위의 결과가 명확히 드러난다.

자신의 생각과 감정을 지켜보고, 또 자신이 어떻게 말하고 행동하는지 주의를 기울이고, 끊임없이 몸과 말과 생각이라는 세 문이 남에게 유익한지 자문함으로써 하얀 씨앗을 심는다. 몸과 말과 생각이 없다면 다른 존재나 세상과 상호 작용할 길이 없을 것이다. 몸과 말과 생각의 세 문은 무의식에 업을 각인시키고 몸과 말과 정신을 습관화한다. 그러므로 전체적으로 변화를 꾀하려면 마음을 바꾸는 것만으로는 부족하다. 말과 행동도 함께 변화시켜야 한다. 아티샤는 『보리도등론』에서 이를 확인해 준다.

나는 모든 몸의 활동과 더불어
말의 활동도 정화하겠다.
마음의 활동 또한 정화하겠다.
이렇게 하지 않으면 공덕이 못된다.


　모든 말과 생각과 행동은 의식 연속체에 뿌리 깊은 각인을 남긴다. 어떤 이가 한 친구에 대한 의심의 씨앗을 우리의 마음에 심으면 그 씨앗은 우리가 원하든 원치 않든 실제로 의심할 증거가 없어도 점점 크게 자랄 수 있다. 반대로 긍정적인 말을 하면 다른 사람들이 기운을 얻고, 감사함을 느끼며, 때론 기쁨이 넘치기도 한다. 친절한 말은 주위 사람들에게 놀라운 효과를 일으킨다. 그런 긍정적 의사소통에서 가장 큰 이득을 얻는 사람은 바로 그 말을 한 사람 자신이다. 늘 부정적인 면에 몰두하는 대신 친절한 생각을 하고자 모든 노력을 다하는 것이 매우 중요하다. 흔히 우리는 남이 좋은 일을 했을 때조차 어떻게든 흠잡을 거리를 찾는다. 이런 태도는 우리의 관점에 매우 해로운 영향을 주어 불행을 초래하는 원인이 된다. 그래서 찬드라키르티는 이렇게 말한다.


자비심이 거의 없는 거칠고 냉혹한 마음으로
중생은 자존심을 얻을 방도를 찾는다.
하지만 그들이 좇는 부유함과 병을 치유하는 길은
오직 관대함으로만 얻을 수 있는 결실이다.

우리가 하는 일이 큰 영향을 미치고 남의 주목을 끌어야 한다고 생각해서는 안 된다. 씨앗이라는 말이 의미하듯이 처음에는 작은 행위에 집중하고 꾸준히 하는 게 중요하다. 그렇게 오래 수행하면 수행에 대한 자기 회의가 줄어든다. 좌선하고 누군가를 향한 자애심을 불러일으킬 때마다 의식 연속체에 공덕의 씨앗을 심기 때문이다. 밀라레빠는 '밀라레빠와 죽어가는 양'이라는 노래에서 이렇게 말한다.

'큰' 땅을 버리고
(자아라는) 작은 땅을 경작할 때
농사법을 지켜야 한다.
서둘러 큰 수확을 얻으려 하면
다시 속세에 빠지게 될 것이다.

긍정적 의도로 긍정적 씨앗을 심으면 아무리 사소한 것도 쓸모없이 버려지지 않는다. 그러므로 부정적인 혼잣말에 빠지지 말고 자신의 행위에 주의를 기울이기 시작하는 것이 중요하다. 큰일인지 작은 일인지는 중요하지 않다. 우리가 개발하려 하는 것과 그것이 의식 연속체에 뿌리내리는 것이 중요하다. 관대함, 인내, 활력, 명상, 자애심 수행이 마음의 흐름에 뿌리내려야 효과가 발휘된다. 공덕은 작은 것부터 자라기 시작하지만 일단 뿌리를 내리면 우리는 다시 퇴보하거나 타락하지 않는다. 빼띨 린뽀체가 이를 다시 설명한다.

작은 선행을 소홀히 여기지 마라
별 도움이 되지 않으리라는 생각에.
한 방울씩 떨어지는 물방울도
시간이 지나면 돌을 깊이 팔 수 있다.

하얀 씨앗을 심으면 비참함과 고통을 초래하는 부정적 습관에서 벗어날 수 있을 뿐만 아니라 다른 사람들이 선의를 일으키게 한다. 공격적이지 않은 몸짓·태도·처신과 상냥한 말로 남을 격려할 때 다른 사람도 우리에게 친절할 것이다. 사실 우리는 긍정적 감정을 느끼는 사람에게도 머뭇거리고 거리를 둘 때가 많다. 부정적 감정을 많이 느낄수록 더 서먹하고 단절감을 느끼지만 하얀 씨앗을 심으면 사랑과 자비와 기쁨의 온기가 부정적 마음의 특징인 냉정한 분리감을 점차 녹인다.

깨달음을 얻을 때까지 발전하려는 노력을 멈추어서는 안 된다. 긍정적 태도나 부정적 태도를 "단지 생각일 뿐"이라고 묵살하지 말고 반드시 조심스럽게 하얀 씨앗을 기르는 것이 중요하다. 부정적 태도는 뿌리 깊은 습성에서 비롯되며 우리 마음이 그 영향에 빠질 때마다 파괴적 경향과 부정적 정신의 습관을 부추긴다. 단지 잠깐 동안 긍정적으로 생각하는 것에 만족해서는 안 된다. 긍정적 생각도 의식 연속체에 깊이 뿌리내려 견고한 마음의 습관이 될 수 있다. 하얀 씨앗의 힘의 요지는 세 가지 힘이 서로 의존한다는 점이다. 열망의 힘은 습관화의 힘에서 도움을 받고, 또 습관화의 힘은 하얀 씨앗을 심는 힘이 지지해 줄 때에만 잘 발달할 수 있다.

## 4 드러냄의 힘

자신의 바람직하지 못한 성격이나 난처한 행동을 숨기려는 성향을 솔직히 평가해야 한다. 괴로움은 무시하려 해도 떨칠 수 없고 의식의 구석에 묻히게 되며 거기서 예측할 수 없는 방향으로 부패하고 자란다. 『현자와 바보경The Sutra of Wise and Foolish』에서는 이렇게 말한다.

> 작은 잘못이라도 해가 없으리라 믿으며
> 가벼이 여기지 마라.
> 아주 작은 불꽃으로도
> 산더미 같은 건초를 불태울 수 있다.

자신의 부정적인 면을 인정하지 않으면 현실을 왜곡하고 현상 세계에 환상을 투사하게 된다. 그 투사가 너무 그럴듯해서 완전히 매혹당하고 아무 근거도 없는 우리의 인식을 현실이라 확신한다. 온갖 기발한 관념에 집착하기 때문에 마음 깊은 곳에서 그것이 현실이 아님을 알아도 끊임없이 괴로운 경험의 희생자가 된다.

이런 상황을 성찰하지 못하면 의미 있는 행동을 해롭게 여기고 해로운 행위를 바람직하다고 믿기 쉽다. 그러면 결국 원하는 행복을 얻지 못하고 오히려 끊임없이 괴로움을 주는 상황을 좇게 된다. 이렇게 스스로 만들어 낸 자기기만을 간파하려면 자주 스스로를 성찰해야 한다. 그렇지 않으면 부정적 정신 상태와 감정에서 벗어날 수 없을 것이다. 이에 대해 까담파의 격언에서는 우리의 깊은 내면을 비출 만큼 밝은 횃불이 있어야 한다고 말한다. 대승불교의 가르침에서는 자기기만을 '두꺼운 베일'이라고 한다. 그야말로 눈을 가리고 왜곡하는 덮개를 뒤집어쓰고 있다는 의미다. 괴로움에서 해방되려면 무엇을 드러내야 하는지 자기 외에는 그 누구도 온전히 알 수 없다. 그러므로 깊은 자기기만을 꿰뚫어 보아야 하는 책임은 바로 우리 자신에게 있다.

드러냄의 힘은 우리가 만들어 낸 거짓 현실을 밝혀 준다. 이를 "거짓 추론을 드러냄[89]"이라 하는데, 이 말은 불교논리학에서 자주 사용된다. 왜곡된 논리를 이용해 허상을 현실로 확신하기 때문에 환상이 진짜인 것처럼 보인다. 드러냄의 힘은 왜곡된 경험을 깨뜨리고 현상을 있는 그대로 다시 볼 수 있는 능력이다. 이 능력을 키우면 점차 비뚤어진 추론을 줄일 수 있고 자신의 정신 상태를 통찰할 수 있게 된다. 샨티데바는 인간의 불미스러운 충동을 드러내는 것이 중요하다고 강조한다.

마음이여, 그대가 셀 수 없이 배신했기에
나는 오랫동안 고통을 겪었습니다.
그래서 나는 원한을 품고
그대의 이기적인 음모를 부수겠습니다.

자신이 지나치게 흥분하거나 동요하는 것을 알아차리고 집착에서 벗어날 수 있으면 자기기만을 밝힐 수 있을 것이다. 다른 한편 우리는 속상한 것에 집착하고 부정적인 반응을 반복해서 결국 그것에 압도당한다. 그러면 기능 장애가 일어나 삶에서 많은 문제를 겪게 된다. 의식 있는 존재들은 수없이 많은 삶을 윤회하는 경험을 통해 자신의 존재와 세계관에 지대한 영향을 받는다. 이 사실을 인정하는 건 심리 치료사만이 아니다. 불교에서도 우리가 현재 어떤 사람이며 어떻게 생각하고 행동하는지가 과거 경험의 결과라는 점을 인정한다. 이러한 관점에서 보면 어떤 정해진 시점에 우리가 어떻게 생각하고 느끼는지 알기 매우 어렵다. 그런데도 우리는 여전히 생각, 감정, 경험을 보면 자신의 삶에서 일어나는 일을 제대로 알 수 있다고 여긴다. 파담빠 쌍계는 자신을 살펴보아서 정직함을 개발해야 한다고 간곡히 권한다.

> 그대는 사람들에게 그토록 영리한 말을 하지만 자신에게는 적용하지 않는다.
>
> 땡리 사람들이여, 자기 안의 잘못을 드러내야 한다.

폭력으로 문제를 해결하려 하고 분노할 권리가 있다고 믿는 것은 왜곡된 논리를 삶에 적용하는 예이다. 진실을 왜곡하는 방어 전략으로 방어막을 삼으려 해도 에고를 온전히 방어할 수는 없다. 그런 전략이 해롭다는 걸 정직하게 바라보는 것이 중요하다. 부정적 감정을 외부에 표출하는 게 아무 유익이 없음을 확신하기 전에는 결코 진정한 수행의 첫발을 내딛을 수 없다. 다른 사람에게 분노, 원한, 적대감을 표출하는 것을 정당한 자기방어로 여긴다면 스스로를 속이는 것이다. 그런 생각은 분별이 일으킨 혼란에서 비롯된 것일 뿐이다. 그런 반응은 바로 자신에게 가장 큰 피해를 주므로 사리사욕을 얻기에도 좋은 방법이 아니다. 스스로 방어하지 않으면 남들이 자신의 약점을 이용할 것이라는 염려 때문에 '이기적으로 행동하지 않고도 살아남을 수 있을까'라는 의구심을 떨치지 못할지 모른다. 하지만 그것은 또 하나의 망상이다. 이기주의가 정당한 자기방어 혹은 자기 향상이라는 증거는 없다. 오히려 자신을 가장 나쁜 적으로 만들고, 개인으로 폄하하며, 고통과 괴로움을 초래한다고 믿을 만한 충분한 이유가 있다. 그러므로 마음의 숨겨진 깊은 구석을 살펴보고 동기가 무엇인지 명확히 아는 것이 매우 중요하다. 아티샤는 이렇게 말한다.

최고의 스승은 마음속에 숨겨진 잘못을 공격한다.
최고의 가르침은 곧바로 마음속에 숨겨진 잘못을 가리킨다.

이것은 우리가 지어내고 오래 집착하는 자기기만을 간파하는 또 하나의 점진적 과정이다. 자기기만을 단번에 없애려 하기보다 그것이 우리의 존재를 황폐하게 하고 또 남의 삶을 파괴한다는 사실을 직시해야 한다. 그러면 그런 번뇌를 완전히 없애지는 못해도 번뇌가 일어나는 걸 알아차려 그 영향을 줄이고 점차 그 힘을 감소시킬 수 있다.

시간과 노력을 들여 우리가 지어낸 두꺼운 베일을 꿰뚫어 보아야 하며 모든 허상을 있는 그대로 드러내야 한다. 우리가 허상의 세계에 살고 있음을 책에서 읽는 것만으로는 아무것도 제대로 변화시킬 수 없다. 번뇌의 부정적 영향과 그것을 극복할 때 해방되는 효과를 확신하려면 직접 체험이 필요하다.

## 5 회향의 힘

방편을 이용해 역경을 깨달음의 길로 변화시키듯이 능숙한 마음의 태도를 이용해 유익한 상황을 보다 확장할 수 있다. 기쁘고 긍정적인 경험을 할 때 그것을 이기적으로 소비하지 않고 다른 사람도 고려하면 유익함이 훨씬 커진다. 공덕에 온갖 긍정적 상황을 끌어들이는 능력이 있다면 회향의 힘은 공덕을 지어내는 동시에 남에게 긍정적 영향을 줄 수 있다. 매일 이런 관대한 태도를 기르면 남과 자신을 위해 하는 일들이 항상 결실을 맺을 것이다. 정신적 활동인 명상이든 단지 기분 좋은 일이든 모두 회향으로 봉해야 한다. 그런 이유로 아티샤가 『보살의 보석 염주Jewel Rosary of Bodhisattvas』에서 표현한 생각을 많은 위대한 스승이 거듭 말했다.

> 삼세三世에 어떤 공덕을 쌓았어도 ·
> 위없는 큰 깨달음을 얻으려면 그것을 회향하라.

로종 수행의 목적은 보리심 특히 상대적 보리심을 개발하는 것이다. 그러므로 다른 사람들이 의식의 흐름 속에서 상대적 보리심을 깨달을 수 있도록 다음과 같이 말하며 자신이 행한 선행의 공덕을 그들에게 회향한다.

"제가 무슨 일을 했든지 아무리 작은 것이라도 연쇄 작용을 일으켜 다른 존재들의 삶에 긍정적 영향을 주게 하소서. 그리하여 그들이 의식의 흐름 속에 보리심을 개발하고 원한과 비통함, 적대감과 증오에서 벗어나게 하소서. 그들이 자애, 자비, 함께 기뻐함, 평정심을 수행하여 평안을 얻게 하소서."

회향의 힘은 매우 미묘하게 작용한다. 대승불교에서 일반적으로 공덕을 이해하기로는 우리가 선한 행위의 결실을 누릴 때부터 공덕은 고갈되기 시작한다. 그래서 샨티데바는 "바나나 나무가 열매를 맺고 나면 시들 듯이 다른 모든 공덕은 결국 고갈됩니다"라고 말한다. 우리가 누리는 공덕은 몸과 말과 생각으로 지은 행위에 직접 부합한다. 행위의 결실을 소비하면 결국 고갈된다. 하지만 행위의 결실을 회향하여 다른 사람들과 함께 기쁘게 나누는 법을 개발하면 그 공덕을 끊임없이 재창조하고 다시 채울 수 있다. 그런 까닭에 빼뛸 린뽀체는 경고한다.

> 크건 작건 모든 공덕을 이룬 후에는 회향하기를 절대 잊지 마라. 회향하지 않은 공덕의 근원은 단 한 번 결실을 맺은 후에 고갈된다. 반면 궁극적 깨달음에 회향한 공덕은 수백 번 결실을 맺은 후에도 절대 고갈되지 않고 완전한 불성佛性을 얻을 때까지 더 늘어나고 커진다.

공덕을 남들과 함께 나누려는 긍정적 열망을 미래에 투사하면 열망의 힘과 마찬가지로 우리가 바라는 것을 더 가까이 끌어당기는 정신적 탄력을 개발하게 된다. 『귀중한 자질의 보고』에서는 공덕의 끌어당기는 힘에 대해 이렇게 말한다.

이런 회향은 마치 평범한 쇠붙이를 금으로 변화시키는 연금술처럼 작용한다. 회향을 열망하면 공덕은 우리를 깨달음에 이르게 한다. 이는 깨달은 분들의 방편을 나타내는 놀라운 가르침이며, 불교의 진리 밖에서는 찾아볼 수 없다.

가르침의 정수인 다섯 힘은 특정한 목적에 따라 이용한다. 무엇이 부족하다고 여길 때는 그것을 개발하기 위해 열망의 힘을 이용할 수 있다. 감정에 따라 출렁이는 마음을 안정시키려 할 때는 습관화의 힘을 적용한다. 부정적인 면을 버리고 극복해야 한다면 드러냄의 힘을 이용한다. 다른 네 힘을 수련할 때마다 모든 사람에게 유익하도록 회향의 힘을 이용할 수 있다. 명상이나 일상생활에서 다섯 힘을 적용하면 공덕의 씨앗이 깊이 뿌리내리고 싹틀 것이다.

## 18. 죽음을 맞이할 때도 다섯 힘을 적용하라

누구나 분명히 죽는다. 단지 언제 어떻게 죽음을 맞을지 알 수 없을 뿐이다. 우리는 평화롭게 죽거나 두려움에 싸여 죽을 수 있고 돌연히 혹은 천천히 죽을 수 있지만 어떤 죽음을 언제 맞을지 아무도 모른다. 그러므로 늙거나 병들거나 파괴적 재난에 의하거나 누구나 죽는 건 논란의 여지가 없다. 결국 죽음을 맞는 태도가 문제다. 잘 사는 것이 인생의 목적이듯 바람직한 정신으로 삶을 떠나는 것이 중요하다. 살아 있을 때 마음수련과 다섯 힘을 수행했다면 죽음의 시간이 되었을 때 제대로 준비를 갖추고 자신의 소멸을 맞을 것이다. 미리 다섯 힘을 수행하지 않았다면 임종 과정에서 시작해도 너무 늦은 건 아니다. 그러면 다섯 힘의 도움으로 더 안락한 죽음을 맞을 수 있다. 원하는 만큼 잘 살지 못했더라도 적절히 임종하는 법을 배우면 좋은 죽음을 맞이할 수 있다.

운이 좋으면 감각과 정신 기능이 정상인 채 죽음의 시간이 다가왔음을 알 수 있다. 더 이상 죽음을 피할 수 없음을 알게 될 때 자기기만에 빠져 어떻게든 소생할 수 있다는 헛된 소망에 매달려서는 안 된다. 이때 매우 맑은 정신으로 죽음을 맞을 준비를 하는 것이 더없이 중요하다. 그리고 다섯 힘을 이전과는 약간 다르게 이용한다.

### 1 하얀 씨앗을 심는 힘

하얀 씨앗을 심는 힘은 죽음을 앞두고 남들과 자신에 대한 원한에 집착하거나 "이건 하지 말았어야 했는데…" 혹은 "이건 꼭 했어야만 하는데…"라고 자책하거나 후회하는 경향을 극복하는 데 도움이 된다. 임종 때는 다른 사람과 자신을 용서하는 법을 배우고 사랑과 자비심을 개발하는 데 전념해야 한다. 하얀 씨앗을 심는 힘은 또한 사랑하는 이들에 대한 애착과 유산 배분에 관한 유언장 작성 같은 미결 사항을 걱정하는 것과 관련된다. 미리 재산을 명확히 분배해 놓아야 떠날 순간이 되었을 때 수월하게 놓아 버릴 수 있다. 임종은 두려움과 절망의 순간이 아니라 긍정적인 순간이 되어야 한다. 따라서 하얀 씨앗을 심고 시간이 날 때마다 명상해야 한다. 그럼으로써 죽음의 순간에 불안, 두려움, 분노, 원한을 해소하여 마음을 어지럽힐 위험을 줄일 수 있다. 갈망과 집착 없이 세상을 떠나는 것이 대단히 중요하다. 파담빠 쌍계는 이 점을 매우 명확히 말한다.

집착한다고 느끼는 것은 무엇이든 놓아 버려라.
뎅리 사람들이여, 그대들에게 필요한 건 아무것도 없느니라.

평소 주변을 잘 정리하고 집착과 원한을 버리는 것이 의식 연속체에 하얀 씨앗을 심고 임종할 때 도움을 준다. 긍정적 행위와 부정적 행위의 결과는 금방 명확히 드러나지 않아도 다음 생까지 따라온다는 사실을 잊지 말고 자신에게 이렇게 기도해야 한다.

"과거에 쌓은 하얀 씨앗의 힘으로 모든 내세의 삶에서 보리심 수행을 절대 잊지 않기를 기원합니다."

놓아 버릴 수 있는 능력이 바로 죽음의 맥락에서 '공덕의 씨앗 심기'가 의미하는 것이다. 살아 있는 존재들과 소유물과 재산에 작별 인사 하는 법을 배워야 한다. 재산의 일부는 정신적 활동이나 종교 단체에 기부하는 게 좋다. 또 다른 사람들과의 연대감을 높이려면 선하고 유익한 생각과 행위와 그 결과로 쌓은 공덕을 부처들과 보살들과 깨달은 분들에게 바쳐야 한다. 침대 옆에 제단을 마련해서 생을 마감하는 작별 선물로 깨달은 분들에게 바치고 싶은 공양물을 상징하는 물건을 놓아둘 수 있다. 샨티데바는 이런 행위의 중요성을 말한다.

집착하는 마음은 불쏘시개처럼

미움의 불길을 타오르게 해서

공덕이 다 타 버릴 위험이 있으니

즉시 집착을 버려야 합니다.

## 2 회향의 힘

임종할 때 과도한 불안, 두려움, 당황스러움 없이 열망하는 게 중요하다. 병상에 누워 명상하면서 통렌(주고받기) 수행이나 마음수련을 마칠 때마다 공덕을 회향하고 자신의 선행과 선업을 미래의 환생에 투사한다. 환생을 믿지 않는 사람은 임종 과정 자체에 공덕을 회향하면 된다. 이것은 정신을 긍정적 방향으로 이끄는 매우 효과적인 방법이다. 우리는 이렇게 열망한다.

"살아 있을 때 했던 가치 있고 유익한 행위로 인해 좋은 죽음을 맞이하게 하소서. 임종 과정, 중음中陰 그리고 내생에서 평화롭고 만족스러운 상태에 머무르게 하소서."

남을 해치고 괴롭히고 다치게 했던 일을 뉘우치고, 자비롭고 가치 있고 유익한 모든 것을 괴로움과 고통이 없는 죽음에 회향한다. 또 번뇌가 없고 모두의 유익을 위해 존재하는 보리심을 개발하는 데 도움이 되는 상태로 환생하기를 열망한다. 현명하고 사랑스러운 도반을 만나 영감을 얻기를 열망하는 것도 중요하며 내생에서 부처님과 다르마와 승가의 은혜를 받기를 바라는 것도 중요하다. 아티샤는 회향의 힘을 이렇게 말한다.

삼계三界를 통해 쌓은 모든 공덕을

위없는 위대한 깨달음에 회향하라.

그대가 쌓은 공덕을 중생에게 나누어 주어라.

비길 데 없는 열망을 담은

삼세의 일곱 개 팔다리의 기도를 하라.

## 3 드러냄의 힘

임종 순간은 보상하는 시간이다. 오랜 원한에 집착하는 시간이 아
니다. 아직 분노와 원망을 일으키게 하는 사람이 있다면 임종은 그들을
용서해야 하는 시간이고, 자신의 숨겨진 잘못을 있는 그대로 정직하게
평가해서 자신에게 밝혀야 하는 시간이다. 삶의 마지막 순간에 자신을
있는 그대로 아는 것은 임종의 의미 깊고 중요한 부분이다. 자신이 싫어
하는 됨됨이나 특성이 있는 걸 알아도 한계를 인정하면 그 부정성을 극
복하는 데 큰 도움이 된다. 그렇게 인정하는 행위 자체가 스스로를 구원
해 주며 의식 연속체를 정화하는 효과가 있다. 망상이 이기적인 자기 집
착에서 비롯되는 걸 알아야 하며, 임종을 자기중심적 태도를 놓아 버리
는 기회로 이용해야 한다. 할 수 있을 때 언제나 다음과 같이 기도한다.

"너무도 오랫동안 이 장애물에 집착했지만 아무런 도움도 얻지 못
했습니다. 나의 삶과 남의 삶을 더 힘겹게 만들었을 뿐입니다. 오늘 그
장애물을 모두 놓아 버립니다. 이기적인 자기 집착과 그에 따른 괴로움
과 고통에서 영원히 벗어나기를 기원합니다."

여기서 참회의 측면이 매우 중요하다. 참회에는 어떤 행위를 다시

반복하지 않겠다는 결심이 포함되기 때문이다. 자신을 돌아보면 어떤 경우에 지나친 행동을 한 적이 있을 것이다. 또 지금은 자신의 잘못으로 밝혀진 일이지만 당시에는 내 마음만 편하자고 그 일로 남을 비난했음을 알게 될지도 모른다. 자신의 결점과 실수를 인정하는 데 너무 늦은 때란 없다. 빼띨 린뽀체는 이렇게 말한다.

> 참회의 힘은 자신이 과거에 저지른 부정적 행위를 뉘우치는 데서 비롯된다. 아무것도 감추지 않고 자신의 악행이 잘못임을 알고 깊이 참회하며 고백하지 않으면 정화를 이룰 수 없다.

참회를 결심할 때 모든 불만을 버리고, 결점을 인정하고, 부담을 내려놓는 걸 기뻐하는 게 중요하다. 기쁨과 안도를 느끼는 것이 드러냄의 힘의 핵심이다. 또 인생에서 해결되지 않은 문제들도 인정해야 한다. 균열된 관계를 보상하고 회복하고 치유할 방도가 있다면 임종의 순간이 바로 그것을 할 때이다. 맑은 정신으로 임종하는 것은 상당히 가치 있는 일이므로 사는 동안 일어난 문제와 오해를 해결해서 마음을 자유롭게 하기 위해 할 수 있는 모든 일을 해야 한다. 흥미롭게도, 사는 동안 문제를 놓아 버리는 게 정말 어려웠어도 결정적 순간이 되었을 때 놓아 버리려 하면 더 수월하게 용서하고 보상할 수 있다.

### 4 열망의 힘

임종 순간에 그리고 이승과 다음 생 사이의 중간 상태 동안 육체의 소멸에 의한 고통과 불안을 줄이고자 열망의 힘을 적용한다. 죽음의 비참함과 두려움에 빠지고 고통에 분노하고 좌절하는 대신 모든 사람에게 자애심을 보내고 자비희사慈悲喜捨 즉 사무량심四無量心을 수행해야 한다. 그 긍정의 에너지를 사방으로 보내고 마음속에 보리심만 있다고 생각하면서 보리심이 모든 중생에게 유익함을 주기를 열망한다. 부정적 생각과 원한이 침입하지 못하게 하고 다른 부담이나 해결되지 않은 문제에 얽매이지 않겠다고 결심할 수 있으면 오직 보리심에만 집중할 수 있을 것이다. 다음과 같이 열망하면서 보리심을 존재의 깊은 곳에 투사한다.

"사무량심과 다른 유익한 자질에서 결코 분리되지 않게 하시어 제가 미래에 만나는 모든 사람에게 평안의 근원이 될 수 있게 하소서. 절대 다시는 이런 이타적 생각을 놓치지 않게 하소서."

이 열망은 자신에게 가하는 엄청난 번뇌와 괴로움을 완화하고 수행에서 마음을 변형하는 걸 도울 것이다. 다음과 같은 샨티데바의 말에 따라 생각을 가다듬어야 한다.

모든 중생의 고통과 슬픔이
제게서 온전히 익게 하시고
보살님과 함께하는 공덕으로
그들이 행복하게 하소서.

### 5 습관화의 힘
숨지기 전에 남은 기간이 몇 주나 며칠 혹은 단 몇 시간밖에 안 되어도 과거에 연연하지 않고 앞을 내다봄으로써 마음에 새로운 습관을 들일 시간은 충분하다. 과거에 자신이 어떤 사람이었는지 잊고 남은 시간 동안 평화롭고 의미 있게 임종하는 법에 익숙해짐으로써 마음을 긍정적인 방향으로 이끌어야 한다. 티베트의 둑빠 까규Drukpa Kagyu 종파의 괴짜 수행자이며 여러 해를 부탄에서 살았던 둑빠 뀐레Drukpa Kunley는 수행할 때 정직한 것이 매우 중요하다고 강조한다.

> 비록 내가 나의 행위를 명령할 수 없지만
> 반나절의 양생법과 조화되게
> 위선적인 겉치레와 자기기만을 피할 것을 맹세합니다.
> 도반들이여, 이 맹세를 마음속에 간직하라!

임종 태도가 그 후에 일어나는 모든 일에 영향을 주므로 죽음 이후의 경험을 준비한다. 익숙한 로종 수행을 해서 마음을 분명히 현재 순간에 머무르게 하고 괴로움에 빠지려는 유혹에 저항해서 긍정적인 마음을 유지하려 노력한다. 육체적 고통을 다음과 같은 긍정적인 생각을 불러일으키는 기회로 삼아야 한다.

"지금 겪는 고통 덕분에 부정적 업이 유전되는 것을 줄이게 하소서. 제가 고통을 인내한 결과로 다른 중생이 고통을 면하게 하소서."

이런 생각은 마음에 새로운 습관을 들이도록 돕고 잘못된 방향으로 이야기를 지어내지 못하게 한다. 자신이 아는 명상법을 수행해서 육체의 고통과 번뇌를 줄일 수 있다. 할 수 있을 때마다 좌선하는 것도 매우 중요하다. 우리가 언제든 죽을 수 있음을 느낄 때 가능하면 비로자나불Vairocana 자세로 명상한다. 척추를 곧게 펴고 앉아 손은 무릎에 놓은 상태로 왼손 위에 오른손을 놓고 엄지손가락이 서로 닿게 한다. 이 자세가 어려우면 부처님이 쿠시나가르Kushinagar에서 대열반에 들 때 취했던 '누운 사자 자세'를 할 수 있다. 오른쪽 옆구리를 바닥에 대고 누워 오른손으로 머리를 받치고 왼손은 넓적다리 위에 둔 자세다.*

임종의 마지막 순간이 왔다고 여길 때 통렌(주고받기) 수행을 한다. 숨을 내쉴 때 행복과 기쁨을 숨과 함께 내보내고 숨을 들이쉴 때 다른 사람의 고통과 괴로움을 떠맡는다. 이것이 다른 사람의 괴로움을 덜어 준다고 줄곧 상상하면서 숨지는 동안 끊임없이 사랑과 자비를 명상하고 그 바람직한 정신 상태를 다음 생에도 지닐 수 있기를 기원한다.

---

* 많은 전통 경전은 남성이 읽을 것을 염두에 두고 남성에 의해 쓰였다는 사실을 명심해야 한다. 그러므로 경전에서 말하는 누운 사자 자세는 남성의 관점으로 말한 것이다. 여성은 왼쪽으로 누운 사자 자세를 취해야 한다. 이에 대한 자세는 이유는 http://www.rigpawiki.org/index.php?title=Sleeping_lion%27s_posture에서 Notes 1 참조 – 역자주

# 살아 있는 동안은 물론 임종 순간까지
# 다섯 힘으로 마음의 본래 힘과 능력 개발하기

마음에 본래 있는 힘과 능력을 개발하는 방편으로 사는 동안과 임종 때 다섯 힘을 적용한다. 마음을 집중하면 뚜렷한 의도를 가지고 미래로 마음의 힘과 에너지를 집중하여 투사할 수 있다. 열망의 힘은 우리가 어떤 일을 시작할 때마다 그 활동을 긍정적 방향으로 이끈다. 하얀 씨앗을 심는 힘과 습관화의 힘과 드러냄의 힘은 정신적 변형을 일으키는 기회를 최대한 이용하게 돕는다. 그것이 끝나면 우리가 쌓은 공덕을 회향하고 긍정적 결실을 맺기를 기원한다.

임종할 때 번뇌와 부정적 태도에 빠지지 말고 다섯 힘을 이용하여 긍정적 태도로 죽음을 맞이한다. 이 골수 가르침의 핵심은 살아 있는 시간을 최대한 이용하는 것이다. 인생은 짧고 해야 할 일이 많다. 그러므로 할 수 있는 동안 최대한 기회를 이용하는 게 중요하다. 티베트의 은둔 수행자 고덕빠는 그 심정을 이렇게 말한다.

타락한 시대에는 평온이 없다.

오래 머무를 시간이 없음을 알기에

말을 치워 버리고 의미를 수행했다.

나는 이제 죽을 수 있고 후회는 없다.

# 마음수련이 잘 되고 있는지
# 평가하라

---

수 행 의  발 전  정 도 를  가 늠 하 는

네 가 지  방 법

이따금 자신이 마음수련에서 얼마나 발전했는지 평가하고 싶을지도 모른다. 다섯 번째 수련법에 포함된 네 경구는 우리의 마음이 보다 타인 중심적이 되었는지 아니면 세계를 인식하는 더 미세한 습성에 빠져 있는지 입증해서 수행의 발전 정도를 측정하는 것이다. 이 로종 수련법에는 균형감이 필요하다. 자신이 수행에서 얼마나 향상되었는지 강박적 관심을 갖는 것은 또 하나의 집착이며, 반대로 수행의 진척에 전혀 관심이 없어도 해롭기 때문이다.

이 경구들을 기억하고 있으면 그 말들이 수행을 자율적으로 규제하는 역할을 한다. 이 경구들은 날카롭고, 간결하고, 때로는 수수께끼 같다. 그런데 반복해서 성찰할수록 보다 깊은 의미를 드러낸다. 이 경구들은 로종 수행에서 자신을 남과 바꾸는 능력을 평가하는 네 가지 방법이라고 한다.

## 19. 모든 다르마의 목적, 이기심을 버려라

다르마dharma(티베트어 최chos)는 글자 그대로 '가르침'이라는 의미가 아니라 '불교의 가르침'과 동의어가 되었다. 불교의 가르침이 '알 수 있는 것'을 다루기 때문이다. 다르마의 온전한 티베트어 표현은 셰 쟈 최 shes bya chos인데, 셰 쟈shes bya는 '알 수 있는'이라는 뜻이고 최chos는 '현상'을 의미한다. 불경은 물리와 정신 현상의 맥락 및 혼란한 존재 상태와 깨달은 존재 상태의 맥락에서 알 수 있는 것을 말한다. 그 까닭은 부처님 가르침의 구원론적 요지가 오직 알 수 있는 것을 이해함으로써 존재의 핵심적인 면을 이해할 수 있다는 것이기 때문이다. "무지와 지혜는 무엇인가?" "혼란한 윤회 상태에 있다는 건 무슨 의미인가?" "윤회로부터 해탈하는 것은 무엇을 의미하는가?" 이런 질문은 알 수 있는 현상을 조사하면 이해할 수 있게 된다. 다시 말해 의존적 존재 상태(윤회)에 대한 지식은 오직 알 수 있는 것에 대한 통찰로부터 얻을 수 있다.

다르마는 그 가르침이 담긴 경전만 따져도 양이 매우 방대하다. 성경이나 코란 혹은 구약 성서처럼 책 한 권에 담을 수 없다. 불교의 가르침은 이토록 다양하고 방대해서 그 안의 여러 갈래의 흐름들이 마치 서로 다른 목표를 지향하고 다른 목적을 가진 것처럼 보이기 쉽다. 하지만 사실은 전혀 그렇지 않다. 불교의 모든 가르침은 목적과 의도가 같다. 또 같은 속박으로부터 같은 해방으로 이끈다.

불교 가르침의 모든 목표는 무지를 극복하는 것이다. 망상이 눈을 가리므로 우리는 경험에서 거짓된 결론을 이끌어 낸다. 이는 헤아릴 수 없이 큰 괴로움을 초래한다. 망상의 마음 상태에서 가장 주된 요소는 이기적 집착이다. 이기적 관점을 따르는 경험에 집착할수록 망상의 마음 상태는 다루기 어려워진다. 기분이 우울할수록 남에게 온갖 투사를 하고 아무도 자신에게 신경 쓰지 않는다고 믿는다. 자기 집착은 부정적 감정을 부채질하고 내면의 불안에 사로잡히게 해서 결국 아무것도 명확히 볼 수 없게 만든다. 다르마락시타는 이렇게 설명한다.

에고가 그대의 적이기 때문에 맞서 싸우겠는가?
에고 자체가 보호자이기 때문에 그걸 보호하겠는가?
바로 에고가 그대가 한 일과 방치한 일 모두의 목격자이다.
에고를 길들이면 그대는 해방될 것이다.

모든 불교학파는 '자립적인 개별적 자아가 있고 변함없는 실체적 타자가 있다'는 확신에서 무지가 생긴다는 데 동의한다. 우리에게 어떤 정신적 실체가 있다는 생각에서 자아가 있다는 확신이 생긴다. 또 사물에 고유의 존재가 있다는 생각에서 현상이 있다는 확신이 생긴다. 예외 없이 모든 불교의 가르침에 따르면, 이런 잘못된 신념 탓에 우리는 왜곡되고 꿈과 같은 세상에서 정처 없이 헤맨다. 그러므로 이 경구의 유일한 목적은 명상 수행으로 망상을 줄이고 무아無我를 깨닫게 하는 것이다. 불교 명상은 단지 어떤 정신 상태를 조성하는 심리학적 작용이 아니라 에고에 대한 집착을 초월하는 길이다. 고닥빠는 에고를 초월하는 것을 이렇게 노래한다.

병과 괴로움의 어둠 속에서
해탈에 이르는 길을 잃었다.
하지만 태양의 안내를 받아
장애를 제거하여
이기심이 사라졌고 후회는 없다.


불교문헌에서는 전통적으로 무아의 개념을 마차에 비유해 설명한다. 마차는 목판, 차축, 바퀴살, 바퀴의 금속 테두리, 고삐, 좌석 등으로 구성돼 있다. 이런 부품을 전부 조립하면 마차가 된다. 반대로 모든 부품이 각각 흩어져 있으면 마차가 아니다. 그러므로 각각의 부품이 본래부터 마차로 존재한다고 볼 수 없다. 부품 전체도 본래 마차로 존재한다고 볼 수 없음이 증명된다. 찬드라키르티는 이 주장을 이렇게 요약한다.


만일 마차가 단지 부품이 모인 것으로 이루어져 있다면,
흩어져 있는 부품도 마차가 될 것이다.
하지만 부품의 주인이 없으면 '부품'도 없으며,
또한 그 형상 즉 단순한 형태도 마차가 될 수 없다.


초기불교 교리는 마차의 비유를 들어 인간을 이루는 다섯 가지 '정신-물리적 구성 요소(오온五蘊)[90]'를 열거했다. 그것은 물리적 형상(색色), 느낌(수受), 정신적 성향(행行), 인지(상想), 의식(식識)이다. 그것들이 합쳐질 때 자아의 개념이 생긴다. 마차가 단지 모든 부품이 특정한 구조로 조립

되었을 때 '마차'라는 실체가 되는 것처럼 구성 요소들에 의존하지 않는 '자아'는 없다. 이렇게 분석을 통해 자립적이고 개별적이고 변하지 않는 자아 같은 건 없다는 사실을 점차 이해하게 된다. 사실 자아라는 실체가 있다는 믿음이 바로 무지의 원천이다. 브리스톨대학의 루퍼트 게신 Rupert Gethin은 『불교의 토대The Foundations of Buddhism』에서 이렇게 밝힌다.

> 물리적 사건과 정신적 사건은 무작위적으로 되는 대로 발생하지 않으며, 사건과 현상 사이에는 깊고 실질적인 인과적 연관성이 있다. 그리고 불교철학의 핵심에 있는 것은 인과적 연관성의 본질에 대한 관심이며, 그것이 모든 불교수행의 효과를 입증한다고 생각된다.

대승불교 문헌에서는 개인의 무아가 확장되어 현상의 무아까지 망라한다. 의존적 발생(연기)을 이해함으로써 무아를 더 깊이 이해하게 된다. 의존적 발생에서는 자아와 타자가 서로를 정의하고 상호 의존하므로 오직 '타자'의 개념이 있을 때만 자아의 개념을 형성할 수 있다. 그러므로 자기 아닌 다른 어느 것과도 연관되지 않은 개별적이고 자주적인 실체는 결코 옹호할 수 없으며, 외부 현상이 본질적으로 존재하는 실체의 상태를 지향한다는 주장이 틀렸음을 입증한다. 현상의 무아는 공空과 맞닿아 있다. 그리고 대승불교의 가르침에서 공에 대한 통찰은 무지의 궁극적 해독제이다. 빼떨 린뽀체는 까담파 전통에 나오는 다음 이야기로 그 점을 설명한다.

돔뙨빠가 아티샤에게 궁극적 가르침이 무엇인지 물었다. 스승은 이렇게 대답했다.

"모든 가르침 중 궁극의 가르침은 공이며, 공의 핵심은 자비이다. 실재의 본질인 공의 진리에 대한 깨달음은 세상의 모든 병을 고칠 수 있는 만병통치약과 같다. 그것은 온갖 번뇌의 치료제이다."

모든 불교 가르침은 목적이 같다. 즉 현상의 존재에는 자립적이고 영원하며 실체가 있는 '자아'도 '타자'도 없음을 깨달아 무지를 없애는 것이다. 이렇게 허술한 허위를 신념으로 삼으면 괴로움의 상태에 갇힌다. 주체와 객체, 현상과 실재, 망상 의식과 지혜 의식의 불이성不二性을 이해할 때 우리의 실제 상태에 대해 올바른 통찰을 얻기 시작한다. 해탈에 이르게 하는 그 통찰이 바로 모든 불교 가르침의 목적이다. 이 경구는 이기적 집착을 철저히 포기할 수 있는지 가늠해서 마음수련이 잘되고 있는지 평가하는 걸 돕는다. 꾠촉 갤첸Konchok Gyaltsen은 이 점을 매우 분명히 말한다.

그러므로 모든 수행, 특히 마음수련 수행으로 자기 집착을 버리지 못하면 그대 안에서 마음수련의 깨달음이 아직 일어나지 않은 것이다. 가슴속에서 마음수련에 의한 깨달음이 일어났는지 여부는 그것이 자기 집착을 고치는 해독제가 되었는가에 따라 결정되기 때문이다.

## 20. 타인과 나, 두 심판자 중 자신에게 의지하라

우리가 누구인지, 무엇이 되고 싶은지 주의를 기울이지 않고는 인생을 살 수 없다. 자신이 어떤 사람인지 밝히는 두 가지 의견이 있다. 하나는 스스로 자신을 보는 의견이고, 다른 하나는 남이 우리를 보는 의견이다. 우리가 수행에서 발전하고 있는지 궁금할 때 대개 남들에게 자신에게 일어난 변화를 알아볼 수 있는지 묻는다. 그런데 우리에 대한 남의 의견은 자신의 의견과 같지 않을 때가 많다. 그 까닭은 다른 사람이 우리의 내면을 제대로 보지 못하거나 가혹하게 판단하기 때문일 수 있다. 이와 반대로 남이 이해와 용서의 눈길로 우리를 보는 데 비해 우리가 자신을 지나치게 비판적으로 보기 때문일 수도 있다. 하지만 대부분 남보다 우리가 자신을 더 너그럽게 본다.

남이 우리를 보는 의견을 완전히 무시하면 안 되겠지만 자신보다 남의 의견을 더 신뢰해도 안 된다. 이것은 매우 복잡한 문제로 미묘한 요인에 많이 의존하기 때문이다. 나가르주나는 어떤 사람이 정말 참된 사람인지 아닌지 아는 것은 망고 열매 속을 아는 것만큼이나 어렵다고 말했다. 어떤 사람을 대단히 좋은 사람으로 생각했는데 나중에 비열한 사람인 걸 알게 되는 일이 있다. 반대로 처음에는 무뚝뚝하고 본데없는 사람인 줄 알았지만 매우 친절한 사람으로 밝혀지기도 한다. 그래서 나가르주나는 이렇게 말한다.

사람은 망고 열매 같다는 걸 잊지 마라.

덜 익었지만 익은 것처럼 보이고

잘 익었는데 덜 익어 보일 수 있다.

덜 익어 보이는 대로 실제 덜 익은 것도 있고

익은 그대로 익은 것으로 보이기도 한다.


남이 우리를 보는 의견도 중요하다. 하지만 정말 중요한 건 그게 아니다. 오직 우리 자신이 스스로를 제대로 판단할 수 있으므로 우리가 자신을 보는 의견에 의지해야 한다. 부처님의 가르침을 해석한 논서들 Abhidharma의 권고에 따라 자신에 대해서는 부끄러움을 지니고 다른 사람에 대해서는 예의를 지켜야 한다. 그렇다고 로종 수행이 '개인주의'를 옹호하는 건 아니다. 남의 의견이 전혀 타당하지 못하다고 거부하고 자신의 일은 자기 마음대로 해도 된다는 생각을 부추기는 게 아니다. 요즘은 그런 태도가 매우 흔하다. 하지만 그런 체하는 사람도 남의 의견이 자신에게 적합할 때는 그것이 중요한 것처럼 행동한다. 누군가와 연애하기를 원하거나 법을 위반해 체포되어 법정에서 증언을 들어야 할 때는 온갖 사회적 기대와 예절에 기꺼이 순응하려 한다. 로종 수행에서는 그런 위선을 조장하지 말고 자신에 대해 자기 의견보다 남의 의견을 더 중시하지 말라고 권한다. 빼뛸 린뽀체는 보다 넓은 범위에서 이를 경고한다.


그대는 윤회에 약간의 환멸을 느낄지도 모르고, 윤회에서 벗어나고자 어렴풋이 결심할 수도 있으며, 신실한 불제자인 척해서 보통 사람들이 깊은 감동을 받아 그대의 후원자나 제자가 되고 싶어 하도록 할 수도 있다. 하지만 그때 자신을 매우 엄격하게 보지 않으면 남들의 생각이 사실인 줄 알기 쉽다. 자만심으로 우쭐해서 겉모습에 몹시 도취되고 원하는 건 뭐든 할 수 있다고 믿기 시작한다.

자기 평가에는 두 부분이 있다. 첫째는 망상, 한계, 자기기만에도 불구하고 자신이 정말 어떤 사람인지 아는 것이다. 이는 자신을 판단해서 좋은 사람인지 나쁜 사람인지 결정하기 위한 것이 아니다. 자신의 부정적 습관을 극복하는 법을 평가하려는 것이고 부정적 생각과 태도를 품는 경향을 다루려는 것이다. 부정적 습관과 성향이 있다고 나쁜 사람인 건 아니다. 자기 평가의 둘째 부분은 망상, 한계, 자기기만이 있는 자신의 실제 성격과 됨됨이를 알 수 있는 방법과 관련된다. 스스로 속이는 게 아니라 정말 좋은 사람이 되고 있는지 어떻게 알 수 있을까?

첫째 연습은 우리가 정말 어떤 사람인지 참되고 진심 어린 자기 평가를 하는 것이다. 남에게 보이는 피상적이고 사회적인 수준에서 자신을 보는 것보다 더 깊은 수준에서 자신을 보는 것이다. 사회적 수준의 알아차림도 일종의 자기 평가이지만, 이 경구는 자신의 실제 동기와 의견을 정직하게 평가할 수 있는 더 깊은 수준의 자기 분석으로 자신을 보는 것에 관련된다. 샨티데바는 이렇게 충고한다.

모든 면에서 자신의 마음을 잘 살펴서
해로운 생각이나 쓸데없는 생각을 하고 있으면
보살도를 걷는 영웅은 대응책으로

확고히 마음을 다스려야 합니다.

보통 인간인 우리는 항상 한계가 있으며 오직 부처가 된 사람만 자신을 온전히 알 수 있다. 하지만 자신을 어떻게 생각하고 느끼는지 확실히 알고자 진실로 노력하면 틀림없이 다른 사람의 의견보다 더 정확하게 자신을 이해할 수 있을 것이다. 우리가 미처 모르는 자신의 장단점을 다른 사람이 알 수도 있다. 또 우리가 자신을 잘못 판단할 수도 있다. 그러나 오직 우리가 자신의 진정한 모습을 판단할 수 있다. 자기기만은 매우 강한 성향이므로 자신이 실제보다 낫거나 나쁘다고 스스로 속일 수 있다. 하지만 이런 성향이 있어도 꾸준히 명상 수행을 하면 자신을 정직하게 평가할 수 있다. 이것은 쉬운 과정이 아니다. 오랫동안 자기 자신을 도무지 알 수 없을지도 모른다. 하지만 자기기만은 정말 다루기 힘든 문제가 아니다. 자기기만이 주는 환상이 불필요하다는 걸 인식하면 자기기만을 비교적 수월하게 극복할 수 있다. 이미 드러냄의 힘에 익숙하다면 자신을 정직하게 평가하는 데 능숙할 것이다. 세 칠부 최끼 갤첸Se Chilbu Chokyi Gyaltsen은 그것을 이렇게 말한다.

그렇다면 무엇이 주요한 목격자인가? 그것은 반대할 대상이 되지 않는다고 간주하라. 그대가 오늘 저녁 죽는다 해도 더 많은 일을 할 수 없었을 것이라고 느낄 수 있어야 한다.

둘째 연습은 자신이 발전한 것을 어떻게 아는지 평가하는 것이다.

어떤 이가 우리를 칭찬할 때 오직 자신만이 그 평가가 사실인지 아닌지 알 것이다. 단지 다른 사람이 우리가 변했다고 생각한다고 정말 자신이 변했다고 여기면 안 된다. 우리가 실제로 변화되었는지 알려면 스스로를 깊이 살펴보아야 한다. 로종의 가르침에 따르면, 우리가 정말 변화되었는지 알 수 있는 간단한 방법은 우리 자신과 남을 보는 관점에 근본적 변화가 있는지 보는 것이다. 만약 우리의 이기적 관점이 남을 존중하는 관점으로 바뀌는 참변화가 일어났다면 로종 수행이 효과를 발휘한 것이다. 이와 달리 단순히 개인적인 변화나 아무 의미 없는 일상생활이 바뀌는 데 지나지 않으면 마음수련의 진전이 없는 것이다. 우리가 자신을 어떻게 보는지 진지하게 고려하지 않고 오히려 남의 의견을 지나치게 강조하고 남을 기쁘게 하거나 남의 의견에 순응하려 하면 길을 잃을 것이다. 쬔촉 갤첸은 이렇게 말한다.

다른 사람은 단지 그대의 긍정적 행동이나 기분 좋은 말 때문에 혹은 우연히 그들의 기대에 부응했기 때문에 그대를 좋은 수행자로 생각할 수 있다. 그러므로 두 목격자 중 주요한 목격자는 그대의 마음이 자신을 비난하지 않는다는 확신이다.

인간은 결코 멈춰 있지 않으려 한다. 윤회에 갇혀 있다고 느끼면서도 늘 어딘가로 움직인다. 우리는 끊임없이 변하고 좋든 나쁜든 새로운 자질과 습관을 개발하므로 남을 대하는 면에서 자신에게 참된 정신적 변화가 일어나는 표시를 찾을 필요가 있다. 참된 변화의 표시가 없으면 스스로 속인다는 의혹을 떨칠 수 없다. 우리는 평범한 의식 있는 존재여서 이기적 생각과 욕구를 완전히 버리지 못한다. 그러므로 우리의 사람됨을 정직하게 평가하고 점차 이기적 성향을 줄여 나가는 것이 관건이다. 우리가 자신과 남에게 가슴을 열고 관대하며 자비롭다면, 또 스스로와 남을 사랑한다고 평가할 수 있으면 마음수련을 한 효과가 있는지 의문을 제기할 필요가 없다.

## 21. 항상 즐거운 마음을 유지하라

마음수련이 잘 되고 있는지 평가하는 다른 방법은 로종과 통렌(주고받기) 수행을 하고 상대적 보리심을 개발한 결과, 남과 자신을 더 편하게 대하게 되었는지 살펴보는 것이다. 우리의 타고난 성향은 자극을 받으면 남에게 무턱대고 흥분하고, 뚜렷한 이유도 없이 금세 두려움과 불안·슬픔·외로움에 휘둘리는 것이다. 그런 성향을 바꾸려면 자신의 꺾인 꿈과 좌절된 야망에 매달리기보다 다른 사람의 욕구, 열망, 꿈에 관심을 가져야 한다. 그러므로 일상생활에서 일어나는 사소한 일에 화나거나 괴로워하는 일이 전보다 감소했는지, 고통과 시련을 겪을 때도 유쾌함을 잃지 않는 법을 찾았는지 자문해 보면 수행에서 얼마나 발전했는지 평가할 수 있다. 상계 곰파Sangye Gompa(1179~1250)는 '마음수련에 대한 공개 설명'에서 이렇게 말한다.

간단히 말해 해로운 일이 닥치면 괴로워하지 말고 고난을 마음수
련에 도움이 되는 조건으로 전환하는 법을 배우고 어떤 역경이 생
겨도 기쁨에 머무르며 명상적 균형에 의해 기쁨의 영향이 더 커
지게 하라.

　자발적으로 모든 존재에게 긍정적 감정을 일으키는 게 습관이 되지
않으면 다른 사람에게 사랑과 자비를 실행하기는 매우 어렵다. 그런 자
비로운 마음을 개발하는 데 어려운 점이 있지만 남의 괴로움을 생각하
는 것은 우리를 더 우울하고 무력하게 하지 않고 오히려 더 유쾌하게 한
다. 사랑, 자비, 남을 존중하는 태도를 개발해서 보다 긍정적인 태도를
기르는 일은 이기적 욕구를 초월하여 삶을 보다 긍정하는 태도를 불러
일으키기 때문이다. 샨티데바는 행복한 마음 상태의 중요성을 강조한다.

　　아무리 어려운 역경에 처해도
　　유쾌하고 행복한 마음이 흔들리면 안 됩니다.
　　행복하지 않으면 원하는 것을 얻을 수 없고
　　선업도 비틀리고 손상되기 때문입니다.

　우리는 순식간에 행복과 절망을 반복해서 오가지 않는 근본적인 유
쾌함을 개발하려 한다. 낙관적 태도를 유지하기 어려운 까닭은 내면의
독백과 기대 탓이다. 좋은 삶을 살기 위해 필요하다고 여기는 것을 끊
임없이 찾고, 원하는 것의 목록을 만들고, 그것을 얻지 못하면 몹시 실

망하고 좌절한다. 그런 기대는 목표에 대한 현실적 평가가 아니라 정신적 투사에 기반하며, 물질이든 상황이든 인간관계든 필요하다고 여기는 모든 것을 가지려는 집요한 노력을 그치지 못하게 만든다. 끊임없이 더 많이 소유하려 애쓰지만 결코 만족할 만큼 가질 수는 없으므로 현재의 인생을 즐기지 못한다. 행복해지는 데 꼭 필요해 보이는 조건을 아무리 많이 성취해도 더 많이 원한다. 그리고 원해도 얻지 못하는 것, 원치 않아도 갖게 되는 것, 이미 소유한 걸 잃을까봐 영원히 두려워한다. 나가르주나는 아래 시에서 그런 곤경을 말한다.

> 부를 축적하고, 지키고, 늘려 가면서 그대는 지친다.
> 부가 끝없는 폐허와 파괴를 초래한다는 걸 이해하라.

유쾌함을 유지하는 가장 좋은 길은 큰 뜻을 품는 것이지만 비현실적인 기대로 무리하지 않아야 한다. 할 수 있는 일의 한계를 확장하려 항상 노력하는 동시에 주어진 상황에서 자신이 하는 일에 늘 한계가 있음을 인식해야 한다. 이런 균형 잡힌 태도를 가지면 실망하거나 실패하지 않게 조심할 수 있다. 또 일시적 목표로 가로새지 않고 자신이 원하는 사람이 되는 데 집중할 수 있다. 이렇게 모든 일을 한 걸음씩 하도록 고무하는 이 방법을 점진적인 길이라고 부른다. 샨티데바의 시는 이 방법의 힘을 나타낸다.

> 낙담과 피로를 달아나게 하는

보리심이라는 말을 타고

기쁨에서 기쁨으로 나아가면서

어떻게 낙심할 수 있겠습니까?


또한 우리는 달라이 라마나 까르마빠 같은 과거와 현재의 위대한 스승에게 영감을 얻는다. 그분들은 많은 존재에게 유익을 주고 다른 사람들의 삶에 막대한 영향을 줄 능력이 있다. 우리는 그분들을 닮기를 열망하고 위대한 깨달음이나 성취라는 비현실적 생각에 휩쓸리지 않으며 원하는 목표를 성취할 때까지 자신을 조금씩 깎아 다듬으려 한다. 그리고 로종 수행을 한 결과 더 행복해졌는지 평가해야 한다. 행복이란 슬픔과 고통을 느끼지 않는 것이 아니라 자신과 남에게 전반적으로 낙관적인 태도를 갖는 것이다.

우리에게는 항상 자신을 확장하고 늘 더 높은 목표에 이를 잠재력이 있다. 우리가 로종 수행에서 시작한 것을 스스로 체계적으로 성취하면 점점 더 큰 만족감을 얻고 행복감이 증가한다. 밀라레빠는 이렇게 노래한다.


다르마 수행을 하기에 가장 좋은 조건을 얻어 행복하다.

악한 행위를 중단하고 죄 짓기를 떠났으므로 행복하다.

공덕의 길을 걷고 있으므로 행복하다.

증오와 남을 해치는 것과 이혼했으므로 행복하다.

자만과 질투를 모두 잃었으므로 행복하다.

여덟 가지 세속적 관심사*가 잘못되었음을 이해하므로 행복하다.

마음으로 마음을 지켜보므로 행복하다.

희망도 두려움도 없으므로 늘 행복하다.

## 22. 마음이 어수선할 때도 수행하라

얼마 동안 로종 명상과 통렌(주고받기) 수행을 하면 점점 긍정적 태도에 익숙해지고, 이어서 애쓰지 않아도 긍정적 태도가 습관이 되기 시작할 것이다. 그러므로 습관이 모두 나쁜 건 아니다. 로종 수행도 습관을 형성하는 것이므로 지속적으로 하면 그것이 점차 우리의 심리학적 기질과 인격적 특성이 된다. 그러면 일시적 우울, 비통함, 적대감 탓에 마음이 어수선해졌을 때도 마음챙김과 알아차림에 의해 자기 집착을 덜하게 되고 보다 유쾌하게 살 수 있다. 잠귄 꽁튈은 다음과 같은 비유로 마음수련을 자발적으로 적용하는 예를 보여 준다.

숙달된 기수는 마음이 어수선할 때도 말에서 떨어지지 않는다. 이와 마찬가지로 일부러 명백히 주의를 기울이지 않아도 갑자기 생기는 역경을 마음수련에 이용할 수 있으면 마음수련에 숙달된 것이다. 그러면 적, 친구, 사고뭉치, 행복, 고통 등 발생하는 모든 일

---

* 이득과 손해, 명성과 악명, 칭찬과 비방, 즐거움과 괴로움을 뜻한다. - 역자주

과 더불어 두 가지 보리심이 분명히 그리고 수월하게 일어난다.

마음이 자연스럽게 마음챙김과 알아차림으로 향하는 것은 명상 수행의 결과로 우리가 변했음을 나타낸다. "마음이 어수선할 때도 수행하라"는 경구의 의미는 일하는 동안 의식하지 못한 채 저절로 로종 수행을 한다는 것이다. 티베트의 어린이들은 아주 어려서부터 벌레를 해치지 말라고 배운다. 그래서 밖에서 놀 때도 자연스럽게 벌레를 해치지 않으려 한다. 어른도 어떤 일을 얼마 동안 반복적으로 하면 그것이 성격의 일부가 된다. 푄촉 갤첸은 그것을 이렇게 설명한다.

> 이는 의도적으로 마음수련을 해서 역경에 굴하지 않는다는 말이 아니다. 갑자기 예상치 못한 장애가 발생했을 때 해독제 역할을 하려고 의도적으로 노력하지 않아도 자연스럽게 마음수련을 하게 되는 능력을 말한다. 많이 익숙해지면 분명히 그렇게 할 수 있다. 분노 같은 번뇌가 저절로 발생하는 것도 언제 시작되었는지도 모르는 오랜 이기적 습관화의 힘 때문이 아닌가? 오래된 환경에 응하여 번뇌가 즉각 일어나지 않는가?

윤회의 논리에 따르면, 이가 아플 때 치과에 가서 통증의 원인을 제거하며 잠깐 심한 고통을 직면하는 것보다 진통제로 치통을 가라앉히며 오래 지속되는 불편을 참는 편이 더 기분 좋다. 하지만 로종 스승들은 심하고 날카로운 고통을 피하려고 만성적인 둔통을 참는 건 완전히 잘못됐다고 말한다. 지혜와 통찰을 얻는 과정은 꿰뚫리는 듯 격심한 고통이 따른다. 하지만 마음을 수술해서 고통을 제거하는 효과가 있다. 또 다른 사람의 고통과 괴로움에 공감하는 건 심한 괴로움을 줄 수 있다. 윤회의 마음은 그런 괴로움을 견디느니 차라리 윤회적 존재의 고역을 참으려 한다. 하지만 상계 곰파는 이렇게 설명한다.

> 다른 사람과의 상호 작용에서 언제나 손해를 기꺼이 받아들이고 남에게 이득을 주어라. 세속적으로 뛰어난 것 중 가장 좋은 것을 남에게 주고 가장 좋지 못한 것을 자신이 취하면 보석이 흔한 곳에 가서도 개에게 던질 돌멩이 하나 찾을 수 없는 사람처럼 실망을 경험해도 그렇게 주고받는 행위가 불성佛性을 이루는 원인이 될 것이다. 이런 의미에서 마주치는 모든 것을 즉시 수행에 적용한다. 반대로 그런 습관이 없으면 광대한 배움, 엄밀한 명상 등이 모두 '나'의 노력이 된다.

아무리 작고 하찮게 보여도 의미 없는 것은 없다는 생각에 집중해야 한다. 아주 사소한 일이라도 일관성을 가지고 계속하면 그 행동이 축적된다. 요점은 자기만족적이지 않으면서 결과에 만족하는 것이다. 우리는 수행이 진척된 정도와 로종 수행이 우리에게 긍정적 영향을 주었다는 것에 만족해야 한다. 또 지나치게 높은 기대를 하지 말아야 한다. 그렇지 않으면 항상 수행이 지금보다 더 나아야 한다고 염려할 것이다.

남의 고통에서 위안을 느끼거나 잘못된 곳에서 기쁨을 찾지 말고 마음챙김과 알아차림을 불러일으키고 올바른 관점으로 사는 것을 기뻐해야 한다. 남을 대할 때 악의, 질투, 이기심을 덜 일으키고 친절, 감사, 자비를 더 많이 나타낼 수 있으면 마음수련에서 향상되고 있는 것이다. 로종 수행에 따르면 이런 관점은 자연 발생적으로 일어나므로 이 평가 방식은 수행이 마음의 습관을 얼마나 잘 변화시키고 있는지 명백히 보여 준다.

# 부정적 감정과 집착이 줄고 있는지
# 자기 스스로 정직하게 평가하기

때때로 앞서 소개한 네 가지 경구를 떠올리면 마음수련에서 발전하고 있는지 평가하는 데 도움이 된다. 남의 의견을 지나치게 믿을 때는 "타인과 나, 두 심판자 중 자신에게 의지하라"는 경구를 떠올리고 자신을 정직하게 평가해야 한다는 점을 상기한다. 그러면 이 경구는 로종 수행을 어떤 방향으로 수정하고 이끌어야 하는지 알게 도와준다. 마음수련을 할 때 다른 사람이 수행의 유익을 받는다고 생각하지 않는 게 중요하다. 처음에는 로종 수행의 많은 유익함이 눈에 띄게 명백하지 않다. 하지만 수행이 의식 연속체에 어떤 흔적을 남기고 지속적으로 영향을 준다는 것을 신뢰해야 한다. 로종 수행은 분명 무의식에 각인을 새기므로 우리가 인식하지 못해도 끊임없이 유익을 줄 것이다. 불교수행의 목표는 이기적 집착을 초월하고 무지를 몰아내는 것이다. 밀라레빠는 이렇게 말한다.

어떤 이가 방금 무얼 먹었는지는 얼굴이 빨간 걸 보면 알 수 있다고들 말한다. 이와 마찬가지로 어떤 이가 다르마를 알고 수행하는지 알려면 다르마 수행이 부정적 감정과 에고에 대한 집착에 치료제로 작용한 것을 보면 된다.

Point
# 6

# 마음수련의
# 서약들

마음챙김과 알아차림의 도움으로
반드시 지켜야 하는 것들

수행을 꾸준히 계속하겠다는 진지한 서약을 해서 결의를 다진다. 시간과 노력이 필요한 일을 할 때는 서약이 반드시 필요하다. 서약은 티베트어로 '담식*dam tshig*[91)]'이라고 한다. 이따금 조금 해 보는 것과 어떤 일을 진지하게 고려하고 하는 것은 전혀 다르다. 여러 불교전통의 다양한 서약은 각각 독특한 점이 있다. '담식'은 탄트라 불교에서 매우 중요한 개념으로 자신과 신의 결합 혹은 자신과 스승의 결합을 상징한다. 마음수련을 할 때 서약은 바로 윤회적 경향의 유혹에 저항하려는 결심과 관련된다. 담식이란 말은 실제로 두 단어, '묶는 것'이라는 의미의 담 짜*dam bca*와 '명예의 말'을 의미하는 칙*tshig*으로 이루어져 있다. 영어로는 맹세·서약을 뜻하는 pledge 혹은 oath에 해당한다. '말에 의해 묶인' 상태에 담긴 의도는 본질적으로 스스로 서약한 것을 존중하는 것이다. 어떤 일을 하겠다고 맹세하면 그 일을 끝까지 할 가능성이 더 많다. 모호하게 약속하는 의도보다 서약에는 더 무게가 있기 때문이다. 다른 사람에게 정식으로 약속한 것은 반드시 지켜야 한다.

"외부 환경이 수행을 방해하거나 퇴보하게 하지 않고 로종 수행을 하겠다"고 실제로 말하는 것은 매우 중요하다. 자신의 능력 안에서 힘닿는 데까지 마음챙김과 알아차림의 도움으로 이 서약을 한다. 아무도 우리에게 더 이상은 기대하지 않는다.

## 23. 늘 세 가지 일반 원칙을 지켜라

이 서약은 마음수련을 하는 동기와 관련된다. 처음부터 로종 수행이 강력하고 유익한 수행임을 알면 우리는 불편부당함을 견지하고 왜곡을 경계하면서 진실하고 꾸준한 자세로 충실히 수행할 것이다. 세 지침으로 이루어진 이 경구는 로종 수행의 여섯째 수련법에 속하는 열여섯 가지 계율(경구 23~38) 중 하나이다.

### 1 서약을 중시하라

이따금 의도적으로 충실히 로종 수행을 하겠다는 서약을 떠올리며 삶에 유익하고 의미 있고 목적 있는 일을 하겠다는 결심을 재확인한다. 일상생활의 상황을 잘 알아차리고 주의를 기울이면 개인적 사연에 얽매여 얼마나 많은 기회를 낭비하는지 목격할 수 있다. 일어나는 여러 상황을 이용하면 자신이 하는 일 대부분 결실을 맺을 수 있다. 모든 일이 잘 풀려야만 인생에서 성공하는 것이라고 생각해서는 안 된다. 문제가 있는 상황도 똑같이 잘 이용할 수 있기 때문이다. 최소의 것을 능숙

하게 최대로 이용하면 된다. 좋은 환경만 기다리는 게 아니라 주도권을
쥐고 실제 주어진 기회를 이용해야 한다. 로종 수행을 하겠다는 서약이
평생의 습관이 되어야 한다. 시간이 될 때나 다른 급한 일이 없을 때만
수행하는 것이 아니다. 모든 에너지를 로종 수행에 집중하고 "일상생활
에서 무슨 일이 일어나든 모든 기회를 이용해 로종 수행을 하겠습니다"
라고 맹세해야 한다.

## 2 왜곡된 생각을 삼가라

끊임없이 성실하고 정직하게 마음수련을 해야 한다. 자기 집착을 포
기하고 개인적 드라마에 빠지지 않으려는 것이 곧 육체와 정신의 행복
을 무시하는 금욕적 수행을 의미하는 것은 아니다. 어떤 수행자는 몸을
씻지 않고 옷도 말쑥하게 입지 않으며 건강을 완전히 무시하고 은둔하
며 금욕적 수행을 한다. 몸과 마음에 극단적 시련을 가하며 몸이 아파
도 치료를 받지 않는다. 사실 이것은 이기주의의 논리에 의존해서 로종
수행을 완전히 왜곡한 관점이다. 세 칠부 최끼 갤첸은 이렇게 말한다.

라뎅Radreng의 게셰 돔뙨빠가 설립한 위대한 전통인 까담파의 삶
의 방식에 어긋나게 행동하지 마라. 마치 사각 천의 네 귀퉁이를
들어 올리듯이 가르침을 수행하라. 샤요빠Shawopa는 말한다. "당
신이 틀릴지도 모르는 것을 살펴보라. 수행이 무례해진다면 당신
은 잘못 수행한 것이다."

자기희생의 행동으로 로종 수행이 잘 되고 있음을 보여 주려는 것은 로종의 정신에 완전히 반대된다. 사실 극단적인 행동으로 이기주의가 없음을 증명하려는 것은 수치스러운 행위로 여겨진다. 서약을 상기하고 그런 잘못을 없애야 한다. 이런 잘못을 가리키는 티베트 말은 '일종의 오해 혹은 왜곡'을 의미한다. 티베트불교 닝마빠의 롱첸닝틱Longchen Nyingthik 수행법을 널리 알린 직메 링빠Jigme Lingpa(1730~1798)가 쓴 『귀중한 자질의 보고』에서는 아비달마 논장abhidharma-pitaka에서 말하는 다섯 가지 잘못된 관점 중 하나인 '도덕 수양의 잘못된 관점[92]'을 이렇게 정의했다.

사실상 해탈을 일으키는 효과를 발휘하지 못하고 효력이 없는 수양 체계 혹은 윤리 체계가 우월하다는 신념이다. 여기에는 극단적 수행, 쓸모없는 금욕주의, 동물 희생 제사, 심지어 수행의 진전을 심하게 방해할 정도로 불교규율에 거만하게 집착하는 것 등이 있다.

**3 편견에 빠지지 마라**

일상생활에서 모든 사람을 동등하게 대할 수는 없다. 하지만 명상 수행의 의도된 환경에서는 모든 사람에게 평등심을 불러일으킬 수 있다. 마음수련 명상의 놀라운 점은 일상생활에서는 불가능하게 보였던 수련을 할 수 있다는 것이다. 바로 그런 이유로 통렌(주고받기) 수행에서 평등심을 개발하여 일상생활에서 마주하기 힘든 사람에게 긍정적 감정을 일으키는 것이 매우 중요하다. 어떤 사람에게는 사랑과 자비를 불러일으키기가 훨씬 수월한 게 사실이다. 하지만 통렌 수행을 하면서 포용적인 접근 태도를 개발하여 점차 더 많은 사람과 상황을 명상에 포함하는 것이 매우 중요하다. 상계 곰파는 그 중요성을 이렇게 강조한다.

> 편견을 가진 태도로는 수련을 성취할 수 없으므로 편견 없이 수련할 때 수행이 발전하고 진보할 것이다.

티베트 사람들은 "배가 든든하고 해가 따뜻하면 모든 사람이 영웅적 행동을 할 수 있는 것 같다"고 말한다. 하지만 일시적 기분이나 개인적 상황이 로종 수행에 영향을 미칠 수 있게 해야 한다는 의미는 아니다. 우리의 기분이 매일 똑같지 않은 것은 자연스러운 삶의 일부이고 피할 수 없다. 하지만 그렇게 기분이 오르내려도 마음수련에 방해가 되지 않게 할 수 있다. 언제 어떤 정신 상태를 경험하든 우리가 늘 한결같은 열의와 성실함으로 통렌 수행을 하는 걸 막을 수는 없다.

## 24. 태도를 바꾸되 자연스러움을 유지하라

로종 수행은 세상을 보는 관점을 변형하는 것이지 우리를 세상에 나타내는 방식을 바꾸는 게 아니다. 외모, 꾸민 태도, 옷차림을 바꾸는 것보다 자신을 보는 관점, 혼란스러운 생각과 감정을 대하는 방식, 타인을 대하는 태도를 바꾸는 것이 훨씬 더 중요하다. 그것을 믿지 않는 것은 단지 어떤 종교적 관습을 행하면 저절로 정신성이 깊어진다고 여기는 것과 마찬가지다. 우리는 유익하지 못하고 자기 파괴적인 자기 집착의 태도를 변형하려 하는 것이다. 남들이 우리가 달라졌다고 보든 아니든 상관없다. 우리 내면에 변화가 일어나야 한다. 드룩파 쿤리는 온갖 자기 과시를 꾸짖는다.

> 나는 언제나 방랑하는 날졸파Naljorpa*,
> 라싸Lhasa의 사원을 방문했다.
> 그곳의 여주인들은 손님들의 선물과 호의를 기대했다.
> 그래서 아첨꾼이 되기가 두려워 혼자 지냈다.
> 나는 언제나 방랑하는 날졸파, 온 대지를 방랑하며
> 눈길이 가는 곳마다 이기적이어서 고통받는 사람들을 보았다.
> 그래서 나만을 생각하는 게 두려워 남과 어울리지 않았다.

"자연스러움을 유지하라"는 말은 특별한 사람이나 아웃사이더처럼 행동하지 말고 다른 사람들과 잘 어울리는 게 중요하다는 의미이다. 뽐내거나 일부러 눈에 띄게 행동하면 안 된다. 단정하고 예의 바르게, 공동체의 사회적 관례에 따라 행동해야 한다. 다수가 어떤 것을 말할 때 부적절하고 관련 없고 맥락에서 벗어난 말로 반박하거나 논쟁해서는 안 된다. 티베트에서는 그것을 "고상한 소리 하는 법문"이라고 부른다. 그런 말이 상당히 고상한 척하는 것으로 들리지만 무슨 말인지 아무도 모

---

* 마법의 힘을 가진 티베트의 고행자. – 역자주

르기 때문이다. 이 로종 서약은 자신의 내면을 변화시키는 동시에 외적으로는 사람들과 잘 어울려야 한다는 의미다. 고닥빠는 이렇게 말한다.

고상한 법문을 하기는 쉽지만
법문의 의미를 의식의 흐름에 적용하기는 어렵다.

## 25. 남의 결점을 말하지 마라

다른 사람에 대해 이야기할 때는 대개 그 사람의 장점보다 단점을 말하게 된다. 해코지하려는 의도가 전혀 없지만 습관처럼 온갖 비웃는 말을 한다. 남의 신체적 특징을 흠잡고 둔한 머리나 다른 결점을 지적하기 쉽다. 그리고 농담으로 하는 경솔한 말은 해롭지 않다고 여긴다. 티베트 사람들은 이런 욕설을 잘하는 것으로 악명이 높다. 티베트 사람들의 별명은 대개 신체 특징과 관련 있다. 심지어 별명만 알고 실제 이름은 모르는 경우도 많다. "뚱보 소남"이라고 하면 누구를 말하는지 모두가 안다. 로종의 가르침에서는 단순한 농담이라도 문제가 되고 해칠 의도가 없어도 해로울 수 있다고 본다. 그런 부적절한 말을 하는 건 마음챙김과 알아차림을 유지하지 못할 때 하는 행위다.

이 경구는 남을 방해하지 않고 해치지 않는 태도를 서약하는 것이다. 드물지만 어떤 이에게 불쾌한 말을 해야 한다고 생각할 수 있다. 그때도 건설적인 태도와 해치지 않고 도우려는 의도로 말해야 한다. 어떤 사람이 비열하게 행동한다고 생각할 때에도 뒤에서 경멸의 말을 하는 건 적절하지 못하다. 왜냐하면 남들이 우리를 부정적으로 말하는 건 마음 아픈 일이고, 우리가 아프면 다른 사람도 똑같이 아프기 때문이다. 그러므로 다른 관점으로 그의 행동을 살펴보는 것이 더 도움이 된다. 우리가 어떤 이들의 행동을 보며 부적절하다고 여긴다고 해서 반드시 그들이 잘못하고 있다는 의미는 아니기 때문이다. 샨티데바는 이렇게 우리를 일깨운다.

> 그러므로 친구나 적이
> 부적절하게 행동하는 걸 보더라도
> 모든 일은 조건에 의존해 일어나는 것을 상기하고
> 마음의 안정을 잃지 말아야 합니다.

그래도 남의 행동이 잘못되었다는 확신을 바꾸기 어렵다면 뒤에서 말하지 말고 그의 면전에서 말해야 한다. 남의 잘못을 헐뜯는 건 그들을 더 좋은 사람으로 만들지 못하고 단지 자신의 부족함을 드러내고 모든 사람에게 문제를 만들 뿐이다. 항상 사람들에게 해를 끼치지 않고 도움이 되려는 의도를 가져야 한다. 사람들을 동등하게 대하고 우월감이나 생색내는 듯이 겸손한 척하지 말아야 한다. 최선의 행동 방침은 기회가 있을 때마다 다른 사람을 스스럼없이 격려하고 안심시키는 것이다. 그의 성격의 결점, 도덕적 잘못, 의문스러운 행동은 그냥 놓아두어야 한다. 남을 경멸하는 말을 하고 싶은 욕구를 억제하는 것이 이 경구를 실천하는 것이다. 아티샤의 『보살의 보석 염주』는 이렇게 권한다.

> 남을 경시하지 마라.
> 공손한 태도를 유지하라.
> 남에게 충고할 때는
> 자비심으로 그들의 유익을 고려하라.

## 26. 남의 일을 생각하지 마라

이 계율은 남의 일은 놓아두고 자신의 일에 신경 쓰라는 것이다. 이는 앞의 경구와 유사하다. 하지만 남에 대해 말하는 내용이 아니라 남에게 왜곡된 논리를 적용하는 것을 말한다. 남에 대해 생각할 때는 대개 문제점과 결점에 집중한다. 우리에게는 남의 행동과 상황에 집착하는 습성이 있어서 남의 애정사에 관심을 갖고 그들이 행복한지 불행한지 혹은 힘겹게 지내는지 궁금해한다. 누가 승진하지 못하거나 결혼 생활이 파탄나면 우리는 그들의 불행을 즐긴다는 사실을 알게 될지도 모른다. 로종의 주석은 다른 사람의 삶에 대한 비판과 해석은 단지 우리 자신의 투사와 인식일 뿐이라는 사실을 일깨운다. 그러므로 단정적으로 남의 행동을 비난하면 안 되고 선의로 해석하는 법을 배워야 한다. 우리는 자신의 잘못을 해명하는 데 매우 능숙하다. 하지만 우리 자신도 결점이 있고 질책을 벗어날 수 없다는 걸 잊지 않는 게 중요하다. 잠깐 꽁뛸은 이렇게 설명한다.

> 남의 결점을 보는 것은 나의 관점이 불순하기 때문이다. 그 결점은
> 그에게 있는 게 아니다. 그러면 나는 깨달은 분인 부처님에게서 결
> 점을 찾는 사람과 같다.

우리 마음이 남의 행동에 몰두하면 즉시 마음챙김과 알아차림으로
주의를 다른 것으로 돌려야 한다. 남의 실패를 본다고 내가 더 성공하
지 않고 남의 비참한 삶이 나를 더 행복하게 하지도 못한다. 그러므로
남이 하는 일에 관여하지 말고 자신의 일에만 신경 쓰려고 노력해야 한
다. 남의 일을 따지는 데 시간을 낭비하는 것은 독처럼 해롭고 자기 파
괴적이다. 반면 우리가 남에게 긍정적 영향을 준다면 인간으로서 발전
하고 마음이 더 편안해질 것이다.


## 27. 먼저 더 심한 번뇌부터 다루어라

우리가 왜곡해서 말하고 생각하는 원인이 어디 있는지 알려면 앞의
두 경구로 탐구했던 것보다 더 깊이 탐구해야 한다. 그것은 번뇌에서 비
롯된다. 이 서약은 앞의 두 경구와 반대로 우리를 훈계하고 태도를 바
꾸기 위해 노력하라고 하는 대신 단지 자신을 가장 괴롭히는 감정을 살
펴보라고 충고한다. 이는 일반적인 로종의 가르침을 반박하는 것으로

보일지 모른다. 하지만 그 논리는 우리의 한계를 인정하고 점진적으로 목표를 향해 노력하는 것이다. 우리에게는 변화해야 하는 측면이 많지만 이 로종의 가르침은 단순히 가장 명백한 문제를 먼저 다루라고 한다.

이를테면 힘겨운 번뇌를 완전히 없애는 것보다 그것을 인식하고 점차 길들이는 게 더 쉽다. 탐욕, 갈애, 분노, 질투 등 뿌리 깊은 기질을 제거하는 것보다 번뇌가 일어났을 때 바로 그것을 다루는 것이 더 효과적이다. 우리는 공격성과 혐오의 기질이 깊이 배어 있지만 분노를 분출하는 물리적·언어적 악습에서 벗어나기를 배울 수 있다.

이 가르침은 수행에서 성취할 수 있는 것을 비현실적으로 기대해서 좌절하지 말고 자신의 능력 안에서 행동하라는 대승불교의 원칙과 일치한다. 높은 이상을 갖는 건 중요하지만 단기적으로는 실제적이어야 할 필요가 있다. 그런 까닭에 이 서약은 문제를 단번에 뿌리 뽑는 게 아니라 적극적으로 문제를 줄여 가는 것이다. 번뇌를 개선하려 아무것도 하지 않으면 결국 도저히 수습할 수 없을 정도로 악화될 것이다. 반면 번뇌가 생길 때마다 하나씩 충실히 다루면 그 해로움을 점차 약화시켜 감당할 만하게 된다. 그래서 잠괸 꽁튈은 이렇게 충고한다.

당신의 성격을 살펴 어떤 번뇌가 가장 심한지 결정하라. 처음에 모든 다르마 수행을 그것에 집중하여 그것을 제압하고 깨끗이 치워 버려라.

인간은 여러 면에서 비슷하지만 모든 사람은 개성, 기질, 성격 특성,

표현 방식이 사뭇 다르다. 특히 감정을 표현할 때 사람마다 차이가 분명하다. 우리는 오랫동안 자신의 광범위하고 다양한 업에 따라 감정적 기질을 이루었으므로 다른 사람보다 더 자주 일어나는 특정한 감정이 있다. 우리는 다섯 가지 독(탐욕·분노·어리석음·자만·질투) 때문에 고통받지만 모든 사람이 똑같이 공격적이고 탐욕스러우며 욕정을 느끼는 건 아니다. 어떤 이는 주로 분노의 문제가 있고 다른 사람은 질투나 다른 감정으로 괴로움을 겪는다. 뀐촉 갤첸은 이렇게 설명한다.

> 그 후 이를 바탕으로 어떤 이는 집착이 더 강하고, 다른 이는 분노가, 또 다른 사람은 시기심이 더 강하다는 사실을 안다. 그대의 마음에서 각각의 번뇌가 대개 꿀벌이 몸을 쐿는 것처럼 일어난다. 모든 번뇌가 일어나지만 어떤 번뇌가 가장 심한지 살펴, 먼저 그것을 제압하라.

미세한 감정은 눈에 띄는 영향이 적어서 수월하게 다룰 수 있다고 여기면 안 된다. 미세한 감정보다는 더 괴로운 감정일수록 그것을 알아보고 다루기 쉽다. 미세한 감정은 파악하고 극복하기 더 어려워서 그것을 다루는 여러 방법이 개발되었다. 한 방법은 미세한 감정을 현재 하는 수행에 적용하는 것이다. 미세한 감정이 덜 괴로우므로 점진적으로 그 미세하고 은밀한 성질을 알아내는 법을 배워서 더 깊은 수준에서 다룰 수 있다. 파담빠 쌍계는 끝내 감정의 독을 극복하는 것이 중요함을 강조한다.

그대가 삼독(탐욕·분노·어리석음) 혹은 다섯 독에 매달리지 않으면
목적지가 가까워졌으니
땡리 사람들이여, 강력한 해독제를 불러일으켜라.


번뇌가 일상생활과 수행에 매우 파괴적인 힘을 발휘하므로 번뇌를
점차 그리고 완전히 해결하기 위해 로종 서약을 한다. 수행의 동기가 대
응 방식을 바꾸어 남에게 더 인기를 얻으려는 것이어서는 안 된다. 우리
는 내면의 성장을 막는 얕고 피상적인 감정에 지배당하는 사람이 아니
라 성실, 존엄, 깊이, 무게가 있는 사람으로 자신을 변형하려는 엄격한
목표를 갖고 수행해야 한다.


## 28. 결과에 집착하지 마라

서양인에게는 이 경구가 낯설게 들릴지 모른다. 하지만 불교사상에
서는 오랜 역사를 가진 경구다. 로종의 가르침은 결과에 집착하면 활동
자체에 주의를 기울이기보다 노력에 따른 결과물을 조작하는 데 시간
을 들이게 된다고 말한다. 결과가 어떨지 실제로 가늠하지 못하면서도
자신이 기대하는 흠잡을 데 없이 완벽한 환상을 미래에 투사하는 것이
다. 이런 기대는 지금 당면한 일에 집중하지 못하게 한다. 또 상상 속의
결과는 결코 실제 결과와 같을 수 없으므로 대개 실망과 절망으로 끝난
다. 그러므로 마음수련을 할 때에는 어떤 유익을 얻을지 신경 쓰지 말

고 단지 성실하게 수행에 집중해야 한다. 그러면 결과는 수행에 따라 자연히 결정된다.

달성하려는 목표에 대해 전반적인 개념을 갖는 것은 중요하지만 세부 사항에 너무 집착하면 안 된다. 환상 같은 기대를 하느라 시간과 에너지를 낭비하게 되기 때문이다. 미래에 매달리면 미래를 빼앗길 뿐이므로 미래에 위대해지려면 지금 위대한 일을 해야 한다. 세속적 목표를 추구하든, 로종 서약을 지키는 것처럼 수행의 목표를 추구하든 상상 속의 결과에 대한 기대를 포기하는 것이 중요하다. 『서른일곱 가지 보살 수행』에서는 그런 기대를 버리는 것이 보살 수행의 핵심적인 면이라고 말한다.

> 깨달음을 원하는 사람은 자신의 몸까지 바쳐야 한다.
> 외부의 물건을 바쳐야 하는 건 말할 필요도 없다.
> 그러므로 어떤 보답이나 결실을 얻을 기대 없이
> 관대하게 베풀어라.
> 이것이 보살 수행이니라.

로종의 가르침에서는 궁수의 비유를 든다. 대개 활을 정확히 쏘려면 과녁에 집중하는 게 가장 중요하다고 생각한다. 하지만 노련한 궁수는 화살을 정확히 맞히려면 활 쏘는 자세와 활을 잡는 법, 화살을 시위에 메기는 법을 제대로 해야 한다는 걸 안다. 단지 과녁에만 집중한 채 활을 쏘는 자세와 기술을 무시하면 결코 화살을 명중시킬 수 없다. 이와 마찬가지로 행동의 결과를 얻는 방법보다 결과에만 집착하면 틀림없이 노력하고도 실패하게 된다. 쬔촉 갤첸은 수행의 이런 측면을 알려 준다.

> 이번 생이나 다음 생에 보상받을 기대를 하지 않고 무조건 수련하지 못하면 수행의 한 측면이 보이지 않게 된다. 그러므로 보상에 대한 기대 없이 수련하는 것이 결정적으로 중요하다.

이 경구는 수행할 때 성과가 즉시 나타나리라 기대해서는 안 된다고 한다. 또 계획한 대로 계속 잘 되리라 안심할 수 없다고 한다. 바라는 징후가 나타날 것을 기대하면 그 탓에 틀림없이 계속 실망하게 된다. 기대하는 징후가 눈에 보이지 않으면 수행을 잘 하지 못했다고 간주하기 때문이다. 그러면 어떤 일이 일어나는가? 정말 발전이 있어도 선입견에 눈이 가려 수행이 진척되는 실제 징후를 보지 못한다. 로종 서약은 미래의 웅장하고 정교한 환상을 약속하는 것이 아니므로 희망과 기대가 소용없다는 걸 끊임없이 되새겨야 한다.


## 29. 독이 든 음식을 피하라

영양분이 풍부한 음식은 몸을 건강하게 한다. 반대로 독이 든 음식은 건강에 심히 해롭다. 이와 마찬가지로 올바른 생각과 행동은 매우 귀중하지만 반대로 잘못된 의도를 가진 생각과 행동은 독처럼 위험하다.

그러므로 칭찬하고 감탄할 만한 행동을 해도 자신의 에고를 만족시키려는 의도가 숨어 있으면 이기심으로 모든 행동을 망치게 된다. 또 건설적이고 가치 있는 일을 해도 의심스러운 동기가 있으면 온전한 유익을 얻을 수 없다. 행동이 이기심에 중독되면 다른 사람과 자신에게 해만 끼칠 수 있다. 개인적 만족과 에고의 만족은 크게 다르다는 사실을 아는 게 중요하다. 에고의 만족은 번뇌를 일으켜 덕성을 손상시키기 때문이다. 매우 효과적이고 유익할 수 있었던 행위일지라도 남에게 사랑받고 칭찬을 들으려는 욕구에 오염될 수 있다. 그러므로 개인적 이득을 얻으려는 욕구로 선한 의도를 물들이는 경향을 끊임없이 경계해야 한다. 빠뛸 린뽀체는 아래 이야기에서 그것을 보여 준다.

> 게세 벤Geshe Ben은 어느 날 사원을 방문할 많은 후원자를 기다리고 있었다. 아침에 삼보=寶의 성화 앞 제단에 놓인 공양물을 각별히 신경 써서 깨끗이 정리했다. 그런데 자신의 의도를 살펴보니, 후원자들에게 좋은 인상을 주려고 애쓰고 있다는 걸 깨달았다. 그래서 그는 먼지를 한 웅큼 쥐어 공양물 위에 흩뿌리며 말했다.
> "승려여, 그저 지금 있는 곳에 머무르고 뽐내지 마라!"
> 그 이야기를 들은 파담빠 쌍계가 외쳤다. "벤 뀐꺌Ben Kungyal이 뿌린 먼지 한 웅큼이 전 티베트에서 가장 귀중한 공양물이다!"

명확한 의식이 없으면 남을 도우려 하는 일이 에고의 미세한 조작에 의해 자존감을 치켜세우려는 마음으로 더럽혀질 수 있다. 그래서 로종 서약에 이를 경계하는 훈련이 포함되어 있는 것이다. 선한 의도에 기만적 욕구가 섞이지 않도록 늘 자신의 동기를 잘 살펴야 한다. 드룩파 쿤리는 그런 위선을 풍자해서 이렇게 노래한다.

> 행복하게도 나는 제사하는 흔한 라마가 아니라네.
>
> 그들은 추종자들을 모으고 권력과 부를 축적하느라
>
> 삶의 충만을 경험할 시간이 없지.
>
> 행복하게도 나는 학승이 아니라네.
>
> 그들은 사미니 애인에게 욕정을 느끼느라
>
> 경전과 탄트라를 연구할 시간이 없지.
>
> 행복하게도 나는 은둔자의 산에 머물지 않는다네.
>
> 그들은 비구니의 미소에 넋을 잃어
>
> 세 가지 서약을 숙고할 시간이 없지.

자기 집착이 수행을 오염시키지 못하게 하는 가장 좋은 방법은 공空을 성찰하는 것이다. 진짜 독은 사람과 사물이 별개의 자립적 실체라는 생각에서 비롯되는 집착이다. 주로 사랑과 자비 그리고 번뇌의 극복에 집중하다가 모든 것이 실체를 가진 존재라는 잘못된 생각에 빠지기 쉽다. 모든 것을 있는 그대로 인식하는 지혜를 잃을 때 집착은 독이 든 음식 같이 된다. 이런 집착하는 경향에 대처하고 남의 칭찬과 감탄을 얻으려는 게 아니라 선한 행위 자체를 추구하기 위해 무상無常에 대해 명상해야 한다.

행위는 그 자체가 보답이어야 한다. 의미 있는 행위를 하는 순간 이미 보답받은 것이다. 그것에 더해 개인적 보상을 바라는 것은 의존적 존재 상태(윤회)에 얽매이게 하는 자기 집착일 뿐이다. 이기심이 모두에게 나쁜 영향을 주는 것처럼 유익한 행위는 모든 사람에게 유익한 결과를 낳는다. 남에게 유익한 것이 우리에게도 유익하므로 가치 있는 행위가 더럽혀지거나 손상되면 모든 이에게 부정적 결과를 초래한다. 이 로종 서약의 매우 중요한 측면 또 하나는 동기를 의심할 여지없이 확실히 자신에게 진실하고 믿을 만한 존재가 되는 것이다.

## 30. 착한 본성에 의존하지 마라

이 경구에는 이해하기 어렵고 수수께끼 같은 모순이 함축돼 있다. 그래서 여러 로종 주석서에서 다양하게 해석한다. 티베트어 구절의 문자 그대로의 의미는 "믿음직한 대상에 의존하지 마라"인데, 티베트어 '믿음직한 대상'이란 막연한 사물이 아니라 친구를 의미한다. 대개 친구에게 의존하는 건 좋은 일로 여기기 때문에 모순이 생긴다. 이 용어를 영어로 더 정확히 번역하면 '착한 본성'이고, 일부 로종 주석가들은 이 경구를 끊임없이 새로운 것에 주의를 돌리면 안 된다는 의미로 이해했다. 어떤 일을 하기로 결심했으면 목표에 도달할 때까지 그 행동 방침을 고수해야 한다는 것이다. 상계 곰파는 이렇게 설명한다.

그때그때 다르게 행동하면 성공하지 못한다. 어떤 이는 지나치게 열광적으로 행동하다가 어느새 좌절한 듯이 쉽게 포기한다. 남과 관계 맺을 때는 마치 당신이 친교를 맺는 것과 다툼에 휘말리는 걸 전혀 싫증 내지 않는 것처럼 행동하지 마라. 그 대신 완벽하게 시위를 메긴 활처럼 능숙하고 굳은 결의로 지치거나 짜증내지 말고 마음수련을 하라.

이 경구에 대한 다른 전통적 해석은 자신의 결점을 너무 쉽게 용인하거나 해로운 것에 지나치게 관대하면 안 된다고 조언한다. 대개 무엇을 관용하고 무엇을 책망해야 하는지 모르고 그저 불평 없이 모든 불쾌한 경험을 참는다. 이 경구는 유익하지 못한 정신 상태에 의존하거나 지나치게 편해지면 그것이 은밀히 스며들어 우리의 인성을 좀먹는다는 것을 가리키며, 그렇게 속지 않도록 모든 힘을 다해야 한다고 조언한다.

이 경구의 또 다른 해석은 우리가 빠지기 쉬운 여러 악의에 의존하지 말 것을 말한다. 이기적 생각과 동기를 협력자로 오해하는 일이 많으므로 어떤 이가 우호적인 것처럼 보여도 실제로 믿을 만한 사람인지 아닌지 알 수 없다는 점을 분명히 인식해야 한다. 그러므로 자신의 감정 반응에 주의를 기울여야 한다. 그렇게 함으로써 원한, 복수심, 분노 같은 파괴적이고 은밀한 반응을 알아보는 것과 더불어 그런 반응이 일으키는 유혹에 불쾌함을 느끼는 걸 배운다. 그런 감정 반응은 처음에는 우리를 보호하는 것 같지만 오히려 더 상처받기 쉽게 만들어 결국 우리 자신을 몰락시킨다. 그러므로 아리야데바는 이렇게 말한다.

욕구는 친구가 아니지만 겉으로 친구처럼 보인다.

그래서 그대는 욕구를 두려워하지 않는다.

하지만 사람들은 특히

해로운 친구를 멀리해야 하지 않는가?


마음수련은 단순히 호의적인 사람이 되는 법을 배우는 수행이 아니다. 이따금 사람들은 윤회의 마음만 대상을 거부한다고 생각한다. 그래서 가슴을 열고 민감하게 대응하기를 배우면 문제를 해결할 수 있다고 믿는다. 그런데 이 경구에서는 단지 모든 상황을 흔쾌히 받아들이는 것만이 아니라 방편을 강조한다. 핵심은 단지 어떤 상황을 견딜 수 있는지 없는지가 아니라 유익한 것과 해로운 것을 알아볼 수 있느냐이다. 자신을 더 면밀히 살펴보면 맹목적으로 착한 마음씨를 보이는 것이 가장 문제가 되는 충동임을 알게 될지 모른다.


## 31. 비난에 충동적으로 반응하지 마라

이 경구는 공격성이 가득할 때 일으키는 분노와 충동적 반응에 관련된다. 자신에게 경멸의 말을 한 사람을 맹렬히 비난하는 태도에 주목한다. 말에는 대단한 힘이 담겨 있다. 그러므로 자신의 뜻을 표현하는 데 민감해야 하고 충동을 따르려는 유혹을 물리치고 다른 사람의 말을 성급히 판단하지 말아야 한다. 우리가 언제나 공정하게 듣는다고 여기면 안 된다. 듣는 행위의 유일한 목적은 순수하게 정보를 얻는 것이다. 하지만 흔히 우리는 듣고 싶은 것만 듣고 때로는 듣기 두려워하는 것을 듣는다. 왜냐하면 감각 기관으로 느끼는 것이 우리의 두려움, 욕구, 기대와 분간하기 어려울 정도로 뒤섞여 있기 때문이다. 그래서 불쾌한 말을 들었다는 생각만으로도 화가 날 수 있다. 요즘은 어디서나 운전하다가 폭언하는 사람을 볼 수 있다. 그런 현상은 사람들이 상상이든 실제이든 작은 침해라도 당하면 참지 못하고 물리적 폭력을 휘두르거나 욕설을 하는 걸 보여 준다.

시간을 두고 상대가 한 말을 되새겨 보면 처음 들었을 때만큼 불쾌하지 않거나 그 사람은 결코 그런 의도가 아니었는데 우리가 비난으로 받아들인 것인지도 모르는 일이 많다. 말하는 사람의 의도와 듣는 사람이 받아들이는 것 사이에 차이가 큰 경우도 흔하다. 특히 말 속에 비난으로 여길 만한 단서가 있으면 그런 일이 더 자주 일어난다. 어떤 이가 냉소적인 말을 하면 무슨 말을 주고받는지 고려하지 않고 훨씬 더 빈정대는 말로 대꾸한다. 『서른일곱 가지 보살 수행』은 그런 행위를 단념하라고 조언한다.

거친 말은 다른 사람의 마음을 어지럽힌다.
그리고 보살행을 타락시킨다.
그러므로 다른 사람에게 불쾌한
거친 말을 포기하라.
이것이 보살 수행이다.

다른 사람의 말에 성급히 부정적인 결론을 내리는 것을 삼가기 위해서는 로종 서약을 해야 한다. 이것도 새로운 습관을 들이는 행위이다. 끊임없이 부정적 판단을 쏟아 내면 그것이 점차 심리적 기질의 일부가 되기 때문이다. 반면 속단하기를 삼가면 비판하는 말을 들어도 건설적으로 대응할 수 있다. 그러므로 지속적으로 부정적 감정을 다루려 노력하고 충동적·공격적 경향을 자제하는 게 매우 중요하다. 빼마 까르뽀는 그런 맥락에서 다음 시를 말한다.

> 남이 아첨하는 말을 들으면 기분이 좋아진다.
> 쓸데없는 소문을 주고받으며 밤낮을 보낸다.
> 모든 행위에는 타당한 원인과 결과가 있다.
> 자신이 하는 일을 더 자각해야 하지 않는가?
> 부디 마음을 내면으로 돌려 이것을 성찰하라.

## 32. 매복해서 기다리지 마라

이 경구는 글자 그대로 "좁은 통로에서 기다리지 말라"는 의미인데, 옛날 티베트에서 강도들이 좁은 산골짜기에 숨어 여행객을 기다렸던 일에서 유래했다. 우리도 적이 전혀 예상하지 못할 때 공격하려고 숨어서 적절한 순간을 기다린다. 적이 더 강할 때는 정면으로 공격할 수 없으므로 속임수와 전략을 사용해 우위를 점하려는 것이다. 이런 심리는 앞의 경구처럼 분노와 연관된다. 다만 앞의 경구에서 충동적으로 반응하는 것과 달리 여기서는 상대가 자신에게 한 말이나 행동에 매달려 잊지도 용서하지도 않은 채 안전하게 보복할 수 있을 때까지 기다린다. 이것은 매우 기만적인 행위이고 로종의 정신에 완전히 어긋난다. 쬔촉 갤첸은 통렌(주고받기)의 맥락에서 이런 행위에 대해 말한다.

> 깨달은 마음을 기르고 마음수련을 하고 있으면 그런 생각이 일어날 여지가 없다. (위해를 가한 상대에게 앙갚음하는 행동을 포함해) 그런 복수심을 품으면 두 가지(주기와 받기)가 일어날 수 없다.

로종 수행에서는 언제나 모두에게 유익한 행위에 집중한다. 우리가 할 수 있는 가장 귀중한 일은 매일 최선을 다하는 것이다. 하루하루가 새로운 날이고 더 긍정적이며 새로운 시작을 약속하므로 현재에 살기와 현재의 잠재력을 온전히 활용하기를 배워야 한다. 끊임없이 복수할 생각에만 매달려 길을 잃으면 분노로 금방 폭발할 듯 끓어오르고 비통함에 빠져 뒹굴며 상대를 해치는 책략을 궁리하는 데 귀중한 시간과 에너지를 지나치게 낭비하게 된다. 그 시간을 세속적 삶과 정신적 삶을 개선하는 데 훨씬 더 유용하게 이용해야 한다. 어떤 사람이 우리의 생각을 지배하게 되면 그들이 우위를 점한다. 상대를 해치려고 했지만 우리가 상황을 지나치게 왜곡했기 때문에 상대가 우리에게 더 많은 영향력을 갖게 되었다는 사실을 알아차리지 못한다.

원한과 보복의 감정을 품는 경향에 대항하기 위해 기회주의적 태도로 우리가 싫어하는 사람이 고통받기를 기다리거나 가장 취약할 때 공격하지 않겠다는 로종 서약을 한다. 그 대신 며칠, 몇 주, 몇 달 동안 노력해서 더 나은 인간이 되고 정신적으로 풍요롭고 온전한 삶을 살려 한다. 샨티데바는 그런 태도가 더 큰 행복을 약속한다고 말한다.

> 슬픔을 간직한 적,
>
> 분노가 이런 해로움을 초래합니다.
>
> 반면 분노를 붙잡아 가라앉히는 사람은
>
> 이생에서도 내생에서도 행복합니다.

## 33. 가식적인 말을 하지 마라

본래 로종의 주석은 다양하지만 이 경구는 기본적으로 두 가지 방식으로 이해할 수 있다. 첫째 방식은 인간이 다른 사람의 약점을 알아내기를 좋아하고 이익을 얻으려 그것을 이용하는 경향이 있다는 관찰에 근거한다. 사람들은 어떤 이가 질투하는 성향이면 질투를 유발하고 화를 잘 내는 사람이면 분노하게 한다. 또 욕심에 사로잡힌 사람이라면 그 약점을 이용해 유령 벤처기업에 투자하게 된다. 그러므로 이 경구는 논쟁할 때나 남보다 유리한 입장을 차지하려 할 때 상대의 결점을 꼭 집어서 이용하면 안 된다고 말한다.

이 경구를 이해하는 둘째 방식은 우리에게 남을 해치는 말을 하는 충동이 있으므로 당장 해로워 보이지 않는 은밀한 방식으로 상대를 해치려 한다는 인식에 근거를 둔다. 그런 사탕발림한 말은 처음엔 듣기 좋지만 상대에게 괴로움을 주려는 악의적이고 신랄한 의도를 담고 있다. 대개 의도가 뚜렷이 드러나는 야유와 달리 그런 말은 본뜻이 드러나려면 시간이 좀 걸린다. 동부 티베트인은 중부와 서부 티베트인이 가식적인 말을 아주 잘 한다고 믿고 싶어 한다. 그들은 매우 훌륭하고 친절하게 말하지만 상대를 깎아내리고 정말 떠돌이라고 느끼게 하려는 의도를 갖고 있다. 이것을 표현하는 오랜 티베트 속담이 있다.

말 속엔 화살도 칼도 없지만 사람의 마음을 갈가리 찢는다.

다른 사람을 다루는 다양한 전략은 거의 모두 남보다 우월한 입장을 차지하거나 어떻게든 남을 복종시키려는 것이다. 그때 하는 말은 상대가 열등하고 부족하고 매력 없다고 느끼게 만들어 상황을 조작하고 이용하려는 의도를 가진 것이 많다. 이 경구에서 우리는 치렛말, 빈정대는 말이나 노골적으로 약점을 지적하는 말을 해서 우위를 점하지 않겠다는 로종 서약을 한다. 그런 말과 품위를 떨어뜨리는 천박한 전략으로 일시적 기쁨을 얻을지 모른다. 하지만 그런 행위는 진정한 로종 정신을 기르는 데 방해가 되고 결국 자신에게 큰 손상을 입힌다. 달라이 라마는 이렇게 말한다.

모든 사람은 말하자면 여행객으로서 지구에 살고 있습니다. 여기서 영원히 살 수 있는 사람은 아무도 없지요. 기껏해야 백 년 정도 살 수 있을까요. 그러므로 우리는 여기 사는 동안 친절한 가슴으로 삶에 긍정적이고 유용한 일을 해야 합니다.

## 34. 조의 짐을 소에게 지우지 마라

티베트인은 암 야크인 조'<sub>zo</sub>를 소보다 훨씬 더 아낀다. 그래서 조가 소보다 더 튼튼하지만 "소가 죽으면 또 구하면 되지만 새로 조를 사려면 돈이 많이 든다. 그러니 소가 그리 튼튼하지 못해도 이 짐을 소에게 지우자" 이렇게 생각하는 사람이 많다. 우리는 다른 사람과의 관계에서도 같은 논리를 따른다. 이 경구를 "자신의 짐을 다른 사람에게 지우지 말라"로 바꾸어 보면, 단지 어떤 일을 하기 싫어서 자신의 책임을 자신보다 경험이 부족한 다른 사람에게 미루어 과중한 부담을 주는 경우로 이해할 수 있다. 또는 다른 사람과 함께 하던 일이 잘못되었을 때, 그렇게 된 것이 자신이 잘못 판단했기 때문인데도 그에게 비난을 떠넘길 수 있다. 때로는 자신보다 능력이 부족한 사람을 창피하고 난처하게 만들려고 어떤 일에 대한 책임을 그의 탓으로 돌린다. 이런 식으로 책임을 전가하려는 욕구는 매우 흔한 인간의 특징이다. 빼마 까르뽀는 이를 매우 간결하게 말한다.

남과 함께 하는 일이 잘 되면 공을 가로채고 싶어 한다.

일이 잘 안 되고 불평이 생기면 함께 일한 사람을 비난한다.

그대는 비밀스러운 술책 속에서 완전히 길을 잃는다.

그런 방식은 음흉하지 않은가?

부디 마음을 내면으로 돌려 이것을 성찰하라.


이 경구를 달리 해석하는 방식은 다른 사람을 평가하고 판단하는 데 적용하는 것이다. 직장에 친한 친구와 그냥 알고만 지내는 동료가 있다고 해 보자. 매우 어려운 업무를 끝내야 하는데 당신의 친구가 그 일에 적격이고 능력도 있지만 당신은 이렇게 생각한다. "내 친구가 이 일을 하면 시간이 많이 드니까, 대신 다른 사람에게 맡겨야겠다. 그 사람은 이 분야에 경험이 없지만 무슨 상관이람." 친구를 편하게 하려고 다른 사람을 배려하지 않고 큰 부담을 지운다.

이와 달리 우리는 다른 사람을 혹사하고 무시하지 않겠다는 로종 서약을 지키려 노력해야 하고 최선을 다해 업무를 제대로 끝내야 한다. 다르마락시타의 『금강저 마음수련』에서는 이런 부정직한 행위에 대해 분명히 말한다.


예지력이 없어 거짓말하고 경시하는 데 기를 쓰고 의존한다.

자비가 없어 다른 사람의 마음에서 확신을 빼앗는다.

파괴자, 곡해의 머리에 포효하고 천둥을 내리쳐라!

학살자, 적, 에고의 머리를 치명적으로 내리쳐라!

## 35. 이기는 걸 목표로 삼지 마라

인간은 선천적으로 경쟁심이 있고 끊임없이 남보다 뛰어나기를 원한다. 그래서 무슨 일을 하든 항상 경쟁하듯이 하는데, 경쟁에는 항상 승자와 패자가 있다. 이 경구는 남을 이기고, 남보다 뛰어나고, 모든 사람을 앞서려고 집착하는 건 매우 해로운 산만함을 일깨운다. 그것은 자신이 남보다 조금만 잘해도 자만과 오만을 일으키고 반대로 남보다 조금만 못해도 원한, 부러움, 질투를 불러일으킨다. 이 경구는 우리가 하는 일에서 뛰어나려고 노력하면 안 된다는 의미가 아니다. 그것은 대승불교의 관점에 어긋난다. 이 경구는 단지 남과 경쟁하지 않고도 뛰어날 수 있음을 말한다. 단지 온 힘을 다해 일함으로써 남과 상관없이 뛰어난 성취를 이룰 수 있다. 심지어 실제 경주를 할 때도 일등을 해야 한다고 생각하지 않을 수 있다. 일등을 하면 정말 좋겠지만 반드시 일등을 한다는 기대에 매달려 경주에 참가하면 안 된다. 잠괸 꽁퇼은 이렇게 조언한다.

> 경마의 목표는 가장 빨리 달리는 것이다. 다르마 수행자 중에 남보다 더 주목받거나 더 존경받기를 바라는 마음을 가진 사람이 많다. 그리고 소유물을 얻으려 음모를 꾸미기도 한다. 그것을 포기하라.

실제로 인생에 대해 어떤 이는 저만치 앞서 가고 다른 사람은 뒤에 처지는 일종의 경주로 믿는 사람이 많다. 하지만 로종의 관점에서 보면, 성공하려면 남과 경쟁해야 한다는 윤회적 생각은 완전히 잘못된 것이다. 그것은 단지 남보다 우위를 차지하고 다른 사람이 실패하는 걸 볼 때 우쭐한 기분을 경험하고자 남을 이기려는 강박관념에 불과하다. 그건 윤회의 마음이 만든 환상 속의 승리일 뿐이다. 계속 그렇게 세상을 보면 많은 장애물에 부딪치게 된다. 왜냐하면 언제나 더 부자, 더 매력적인 사람, 더 머리 좋은 사람이 있을 것이기 때문이다. 또 다른 많은 점에서 우리보다 뛰어난 사람들이 있으므로 어떤 승리를 거두어도 그들에 비해 자신은 항상 실패자라고 여기게 되기 때문이다. 어쨌든 오늘의 승자는 어제의 패자이다.

하지만 인생은 경주가 아니고 반드시 승자와 패자가 있는 것도 아니다. 또 우월감을 느끼려고 다른 사람이 뒤처지는 걸 볼 필요도 없다. 남과 경쟁해야 한다는 선입견은 일종의 자기기만이다. 탁월하기를 바라면 남이 아니라 자신과 관련해서 자신이 하는 일을 더 성찰해야 한다. 대승불교의 가르침은 "과거의 자신과 경쟁하라"고 권한다. 우리가 과거의 속박, 두려움, 의심과 자기 회의를 극복하고 발전했는지 가늠해서 성공과 실패 여부를 평가하는 것이다. 이런 식으로 자신을 혁신하는 것은 자기 변화에 대한 대승불교의 가르침과 일치한다. 지나치게 경쟁적인 태도를 가지면 우리 삶은 남을 능가하려 애쓰는 데 에너지를 낭비하는 끝없는 싸움이 된다. 이렇게 해서는 결코 진정한 승리를 거둘 수 없다. 이와 반대로 자신을 기준으로 잘하고 있는지 고려하면 늘 승리할 수 있다.

경쟁에서 물러나겠다는 이 로종 서약은 남과 경쟁하지 않고 자신의 노력 자체를 위해 최선을 다하는 것이다. 남과 비교해서 세속적 승리를 얻으려는 욕구를 단념하고 그저 일상생활에서 하는 일과 로종 수행에 온 힘을 다해 집중하겠다고 맹세한다.


## 36. 보답을 기대하지 마라

이 경구는 성실과 정직으로 정신적 목표를 추구해야 한다는 것이다. 의심스러운 이기적 동기와 목표를 부추기는 데 수행을 이용해서는 안 된다. 겉으로는 로종 수행을 잘해서 어려운 사람을 돕고 남에게 친절하며 고통받는 사람들에게 귀 기울인다. 하지만 에고의 영역을 포기하지 않고자 자신에게 이롭게 상황을 조작하려 하기에 행동에 진실성이 없을지도 모른다. 이러한 행동은 어떤 것이나 어떤 사람을 은밀히 속이는 것이므로 일종의 사기인 셈이다.

이 경구의 밑바탕은 정령의 호의를 얻으려 공양물을 바치는 유사 샤머니즘 풍습과 관련이 있다. 이 경구의 티베트어는 '루 독 껜 자*ru blzog rkyen ja*'이다. 독*bzlog*은 '반전'을 의미하고 껜 자*rkyen ja*는 '유사 샤머니즘적 제의'를 의미한다. 그리고 루 독*ru bzlog*은 '물건을 사려는 욕구'를 의미하고 원하는 걸 얻으려 사기를 치는 것을 암시한다. 세 칠부 최끼 갤 첸은 이렇게 설명한다.

> 그러므로 자기중심적 편견을 뿌리 뽑을 수 없는 그와 같은 행위를 피하라. 일부 수행자는 마음수련 수행이 그런 결과나 목적에서 이익을 얻는다고 생각하는 것 같다. 하지만 그것이 사실이라면 마음

수련법을 수행하는 것과 샤머니즘적 제사를 지내는 것은 실제로 아무런 차이가 없다. 마음수련이 다르마 수행이 되려면 번뇌와 잘못된 관념화에 대한 해독제 역할을 해야만 한다.

진심 없이 수행하는 걸 남에게 보여서 억지로 정신적 성과를 얻으려는 것은 마치 상인의 사고방식으로 수행하는 것과 마찬가지다. 수행에서 남의 칭찬과 찬탄을 탐내고 그런 동기에 따라 수행하면 발전할 수 없다. 그런 행위는 에고가 지나치게 자신을 방어하는 것이다. 유익한 일을 한다고 해서 다른 사람이 그것을 알아주고 감사해하거나 부채 의식을 느끼기를 기대하면 안 된다. 다른 사람이 알아주는 건 우리가 관여할 바가 아니다. 이 로종 서약은 맡은 일을 할 때 부주의함을 경계하고 보답에 대한 기대 없이 그저 온 힘을 다하라는 것이다. 까담파 전통에서는 부주의한 것은 무지의 증거이므로 늘 마음챙김과 알아차림으로 대처해야 한다고 끊임없이 강조한다. 빼마 까르뽀는 이렇게 경고한다.

가르침을 듣고 되새기고 명상하는 데 시간을 쓸 때조차
그대는 단지 남의 눈에 띄기 위해 그것을 한다.
도덕적 행위를 할 때도 단지 남의 존경을 얻으려는 것이다.
자신에게 유익한 일을 하는 게 더 좋다고 생각하지 않는가?
부디 마음을 내면으로 돌려 이것을 성찰하라.

## 37. 신을 악마로 바꾸지 마라

이 경구는 신과 악마를 말하는 것을 제외하면 앞의 경구와 주제가 유사하다. 티베트인은 종종 유사 샤머니즘 제사를 드려서 도움을 구한다. 신과 악마들을 불러내 비위를 맞추고 만연한 재난을 가라앉혀 주기를 기원한다. 티베트 문화에서는 살아 있는 것들을 보호해 주는 유순한 신들과 살아 있는 것들에게 해롭고 악한 악마들이 있다고 믿는다. 그리고 이 경구는 그런 티베트 사람들의 생각을 로종 수행의 상징적 수준으로 확장한 것으로, 신의 선의와 악마의 악의는 우리 마음의 측면을 상징한다. 우리는 어떤 면에서는 천사 같고 다른 면에서는 완전히 악마 같다. 하지만 이 두 측면은 우리 안에서 완전히 동떨어진 것이 아니다. 서로 영향을 줄 수 있고 상호 작용하며 서로를 약화시킬 수 있다. 그러므로 수행에서 경계를 늦추면 천사 같은 면이 악마 같은 면으로 타락할 수 있다. 세 칠부 최끼 갤첸은 이렇게 설명한다.

> 그것은 도둑이 숲으로 도망갔는데 바위산에 가서 도둑의 발자국을 추적하는 행위와 같다. 그런 행동을 피해야 하고, 자아에 대한 집착을 물리치고 병이 난 바로 그 자리에 약을 발라야 한다. 자신을 모든 중생의 하인 중에서도 낮은 자 중의 가장 낮은 사람으로 여겨라.

어떤 이는 로종 수행을 한다고 몹시 우쭐대고 거만해지기 시작해서 다른 사람보다 자신이 훨씬 우월하다고 느끼며 행동한다. 그들도 처음에는 진실하고 열정적으로 수행을 시작했는지 모르지만, 유익하고 가치 있는 것을 이기적이고 자기만족적인 것으로 바꾸면서 점점 타락하게 되었다. 정신성의 차원에서 대단히 능통하고 학식이 깊어도 이기심을 경계하지 않으면 그 하나의 결점 때문에 모든 장점이 손상된다. 과장된 자부심은 로종 정신에 완전히 어긋나기 때문이다. 이 로종 서약은 우리의 악마적 경향을 알아차리고 어떻게든 그 유혹을 피하겠다고 결심하는 것이다. 샨티데바는 이렇게 말한다.

> 이 세상에 가득 찬 모든 역경과
> 모든 고통과 두려움이
> '나'에 대한 집착으로부터 일어난다면
> 이 악마를 어떻게 해야 할까요?

## 38. 남의 고통을 이용해서 행복을 구하지 마라

로종 주석에 따르면 남의 희생을 대가로 자신의 행복을 구하는 건 인간의 일반적 특성이다. 우리는 모두 행복을 원하지만 전혀 잘못된 곳에서 행복을 찾는 경향으로 인해 우리가 경험하는 즐거움과 기쁨이 금세 고통과 슬픔으로 변질될 수 있다. 달라이 라마는 말한다.

> 생을 거듭하면서 우리는 늘 행복을 구했습니다. 그렇지만 항상 부

정적 감정에 지배당하기에 어려움을 겪습니다. 그래서 인간으로 다시 태어나든 새, 사슴, 벌레나 다른 무엇으로 다시 태어나든 지속적인 행복을 결코 얻지 못합니다.

이 경구는 남의 불행이 우리에게 기쁨을 줄 수 있다는 오해 탓에 잘못된 곳에서 행복을 찾는 실수에 초점을 맞춘다. 사람들이 사랑하는 이를 잃거나 이혼 소송을 하거나 가산을 탕진하거나 큰 병에 걸리거나 승진하지 못하거나 집을 압류당했을 때, 우리는 궁지에 빠진 그들에게 동정심을 느끼기는커녕 그들의 곤경을 즐거워하고 그 일로 유쾌하게 수다를 떤다. 어떤 이는 인생이 비참하다고 여기다가 다른 사람이 자신보다 더 심한 일을 겪으면 걱정보다 만족을 느낀다. 흔히 우리는 싫어하는 사람이 해를 입기 바란다. 그가 불치병에 걸리거나 직장을 잃거나 심지어 자녀에게 불행한 일이 닥치기를 바란다. 돈과 역량과 교육의 특권을 가진 사람은 더 적게 가진 사람을 경멸하고 업신여기는 경향이 있다. 인간은 남의 불행에 대해 악의적 잡담을 즐기고 거기서 기쁨을 얻는 경향이 있다. 그래서 불교에서는 잡담에 대해 아래와 같이 명확히 말한다.

잡담을 하는 건 매우 자연스러운 일처럼 보이지만 더 면밀히 살펴보면 대부분 욕망과 증오의 동기에서 생긴다. 그리고 잘못이 얼마나 큰지는 자신과 다른 사람의 마음에 생기는 집착과 증오가 얼마나 많은가에 따라 정해진다.

로종 수행자는 결코 남의 고난에서 행복을 찾으면 안 되고 다른 사람의 손실에서 이익을 얻어도 안 된다. 남의 괴로움에서 기쁨을 느끼는 태도는 전적으로 비난받아야 한다. 그것은 로종 정신에 완전히 어긋난다. 남의 괴로움에서 기쁨을 느낀다고 생각할지 모르지만 결국 자신이 더 비참해질 뿐이다. 그런 태도는 망상에서 비롯되고 그 망상이 계속되는 한 삶에서 심한 불만족, 좌절, 실망을 겪게 된다. 우리는 행복 자체를 추구해야 하고 남의 고통을 우리의 행복을 꾸미는 액세서리로 여길 수밖에 없게 하는 악의, 복수심, 적의를 혼신의 노력으로 극복해야 한다. 행복은 어떤 사람에게서 오는 게 아니다. 노력한 대가로 무엇을 얻을 때 오는 것도 아니다. 행복은 행복을 주는 행위와 깨달은 가슴을 실현하려는 진심 어린 서약에서 온다. 그러므로 이 로종 서약은 다른 사람이 불행하다는 소식을 들을 때마다 자신의 반응을 점검하는 것이고 스스로 이루어지는 행복을 개발하는 것이다. 상계 곰파가 말하듯이 다른 사람의 기쁨과 행복에서만 행복을 찾아야 한다.

중생이 행복할 때 기뻐하라. 중생이 행복할 때 기뻐하는 사람을 가슴이 따뜻하다고 한다. 그렇게 행동해야 한다.

# 정신적 진보를 막는 일을 멈추는 것
# 그것이 서약의 역할

여섯째 로종 수련법의 서약들은 수행과 일상생활에서 매우 나쁜 영향을 주는 흔한 인간적 특성을 멈추는 것이다. 그 특성에 주의하지 않으면 마음수련은 오염되거나 축소돼 진정한 유익함을 얻을 수 없다. 인간적 특성은 익숙하고 자주 일어나기 때문에 그리 중요하지 않게 여기기 쉽다. 그래서 충분히 주의하지 못하는 일이 많으며 그것이 얼마나 해롭고 위험한지 알아차리지 못한다.

망상에 빠진 윤회의 관점에서는 인간적 특성 중 많은 것이 행복과 자기 존중감과 자부심에 필요해 보일 수 있다. 남의 결점을 말하면 자신이 상대적으로 더 바람직해 보일 수 있고 남의 불행을 두고 잡담하면 자신이 덜 불행해 보일지 모른다. 하지만 이런 경향을 더 면밀히 살펴보아서 그것이 우리 삶에서 완전히 잘못된 측면임을 알아야 한다.

이 로종 수련법은 그런 인간적 특성을 약화시키려고 충실히 노력하지 않으면 가장 선한 동기와 의도로 마음수련을 해도 성공하지 못할 것이라는 사실을 강조한다. 그런 경향은 자신감과 행복을 주지 못할 뿐만 아니라 실제로 자주성과 행복을 손상시키고 정신의 진보를 방해한다.

따라서 그 부정적이고 편집증적인 경향을 중단시키고 사랑과 자비로 바꾸며 친절한 가슴을 개발해야 한다. 친절한 가슴은 까담파 전통의 핵심 전제이다. 그래서 빼뛸 린뽀체는 이런 이야기를 전한다.

아티샤는 항상 친절한 가슴을 독특하게 강조했다. 그래서 사람들에게 인사할 때 "안녕하세요?"라고 하지 않고 "당신의 가슴이 친절해졌나요?"라고 물었다.

# 마음수련을
# 일상화하라

흐트러진 마음을
'지금 이 순간'으로 되돌리는 법

마지막 일곱째 수련법은 일상생활에서 마음 수련 하는 법을 말한다. 여섯째 수련법의 규범적 경구들이 무엇을 해야 하고 무엇을 하면 안 되는지 구속하는 의미였다면, 일곱째 수련법의 경구들은 수행에서 발전하기 위해 필요한 전반적인 로종 정신을 나타낸다. 각 경구는 우리가 흐트러질 때마다 주의를 현재 순간으로 되돌리게 돕는다. 각 경구를 마음챙김 수행으로 여기고 적절히 기억해 두면 필요한 상황에서 그 경구가 자동으로 마음에 떠올라 자신이 하는 일을 더 잘 알아차리게 해 준다.

## 39. 보리심을 바탕으로 수행하라

우리의 마음을 자세히 살펴보면 생각과 말과 행동의 동기가 거의 전적으로 이기적 집착인 것을 알게 된다. 그러므로 모든 수행[93]에서 오직 보리심에 온전히 집중하는 마음 상태를 개발해야 한다. 마음수련을 할 때 고압적이고 공격적이고 긴장한 태도로 이기주의와 전쟁을 벌이거나 부정적 성향을 강제로 억제하려 애쓰는 것은 로종 정신에 역효과를 초래한다. 이와 달리 의도적으로 친절, 감수성, 관대함을 지닌 채 생각하고 말하고 행동하면 자연스럽게 이기적 경향이 점차 줄어드는 걸 경험한다. 상계 곰파는 이렇게 설명한다.

> 모든 경전과 논서의 목적은 해탈을 얻는 것이고 해탈을 얻으려면 자아에 대한 집착을 물리쳐야 한다. 그러므로 연구, 성찰, 명상 등 모든 활동의 목적은 자기 집착을 물리치는 것이다.

까담파의 가르침에 따르면 자애와 인내와 이해를 바탕으로 세상에 우리 자신을 열면 무슨 일을 하든지 로종 정신을 실행하게 된다. 다양한 수행을 해도 자연스럽게 보리심의 태도가 우러나고 스스로 잘못을 수정할 수 있으면 하나의 의도로 모든 것을 하게 된다. 빼뛸 린뽀체는 그것을 이렇게 말한다.

> 트룽파 시나첸Trungpa Sinachen이 한마디로 완전한 가르침을 전해 달라고 하자 파담빠 쌍계는 이렇게 대답했다.
> "네가 원하는 걸 다른 사람들도 모두 똑같이 원한다. 그에 따라 행동하라!"

## 40. 역경을 수행의 일부로 맞이하라

역경에 처해도 보리심의 로종 정신을 견지하는 것이 마음수련을 할 때 반드시 필요하다. 수행은 피로를 덜어 주고 윤회하는 존재의 고역에서 벗어나게 해 준다. 하지만 모든 어려움을 치유하지는 못한다. 우리가 수행을 해도 여전히 사람들은 불친절하고 계속해서 병과 개인적 문제와 경제적 어려움이 생길 것이다. 소문에 휩쓸리거나 소송에 휘말릴지 모르고 해로운 의도에 다칠 수도 있다. 또 버림을 받거나 일시적으로 몰아치는 번뇌로 고통받을 수 있다. 이따금 게으름에 빠지고, 수행해도 기쁨을 얻지 못하며, 우울이나 걱정과 절망이 몰려와 괴로울지도 모른다. 이런 경험은 의존적 존재(윤회)의 특성이다. 로종의 가르침은 인생의 부침을 멈출 수 없으며 그것이 일어나는 대로 경험할 수밖에 없다는 걸 매우 분명히 인정한다. 하지만 로종 정신을 개발하면 적대감이나 절망이 닥쳐도 굴복하지 않고 힘겨운 상황을 이용해 자비심을 불러일으키는 법을 배울 수 있다. 결국 모든 것을 긍정적으로 해석할 수 있다. 이런 식으로 고통을 이용해 모든 존재에 대한 자비심을 개발하고, 자비심을 바로 그들의 행복을 위해 회향한다. 상계 곰파는 역경을 변화시키는 까담파의 방식은 고통을 수행의 일부로 기꺼이 맞아들이고 이용하여 마음을 근본적으로 바꾸는 것이라고 말한다.

그러므로 원치 않는 일과 마주치지 않으려는 욕구나 원치 않는 일이 일어나는 것을 두려워하는 마음이 생길 때, 모든 중생이 겪는 똑같은 느낌을 떠맡아라. 이것을 이해하면 자연스럽게 공호에 대한 이해도 생긴다.

다른 사람을 고려하면 자신의 고통이 줄어들기 때문에 이 방법에는 분명히 심리학적 이득이 있다. 고통과 자기 연민에 빠져 있으면 더 부정적인 면이 발생하지만 그것을 이용해 다른 사람의 괴로움을 성찰하면 점차 괴로움의 질감이 전혀 다르게 변형된다. 그러면 우리도 『모든 관념을 고르게 하기Leveling Out All Conceptions』에서 셸링빠가 경험한 것처럼 세상을 경험할 수 있다.

> 역경은 스승이고,
> 악마이며, 소유자 정령이고, 부처님의 발산이다.
> 질병은 악업과 번뇌를 쓸어버리는 빗자루이다.
> 괴로움은 궁극 실재의 광활함이 드러난 것이다.

## 41. 하루를 시작하고 끝낼 때 늘 보리심을 명상하라

로종 정신을 유지하는 데 도움이 되는 다른 방법은 매일 하루를 시작하고 끝낼 때 보리심 명상을 수행하는 것이다. 까담파의 가르침은 단 하루도 똑같은 날은 없다고 끊임없이 강조한다. 우리는 인생을 책임지는 걸 불가능하게 만드는 어떤 영원한 반복에 사로잡혀 있는 게 아니다.

아침에 잠을 깼을 때 기분이 나쁘거나 잘못된 태도로 하루를 시작하면 습관적으로 세상을 대하는 방식에 굴복하게 된다. 반대로 아침에 정기적으로 수행하면 거미줄처럼 얽힌 정신을 맑게 하고 차분하고 긍정적인 마음 상태로 하루를 지낼 수 있다. 우리는 단지 안도감 속에 아무 생각 없이 현실에 안주하며 하루를 생존한 후에 밤을 맞는 생활을 해서는 안 된다. 로종 정신은 퇴근 후 집에 와서 술을 몇 잔 마시고 소파 위에서 곯아떨어지는 권태감을 그만두게 한다. 주의 깊은 마음을 유지하고 로종 수행을 하면 스트레스를 완화하는 데 도움이 되고, 하루를 돌아보고 보리심으로 한 행위를 성찰하는 기회를 준다. 잠괸 꽁튈은 이렇게 설명한다.

> 낮에 활동할 때는 지속적인 마음챙김으로 보리심을 유지하라. 하루의 끝, 밤에 잠자기 전에는 그날 했던 생각과 행동을 되돌아보라. 보리심에 어긋난 일이 있거든 그 일을 하나하나 열거하고 인정한 후에 앞으로 다시는 그런 일을 하지 않겠다고 서약하라.

기쁘고 긍정적인 태도일 때는 생산적이고 기분이 좋다. 하지만 기분이 울적할 때는 다른 사람을 돕는 일이 영 내키지 않는다. 보리심의 자애심을 불러일으키면 긍정적 인생관이 점점 확대되어 풍요롭고 목적이 있는 삶을 살게 된다. 정신을 고양하고 기분을 전환하는 일은 그리 어렵지 않다는 것을 이해해야 한다. 즉 단순히 긍정적으로 생각하기를 적극적으로 배우면 된다. 그러면 무의식에 숨어 있는 은밀한 부정적 생각이 우리 마음을 휩쓸 기회를 얻지 못한다. 말 그대로 매우 간단하다.

우리의 미래는 우리 손에 달려 있다. 우리는 자신을 부정적 상태로부터 고양할 수도 있고 낙담에 빠질 수도 있다. 그러므로 아침과 밤에 명상하는 것이 매우 중요하다. 그러면 의심이 없어지고 기운이 나며 행복하고 고양된 마음 상태로 매일을 준비할 수 있다.

## 42. 상황이 좋든 나쁘든 인내하라

마음수련을 부지런히 해도 운명에는 성쇠가 있다. 우리는 항상 다른 업과 상호 연관을 가진 존재들을 다루므로 언제나 유리한 상황만 일어나지는 않는다. 우리의 생각과 달리 모든 것은 결코 변함없이 그대로 존재하지 않는다. 우리는 발전하고 있다고 여기거나 반대로 퇴보하며 이전의 성취마저 잃고 있다고 느낄 수 있다. 마음수련만이 삶의 중심을 잡아 줄 수 있다. 마음수련을 하지 않으면 변화의 바람에 휩쓸려 우리 존재를 전혀 다스리지 못할 것이다. 그렇지만 우리는 삶에 활기를 불어넣는 일을 거의 하지 않기 때문에 좋은 일이든 나쁜 일이든 극단적으로 받아들이는 경우가 많다. 아래의 전통 시가 명백히 보여 주듯이 인생의 부침에 따라 상처 입고 혼란에 빠지지 않으려면 현명한 인내가 필요하다.

신처럼 번창해도
자만하기 않기를 기원하라.
허기진 유령만큼 궁핍해져도

낙담하지 않기를 기원하라.

삶의 시련에 감정이 손상되고 상처받고 학대당해 쇠약해지는 일이 많다. 하지만 약간의 지혜를 가지고 인내할 수 있으면, 마치 조울증을 앓는 것처럼 좋을 때 지나치게 흥분해 들뜨고 나쁠 때 자기 패배적이 되는 일은 없을 것이다. 상황이 좋든 나쁘든 안정감과 확고한 토대 위에 있는 느낌을 유지할 수 있다. 인내는 삶에서 맞닥뜨리는 일에 아무런 힘을 발휘하지 못하는 수동성이 아니다. 로종의 가르침은 그렇게 묵묵히 복종하는 태도를 옹호하지 않는다. 인생의 시련이 불쾌하고 괴로워도 인내하면 용기와 위엄을 갖추고 창조적이며 유익한 방식으로 시련에 직면할 수 있다.

로종 수행은 인생의 어려움이 닥칠 때 단지 생존하려 애쓰는 게 아니라 그런 경험의 직접적인 결과로서 자신을 더 나은 사람으로 변형하려 노력하는 것이다. 언제나 우리가 바라는 대로 일이 풀리면 우리는 높은 이상을 개발하고 의미 있는 삶을 살 수 없을 것이다. 역경이 닥치면 대개 좌절하고 무력하게 분노할 뿐이지만 우리는 예측할 수 없는 인생에 인내와 지혜로써 접근하는 법을 배운다. 능숙하게 인내를 발휘하면 신뢰할 수 없는 상태를 벗어나 예측할 수 있게 되고 상황을 유익하게 이용할 수 있게 된다. 상계 곰파는 다음 이야기에서 그것을 보여 준다.

이 가르침을 간직하면 남의 눈에 평범하게 보여도 그대가 하는 모든 일이 오직 전지全知를 얻는 원인이 될 수 있고 모든 것이 위대한 행위가 된다. 체까와는 이것을 유일한 핵심 수행으로 받아들였고, 죽음의 문턱에서도 "마음수련 하는 소리보다 아름다운 소리는 세상에 없다. 부디 그 소리가 내 귀에 들리게 해 달라"고 말했다.

## 43. 목숨이 위태로울 때도 선업을 행하고 불선업을 삼가라

까담파의 스승에 따르면 부처님의 가르침은 『법구경』에 나오는 다음 구절로 요약할 수 있다.

"선업善業을 행하고 불선업不善業을 삼가서 마음을 길들여라. 이것이 나의 가르침의 핵심이다."

선한 자세와 행동으로 다른 사람과 상호 작용하는 것이 부처님의 핵심 가르침에 충실한 것이다. 바로 그것이 마음을 길들이는 방법이기 때문이다. 결코 편의주의적 관점으로 인생을 대하면 안 되고 자신의 행동이 어떤 유익을 가져올지 고려해야 한다. 항상 장기적인 유익을 헤아려야지 단기간의 이익을 얻으려 모호하게 행동해서는 안 된다. 설령 목숨이 위태로워도 불미스러운 일을 피해야 한다. 어떤 이가 "이 사람을 총으로 쏘지 않으면 너를 죽이겠다" 혹은 "이 염소를 죽이면 네 목숨은 살려주겠다"고 위협해도 결코 로종 서약을 어기거나 악하고 해로운 행동으로 자신을 더럽히면 안 된다. 다르마락시타의 『독을 파괴하는 공작의 마음수련』은 그것을 강조한다.

목숨이 경각에 달려도 다른 사람을 위해
엄격한 수행을 유지하고 고통을 인내하라.

## 44. 번뇌를 극복하기 위해 세 가지를 하라

### 1 번뇌 알아차리기

괴로움의 원인은 대개 다른 사람이 아니라 자신의 망상과 번뇌이다. 심한 질투, 탐욕, 억제되지 못한 욕정, 분노, 자만 같은 번뇌가 일어나면 다른 사람에 대한 반응을 조절하기 매우 어렵다. 순전히 부정적인 감정의 힘에 의해 자신의 감정을 알아차리기도 어렵게 되므로 무슨 일이 일어났는지 알지도 못한 채 부정적 감정의 에너지에 휩쓸려 버린다. 그러므로 가장 먼저 해야 할 일은 자기 성찰과 번뇌가 일어날 때 알아차리는 법을 배우는 것이다. 모든 사람에게는 탐욕·분노·어리석음·자만·질투의 다섯 가지 독이 있는데, 그것은 우리의 심리에 골고루 퍼져 있지 않다. 어떤 이는 과도한 공격성이 가장 골치 아픈 문제이고, 다른 사람은 질투와 씨름하고, 또 다른 이는 욕정으로 괴로워한다. 매력적인 이성이 곁을 지날 때 우리는 곧 욕정에 사로잡히지만 나중에야 자신이 당황했던 것을 알아차린다. 만약 차를 운전하고 있었다면 교통사고를 일으켰을지도 모른다. 물론 나는 교통사고를 내지 않았지만 그건 단지 내가 운전을 하지 않기 때문이다. 마음에 어떤 번뇌가 일어났는지 또 언제 일어났는지 알아차리기는 매우 어렵다. 번뇌가 큰 혼란을 일으키기 때문이다. 그래서 아리야데바는 이렇게 말한다.

> 욕망은 원하는 걸 얻지 못해 고통스럽고
> 분노는 힘이 부족해 고통스럽고
> 이해하지 못해 혼란스럽다.
> 이것 때문에 그것들을 알아차리지 못한다.

## 2 번뇌 다루기

어떤 번뇌인지 정확히 알게 되었다고 해도 그것을 완화하거나 억제하기는 매우 어렵다. 단지 번뇌를 알아보는 것만으로는 그 충격을 줄이기가 쉽지 않기 때문이다. 사마타(고요) 명상과 더불어 자애심·자비심·함께 기뻐함·평등심의 사무량심을 수행해야 번뇌를 극복하는 법을 배울 수 있다. 그래야만 마음을 충분히 진정시켜 번뇌가 일어날 때 그것을 다룰 수 있기 때문이다. 번뇌를 극복하는 법을 배우지 않으면 다른 사람과 상황에 온화하고 건설적으로 대응하는 길을 찾을 수 없을 것이다. 셸링빠는 『영웅적 마음의 단계Stages of the Heroic Mind』에 실린 시에서 번뇌의 파괴성에 대해 말한다.

> 내면에서 동요가 일어날 때
> 아! 약으로 쓰는 포도주마저 독으로 변한다.
> 다섯 가지 독의 생명력을 죽이지 않으면
> 아! 마음속 깊은 곳까지 후회가 사무치리라.

### 3 번뇌 제거하기

번뇌를 어느 정도 조절할 수 있게 되어도 그것을 변형시키는 법을 배우지 않으면 완전히 극복할 수 없다. 비파사나(통찰) 명상을 수행해서 감정의 본성을 이해할 때 번뇌를 변형시킬 수 있다. 번뇌를 제대로 이해하지 못하면 그 힘이 도저히 맞서기 힘들 만큼 강해 보이지만 명상으로 감정 분석하기를 배우면 번뇌에 실체가 없다는 사실을 알게 된다. 감정은 우리가 모르는 새 순식간에 일어났다 사라진다. 그러므로 명상을 통해 감정을 제대로 파악하려 노력할 때에만 감정을 명확히 밝히기가 불가능하다는 걸 깨달을 수 있다. 이렇게 감정을 깊이 이해할수록 번뇌의 영향이 점차 감소하고 마침내 번뇌가 불안을 일으키지 않게 된다.

## 45. 깨달음의 세 가지 근본 원인을 획득하라

우리는 제멋대로 하게 놓아두면 어려움을 다루는 법을 배우지 않을 것이다. 윤회의 마음은 결점을 극복할 줄 모르기 때문이다. 우리는 다른 사람들의 도움으로 안내받고, 방법을 배우고, 수행에 필요한 지지를 얻어야 한다. 깨달음의 세 가지 근본 원인은 어려움에 대처하는 법과 마음수련에서 진정한 발전을 이루는 법을 알려 준다.

### 1 선지식

깨달음의 첫째 근본 원인은 필수 지식을 전해 줄 수 있는 선지식[94]

이다. 로종의 가르침에서는 구루guru가 아니라 멘토 혹은 안내자 역할을 할 수 있는 선지식이 필요하다고 말한다. 톡메 상뽀는 까담파의 관점으로 선지식을 설명한다.

> 그들에게 의지하면 그대의 잘못이 끝난다.
> 그리고 그대의 장점은 차오르는 달처럼 커진다.
> 그대의 몸보다 훨씬 더 소중히
> 스승을 가슴에 간직하라.
> 이것이 보살 수행이다.

훌륭한 선지식의 지혜와 조언은 정신성 발달의 모든 단계에서 능수능란하게 우리를 이끌어 준다. 선지식의 도움이 없으면 우리는 어둠 속에서 무엇을 해야 할지 모르는 채 비틀거릴 것이다. 어둠 속에서 경험 많은 선지식은 적절한 수행법과 태도를 가르쳐 준다. 사전 지식과 경험을 가진 사람의 도움을 받으면 전체 수행 과정을 처음부터 다시 만들 필요가 없고 확실히 꾸준하게 진보할 수 있다. 그래서 빼뚤 린뽀체는 이렇게 말한다.

> 환자가 의사에게 의지하듯이
> 여행객은 안내인에게 의지하고
> 겁먹은 사람은 동료에게 의지하고
> 상인은 우두머리에게 의지하고

배를 탄 손님은 도선사에게 의지한다.

탄생, 죽음, 부정적 감정이라는 적을 두려워한다면

자신을 스승에게 맡겨라.


구루와 동양의 스승은 서양에서 논쟁을 불러일으킨 문제였는데 나는 그것에 대해 나름대로 의견이 있다. 구루는 현대 정신성과 관련해 잘못된 모든 일의 희생양이 되는 경우가 많다. 하지만 서양의 많은 광신적 교단의 교주는 티베트불교나 선불교가 아니라 그리스도교에 속한다는 사실을 기억하는 것이 현명하다. 어느 불교단체가 외진 사막의 폐쇄된 장소에 은거하거나 세금 납부를 거부한다는 이야기는 듣지 못했다. 제자들에게 무장을 지시하는 티베트불교 스승이 있다는 소식도 알지 못한다. 그렇지만 사람들은 구루가 권력을 휘두르고 추종자들의 인생을 지배한다고 의심하는 것 같다.

하지만 동양의 스승보다 심리 치료사가 내담자를 훨씬 더 심하게 통제한다고 말할 수 있다. 내담자가 심리 치료사를 만나는 이유는 자신의 비밀을 말하려는 것뿐이다. 모두 잘 알다시피 우리의 비밀을 아는 사람은 우리를 통제할 힘을 갖게 된다. 하지만 사람들은 정기적으로 심리 치료사에게 가서 돈을 주고 자신의 가장 깊은 두려움, 성적인 문제, 아버지 살해 충동이나 그 밖의 골치 아픈 문제를 털어놓는다. 상담료를 지불한 대가로 일주일에 한 번 심리 치료사가 내주는 한 시간 동안 기꺼이 자신의 힘의 일부를 심리 치료사에게 넘겨주는 것이다. 반면 스승에게는 그런 힘이 주어지지 않았는데도 사람들은 아무 때나 스승을 만날 수 있다고 생각한다. 또 조언을 들어도 경제적 보수를 지불하지 않는 걸 당연하다고 여긴다. 그런데도 스승들은 아무리 열심히 일해도 특권을 누리며 산다고 비난받는 일이 많다.

심리 치료사들은 불교와 불교명상이 존재의 딜레마를 해결할 수 있는지 의문을 제기한다. 하지만 정작 그들은 실제로 문제를 다룰 수 있는 조언을 하지 못한다. 예를 들어 당신에게 질투가 심하다는 문제가 있는 경우, 심리 치료사들에게 많이 듣는 조언은 당신이 어린 시절에 다른 형제자매보다 사랑받지 못해 그 결과로 질투하게 되었다거나 가장 좋아하는 장난감을 빼앗긴 기억이 질투의 원인이라는 것이다. 그렇다면 그것이 사실이라 해도 그 사실을 알게 된 것이 당신의 문제를 해결하는데 어떤 도움을 주는가? 그건 부모나 형제자매에 대한 원한을 더 깊게할 수 있기에 단지 또 다른 문제를 만들 뿐이다. 따라서 그런 분석은 매우 피상적이고 불필요하다. 사실 사람들은 이미 태어날 때부터 경쟁하는 성향이 있기 때문에 형제자매끼리 경쟁하는 것이다. 질투나 분노를 유발한 특정 사건은 결코 문제의 실제 원인이 아니다.

최근 많은 심리 치료사가 불교스승을 마구 비판한다. 그들이 하는 말은 근거가 없어 보인다. 그들의 주장을 되돌려 그들의 결점을 드러내는 건 어렵지 않다. 또 결혼 상담사들 중에는 여섯 번 혹은 그보다 많이 이혼한 경우가 드물지 않다. 하지만 내담자에게는 그 사실을 알리지 않는다. 나는 그것을 알고 큰 충격을 받았다. 대중매체는 종교계의 스승이나 광신자 집단의 교주가 연루된 추문에 대해서는 소란을 떨기 좋아한다. 하지만 많은 심리 치료사와 정신과 의사가 환자를 학대하거나 사기를 쳐서 면허를 박탈당하고 투옥되었다는 사실은 다루지 않는다. 모든 심리 치료사가 그렇게 행동한다거나 심리 치료 자체가 나쁘다고 말하는 게 아니다. 나는 심리 치료사 친구가 많다. 하지만 서양의 심리학이 불교보다 우월하다거나 더 많은 도움을 줄 수 있다거나 정신 건강 측면에서 명상보다 더 완전한 접근법이라는 주장은 완전히 잘못되었고 근거도 없다. 진실로 자신의 마음을 살펴보고 자기 집착적 경향을 밝히지 않으면 우리는 고닥빠의 시에 딱 맞는 처지가 될지도 모른다.

> 스승과 고독에 의지하지 않고
> 집에 있는 야크에 집착하는 사람은
> 악한 습성의 옷을 입은 채
> 혼란스러운 번뇌에 익숙해지기 쉽다.

## 2 정신적 가르침

선지식에게 배우는 정신적 가르침도 깨달음의 근본 원인으로서 반드시 필요하다. 특히 자신의 개성과 선호와 성향에 적절한 방식으로 정신적 가르침을 받는 것이 중요하다. 수행이 수행자에게 잘 맞으면 가장 유익한 가르침과 수행을 적용할 수 있다. 수행자는 가르침을 듣고, 그 의미를 성찰하고, 최종적으로 명상을 통해 그 내용을 자신의 존재 안으로 받아들인다. 무신경하거나 열의 없이 미지근하게 가르침을 이해하려 하면 절대 안 된다. 기꺼이 그리고 온전히 가르침을 받아들여야만 심오한 결과를 얻을 수 있기 때문이다. 그래서 빼뙬 린뽀체는 이렇게 말한다.

말레이 산의 숲에 있는

보통 나무의 몸통이

젖은 잎과 가지로 백단나무의 향을 빨아들이듯

그대는 그대가 따르는 사람을 닮는다.

## 3 수행에 도움이 되는 환경

로종 가르침에 따르면 수행에 도움이 되는 환경에는 사람과 물리적 주변 여건이 있다. 수행에서 유익을 얻으려면 주위 환경이 수행의 목표를 이루는 데 도움이 되어야 한다. 이는 부정적 습관이나 유익하지 못한 영향력을 가진 사람들과 어울리지 않는 것을 말한다. 그들은 불미스러운 폭력을 휘두르거나 감각적 즐거움을 지나치게 탐닉하거나 하찮은 일로 허송세월한다. 적절한 환경은 장애와 지장을 주는 사건이 적은 데 비해 부적절한 환경은 틀림없이 수행하려는 노력을 방해한다. 특히 초보 수행자는 적절한 물리적·정신적 수행 공간을 마련하는 게 중요하다. 그렇지 않으면 부정적인 일이 끊임없이 밀려와 수행에 심한 지장을 줄 것이다. 그러므로 수련회에 참가하고 이따금 집중적으로 로종 수행을 하는 것이 좋다. 나가르주나는 『선지식의 가르침Instructions from a Spiritual Friend』에서 이렇게 말한다.

적합한 장소에 살고

훌륭한 사람들과 어울리고 진정으로 헌신하고

전생의 선업을 지닌다.

이런 적절한 네 가지 큰 상호 작용이 있으면

인생의 목적을 달성할 수 있다.

## 46. 세 가지가 줄어들지 않게 하라

이미 선지식을 만나고, 그들의 가르침을 받고, 수행에 도움이 되는 환경을 찾았다면 평생 동안 다음의 세 가지를 유지해야 한다.

### 1 선지식에 대한 관심을 지닌 겸손

선지식과 진정한 관계를 맺은 후에는 선지식에게 지나치게 익숙해지지 않아야 한다. 그렇지 않으면 그의 가르침에서 유익을 얻지 못할지 모른다. 이는 "익숙함은 경멸을 기른다"는 오랜 격언과 비슷하다. 그것은 모든 관계에서 조만간 일어나는 일이다. 선지식에게 익숙해짐에 따라 경멸은 아니더라도 감사와 존경이 줄어들기 시작할 수 있다. 처음에는 스승에게 매우 열광하고 스승을 존경하여 겸손하게 대하다가 스승에게 더 익숙해지면서 점점 그런 마음이 감소한다. 심지어 스승을 경시하게 될지 모른다.

선지식과의 관계는 친밀함과 적절한 거리가 모두 필요하다. 지나치게 친밀해지면 경계가 모호해지고 우리와 선지식 모두 혼란스러워지므로 선지식과의 친밀함은 전반적인 신뢰와 존경에서 우러나야 한다. 서로를 감정적으로 질식시키지 않도록 각자가 움직일 수 있는 충분한 공간이 있어야 한다. 선지식과 관계를 맺은 후에 그대로 두는 것으로는 충분치 않다. 관계의 요소에 공을 들여야 한다. 끊임없이 선지식과의 관계가 진실하고 긴밀하게 유지되도록 해야 한다. 그러므로 첫째 수련법에서 말했던(40쪽) '관심을 지닌 겸손'을 유지하는 게 반드시 필요하다. 샨티데바는 이렇게 권한다.

> 설령 목숨이나 사지를 잃더라도
> 보살 서원을 지키고
> 대승의 가르침에 정통한
> 선지식과 스승을 절대 버려서는 안 됩니다.

## 2 수행의 기쁨

선지식과의 지속적이고 정중한 관계는 그 자체로 충분하지 않다. 반드시 그 관계가 약해지지 않도록 해야 한다. 처음에는 매우 열광적이고 활기 있게 로종 수행을 하지만 얼마 후에는 수행이 틀에 박힌 일이 되고 특별해 보이지 않을 수 있다. 수행에서 더 이상 기쁨을 얻지 못하면 다시 수행에 대한 열의를 불러일으키고 기운을 돋울 방안을 찾아야 한다. 우리가 하는 일에서 즐거움을 느끼지 못하면 얻을 수 있는 유익이 점차 줄게 되고 보살의 길을 가는 데 필요한 자질을 개발할 수 없기 때문이다. 그래서 고닥빠는 "스승에게 의지하기는 쉽지만 좋은 자질을 받아들이는 건 어렵다"고 말한다.

### 3 보살 수행에 대한 서약

까담파의 가르침은 서약을 매우 강조한다. 결심을 하면 자신이 하는 일에 성공할 가능성이 더 많기 때문이다. 서약에는 오계五戒, 예비 승려가 받는 사미계와 사미니계, 정식 승려가 받는 구족계 등이 있다. 어떤 서약을 하든 가장 중요한 것은 그 서약을 굳게 지키는 것이다. 로종의 가르침은 쉽고 단순해 보일지 모르지만 대승불교의 수행과 방법 그리고 전수와 가르침의 방대하고 심오한 저장고이다. 그러므로 로종 수행에 헌신하는 데 망설이면 안 된다.

## 47. 몸·말·마음, 세 가지가 분리되지 않게 하라

이 경구는 몸과 말과 마음으로 공덕을 쌓는 것을 말한다. 몸과 말과 마음을 '세 문'이라 부르는데, 이 세 가지를 이용해 다른 사람들과 상호 작용하기 때문이다. 세 기능을 통해 들어오고 나가는 것이 자기 인식을 포함한 우리의 모든 것을 결정한다. 일상적 망상 상태에서 우리의 몸과 말과 마음은 서로 어긋난다. 몸이 어떤 일을 하느라 바쁜데, 마음은 전혀 다른 데 가 있고, 말은 둘 중 어느 쪽도 의식하지 못하는 것으로 보인다. 로종의 가르침은 세 문이 이렇게 서로 따로 작용해서는 안 되고 같은 목적으로 협력해야 한다고 강조한다. 우리는 몸에 강제로 거주하는 게 아니라 단일체로서 몸에 깃들어 있다고 여겨야 한다. 몸과 말과 마음을 균등하고 일관성 있게 이용하여 로종 수행을 할 수 있으면 몸과 마음이 따로 행동하는 습성을 점차 극복할 수 있다. 뀐축 갤첸은 이렇게 말한다.

> 그러므로 몸과 말과 마음의 세 문을 통해 공덕을 쌓으려 노력할 때
> 마음수련법을 수행하는 데 있어서 크게 향상될 것이다. 마치 타고
> 있는 불에 새 장작을 넣은 것처럼.

## 48. 치우침 없이 모든 영역에서 수련하라

로종의 관점에서는 어떤 환경이나 상황도 수행에 유익하게 이용할 수 있으므로 외부 조건이나 내면 상태가 수행을 지배하지 못하게 해야 한다. 삶에 무슨 일이 생기든 침착한 태도를 잃지 않으면 평등심[95]을 유지하는 데 도움이 되고, 편견과 차별 없이 경험을 대하게 된다. 상대적 수준에서 모든 것은 다양하게 나타나지만, 절대적 수준에서는 아무런 차이가 없다. 만물에는 공성空性이 있기 때문이다. 로종의 정신은 평정심과 자애심을 통합하는 데서 비롯되므로 우리는 자비심의 근거를 평등심에 둔다. 그것은 수행을 현실적이게 한다. 또 수행이 홀가분함과 운동성을 유지하는 걸 돕는다. 움직임이 부족하면 에너지가 정체되고 반대로 움직임이 너무 많으면 에너지가 불안정해서 사방으로 흩어져 버리기 때문이다.

윤회계의 모든 사람이 이런저런 괴로움을 겪는다는 사실을 기억함으로써 통렌(주고받기) 명상에서 평등심을 유지한다. 단지 가난한 사람,

병든 사람, 소외된 사람만 괴로운 게 아니라 살아 있는 모든 사람이 저마다의 이유로 괴로움을 겪는다. 윤회의 존재 자체가 괴로움이다. 괴롭다고 가장 큰 소리로 불평하는 사람이 가장 큰 고통을 당하는 건 아니다. 나의 제한된 경험으로는 몹시 힘들게 사는 사람들은 그다지 많이 불평하지 않는 반면 비교적 씨름할 문제가 적은 사람들은 끊임없이 불평한다. 매일 평등심을 일관되게 유지하기는 불가능할지 모르지만 명상 수행에서는 바라는 모든 것을 한계 없이 상상할 수 있는 사치를 부릴 수 있다. 명상할 때 모든 이를 같은 관점으로 보면 아직 평정심의 지혜가 없어도 일상생활에서 외관상의 평등심을 개발하는 데 도움이 된다. 잠괸 꽁퇼은 이렇게 설명한다.

> 마음수련은 좋건 나쁘건 특정 영역에 치우침 없이, 경험의 대상
> 으로서 생기는 모든 것 – 다른 중생, 네 요소*, 인간이 아닌 존재
> 등 – 에 배어들어야 한다. 단지 입에 발린 말이 아니라 깊이 수련
> 한 능숙함이 중요하다.

## 49. 수행의 어려운 점을 명상하라

기쁘고 열정적으로 수행하는 게 중요하지만 수행은 우리의 성장 능

---

* 불교에서 만물의 구성 요소로 여기는 지수화풍地水火風을 뜻한다. – 역자주

력을 시험할 만큼 어렵다는 걸 알아야 한다. 어려움을 극복하는 가운데 발전할 수 있으므로 역경을 기꺼이 맞들여야만 한다. 따라서 그리 많은 노력 없이도 언제나 마음 편하게 하고 기분 좋게 하는 명상만이 아니라 일반적으로 불편하고 어려운 영역도 점차 명상해야 한다. 수행이 지루하고 비생산적이고 고통스러워지면 수행을 탓하거나 패배주의적 태도에 굴복하지 말고, 자신이 잘못 수행하는 점을 바로잡아야 한다. 로종의 독특한 점은 우리의 이해에 도전하고 인내를 시험하고 정신 능력을 확장하는 주제를 강조하는 것이다.

로종 수행은 실제 생활에서는 실행하기 어려운 방식으로 마음수련을 할 수 있는 기회를 제공한다. 그런데 상상 속의 연습은 실제 세상에서 실제로 연습하는 것만큼 유익하다. 상상 속에서 연습해도 우리의 태도와 윤회적 기질을 변화시키는 효과가 있기 때문이다. 수행을 적당히 하려 하고 자신의 한계에게 도전하지 않으면 수행의 진전이 더딜 것이다. "이건 할 수 없어. 내겐 너무 힘든 일이야"라고 생각하는 경우가 많지만 그런 소심함은 자기 집착에서 비롯한 것일 뿐이다. 현실적으로 자신이 할 수 있는 것과 할 수 없는 것을 평가해서 한계를 확장하기 위해 모든 노력을 다해야 한다. 그렇지 않으면 윤회 상태에 갇힌 채 목표를 잃고 끊임없이 헤맨다. 그런 사람을 고닥빠는 이렇게 노래한다.

꿈과 환상 같은 윤회 속에서
중생은 눈먼 미치광이처럼 배회한다.
혼란한 겉모습에는 본질이 없다는 사실을 깨닫지 못하고

진실인 줄 알고 거짓에 집착하기에 녹초가 되고 만다.

역경을 단호하게 견디기보다 적절히 대응하면 미래에 역경을 더 수월하게 다룰 수 있음을 알게 될 것이다. 대승불교의 가르침에서는 처음에 어려워도 익숙해지면 쉬워지지 않는 일이 없다고 한다. 마음수련이 잘 되고 있는지 아는 방법은 전에 어렵던 일이 쉬워졌다고 느끼는 것이다. 처음으로 로종 수행을 할 때는 쉬운 수행부터 하고 좋아하는 사람에게만 통렌(주고받기) 수행을 하고 싶을 수 있다. 실제로 로종의 가르침은 쉬운 것부터 시작하기를 권한다. 하지만 수행에 능숙해지면 점차 수행의 범위를 더 넓고 깊게 확장할 필요가 있다. 결국 로종 수행은 단지 상상 속의 연습이다. 그리고 보살이 되는 데 필요한 자질을 개발하는 유일한 길이다.

## 50. 외부 조건에 의존하지 마라

로종 수행자는 여건이 좋을 때뿐만 아니라 언제 어디서나 수행해야 한다. 어떤 상태에서만 수행할 수 있다고 믿으면 그런 조건이 될 때만 수행하는 습관이 들게 된다. 우리가 외부 상황을 통제할 수 없으므로 삶에는 늘 해로운 조건이 있기 마련이다. 그 점에 대해 꾄촉 갤첸은 이렇게 말한다.

체까와가 말했다. "첸가 사원에는 공양물과 자산이 부족했다. 나는 '시골에 가서 공양물과 자산을 얻어야겠다'는 생각으로 얄룽Yarlung 에 갔지만 그곳에서도 아무것도 얻을 수 없었다. 나는 무지했으므로 '윤회'가 결핍의 이름이라는 걸 이해하지 못했다."

언제나 행복한 사람은 없다. 우리는 살아 있는 한 유리한 조건도 만나고 불리한 조건도 만난다. 하지만 모든 상황을 보리심을 개발하는 데 이용할 수 있으므로 모든 상황이 로종 수행에 유리하다고 볼 수 있다. 끊임없이 보리심을 수행하면 어떤 환경을 만나든 전반적인 유쾌함과 행복을 개발할 수 있다. 진정한 로종 정신에는 한계가 없다. 그리고 "내가 경험하는 모든 것은 단지 나의 인식일 뿐이므로 어디에서 무엇을 하든 모든 것은 로종 수행의 일부가 된다"는 수행 지침을 지키면 어떤 상황에서든 꾸준히 수행할 수 있을 것이다.


## 51. 이제 중요한 것을 수행하라

로종 정신은 정신적 성장을 이루고자 시간과 에너지를 투입하는 것이다. 이 경구에는 세 항목이 있다.

### 1 나보다 다른 사람들이 더 중요하다

끊임없이 다른 사람들이 나보다 더 중요하다고 생각하고 항상 다른 사람의 행복을 헤아리며 행동하도록 수련한다. 이것이 나의 환경을 개선하고자 수행하는 것보다 훨씬 더 중요하다. 본질적으로 로종의 가르침은 마음수련을 하고 있어도 남의 행복보다 나의 발전을 더 염려하면 제대로 수행하는 것이 아니라고 한다.

## 2 이해보다 수행이 더 중요하다

불교에서는 배움을 강조하지만 배운 것을 실제로 수행하는 것이 중요하다. "내가 정말 제대로 이해하는가?" 혹은 "내가 올바르게 수행하고 있는가?"를 생각하기보다 "오늘 수행했는가?" 혹은 "조금이라도 다른 사람의 행복을 바라는 생각을 했는가?"를 질문해야 한다. 다시 말해 나 자신의 문제를 걱정하기보다 배운 것을 일상생활에 적용하는 데 집중해야 한다.

## 3 보리심이 무엇보다 중요하다

냉정한 초연함이나 극단적 효율성으로 수행하는 게 아니라 진정한 느낌과 따뜻한 가슴으로 수행해야 한다. 로종 수행은 군사 훈련처럼 잘 단련된 정확성으로 접근하는 것이 아니다. 트룽파 린뽀체는 정확성과 규율에 대해 많이 말했지만 동시에 친절함과 가슴에 '부드러운 곳'을 가져야 한다고 강조했다. 어떤 수행이든 가장 중요한 것은 보리심의 자애심으로 수행하는 것이며 이보다 더 심오한 것은 없다. 보리심 없이 수행하면 어떤 진정한 결실도 맺지 못할 것이고, 반면 보리심으로 수행하면 모든 행위가 즉각 참으로 정신적인 수양으로 변화될 것이다. 세 칠부 최끼 갤첸은 이 점을 매우 강조한다.

> 다르마의 두 측면인 이론적 해설과 수행 중 수행이 더 중요하다. 다른 명상 수행에 비해 깨달은 마음을 수련하는 수행이 더 중요하다.

## 52. 오해를 방지하라

가장 선한 의도를 가지고 살아도 무언가를 오해하거나 잘못 적용하기 쉽다. 이런 혼란이 일어나는 이유는 삶에서 개발해야 하는 것과 제거해야 하는 것을 구별하지 못하기 때문이다. 로종 수행을 할 때 끊임없이 방지하고자 노력해야 하는 여섯 가지 근본적 실수가 있다.

### 1 인내에 대한 오해

우리는 유익한 것을 추구하는 것과 그렇지 못한 것을 추구하는 것의 일반적 차이를 안다. 하지만 항상 모호한 영역이 있기 마련이다. 특히 어느 때는 선량하지만 다른 때는 선량하지 못한 것은 구분하기 어렵다. 앞서 살펴보았듯이 인내는 모호한 영역의 매우 좋은 예이다. 인내는 가장 중요한 덕목으로 칭송되지만 인내를 잘못 발휘하면 상상하기 힘든 해로움을 초래할 수 있다. 일상생활에서는 어렵고 불쾌한 환경을 기꺼이 참고 받아들이지만 정신적 어려움이 닥칠 때는 인내가 부족한 사람이 많다. 상계 곰파는 이렇게 말한다.

잘못된 인내란 농사짓기나 외부의 적을 제압하기 혹은 사랑하는 사람을 보호하기 등 여러 어려움을 견딜 수 있지만 다르마 수행에서 일어나는 어려움을 인내하지 못하는 것을 말한다.

우리는 세속적 오락을 찾을 때면 굉장한 인내를 발휘하고 불평 없이 기꺼이 모든 것을 희생한다. 또 일할 때 대단한 스트레스를 감당하고 모험을 할 때 목숨을 걸기도 한다. 에베레스트 산을 등반하는 사람은 사지를 잃거나 심지어 목숨을 잃어도 전혀 불평하지 않는다. 반면에 수행을 할 때는 삼십 분간 앉아 명상하는 것도 인내하지 못해 등이 아프고 다리와 무릎이 쑤시고 저려 도저히 견딜 수 없다고 불평한다. 샨티데바는 수행할 때 일어나는 시련을 더 넓은 시야에서 바라보라고 요청한다.

의사가 병을 고치기 위해
쓴 약을 사용하는 것처럼
끔찍한 괴로움을 뿌리까지 제거하려면
작은 고통은 인내해야 합니다.

이처럼 인내가 부족한 것은 단지 수행에 국한되지 않는다. 영양 많고 균형 있는 식사를 꾸준히 하는 것처럼 유익한 일을 하기는 어려워하면서도 건강에 해로운 음식을 먹어서 생기는 비만과 고혈압은 기꺼이 견딘다. 이처럼 우리가 유익한 일은 인내하지 못하지만 덧없는 즐거움을 좇을 때 어려움을 견디는 것은 망상 때문임을 알아차려야 한다.

## 2 흥미에 대한 오해

특정한 행동에 계속 흥미를 느끼는 것은 우리가 호기심에 이끌려 새로운 일을 탐구하고 배우게 되는 것을 보여 준다. 그런데 유익한 것에는 흥미를 느끼지 못하는 반면 무의미하거나 해로운 것에 굉장한 호기심을 갖는 경우가 많다. 마약이나 인터넷 채팅으로 시간을 낭비하는 데 느끼는 흥미는 도무지 식을 줄 몰라서 중독이 될 정도다. 하지만 인간으로서 발전하기를 바란다면 하찮고 허위이며 정신을 산만하게 하는 일을 그만두고 정신적 문제에 주의를 기울여야 한다. 샨티데바는 이렇게 말한다.

> 어리석고 괴로운 마음은
> 아무것이나 갈망하여
> 점점 더 많은 것을 원하게 되고
> 그보다 천배의 고통을 겪게 됩니다.

이렇게 우리가 눈멀고 깊은 어둠과 절망 속에 빠지는 것은 오직 망상 탓이다. 그러므로 전혀 의미 없는 결말에 이르게 하는 일에 몰두하지 말고 정신적 양분을 주고 삶을 풍요롭게 하는 일에 흥미를 가져야 한다.

## 3 음미하기에 대한 오해

나방이 불꽃으로 날아드는 것처럼 윤회 상태에서 우리는 해롭고 위험한 일을 실험할 뿐 그 경험에서 아무것도 배우지 못한다. 대승불교의 가르침은 코끼리가 진흙탕에 들어갔다가 늪에 빠져 익사하거나 나비가 꽃에 날아가서 꽃잎에 붙잡히는 것처럼, 우리가 감각적 즐거움에 이끌려 "면도날에 발린 꿀을 핥아 먹는다"고 말한다. 샨티데바는 그 비유를 이렇게 힘주어 말한다.

> (세속적 기쁨은) 칼날에 묻은 꿀을 핥아 먹는 것처럼
> 결코 진정한 만족을 주지 못하지만
> 선업을 쌓으면 행복과 평안을 주는데
> 어찌 만족하고 그만두겠습니까?

샨티데바의 조언을 따르지 않으면 우리는 윤회의 삶에서 온갖 맛을 음미하다가 결국 지쳐서 아무것에도 흥미를 느끼지 못하고 감동을 느끼는 능력을 영원히 잃게 된다. 반대로 불량식품이 아닌 영양이 풍부한 음식의 소중함을 알게 되면 해로운 것보다 유익한 것을 더 즐기게 된다. 윤회 세상의 날조된 거짓 즐거움이 아니라 정신적으로 더없는 행복의 맛을 음미할 때 참된 흥분과 기쁨을 누릴 수 있다.

### 4 자비에 대한 오해

자비에 대한 오해는 가치 있는 것과 가치 없는 것을 지성으로 바르게 구별하지 못하는 것이다. 그것을 트룽파 린뽀체는 "어리석은 자비"라고 말했다. 자비는 공평해야 하고 개인적으로 사람을 차별하면 안 되므로 정말 필요한 사람에게 자비를 베푸는 것이 중요하다. 지성으로 다스리지 못한 마음으로 속고 협박당하고 억지로 남을 돕는 것은 참자비

심을 발휘하는 것이 아니다. 종종 우리는 윤회 속에서 정처 없이 배회하며 고통받는 수많은 중생에게는 자비를 베풀지 않으면서 수행의 길을 가는 사람을 불쌍히 여기는 오해를 한다. 하지만 수행하는 이들이 겪는 어려움은 결코 가치 없는 고생이 아니다. 그러므로 자비를 베풀어야 하는 대상은 목적 없이 헤매는 자신의 존재 상태를 통찰하지 못하는 사람들이다. 세 칠부 최끼 갤첸은 말한다.

> 괴로움과 괴로움의 조건에 사로잡힌 사람들을 향한 자비심을 기르지 않고 명상적 추구와 고행하는 삶의 일부로 괴로움을 겪는 사람에게 자비심을 느낀다면 그것은 잘못된 자비심이다.

## 5 남을 돕는 법에 대한 오해

다른 사람을 도우려는 욕구는 분명히 칭찬할 만하고 고결한 의도이다. 하지만 남이 원하는 것을 준다고 반드시 도움이 되는 건 아니다. 마약 중독자에게 마약을 주는 것은 중독을 극복하는 데 도움이 될 수 없다. 또 어떤 이가 불행하고 혼란에 빠져 있을 때 감정의 상처에 심리적 반창고만 붙여 주는 건 그리 유익하지 못하다. "그 자식에게 화를 내야지. 어떻게 네게 그럴 수 있어?" 혹은 "그 공주 같은 여자를 질투해야 돼!"라고 말하는 건 상대의 기분을 좀 낫게 하는 것처럼 보일지 몰라도 사실은 그 사람을 더욱 망상에 얽매이게 해서 상황을 악화시킬 뿐이다. 이와 달리 자책과 분노의 안개를 꿰뚫어 볼 수 있게 돕는 것이 진정한 도움을 주는 것이다. 이 점을 분명히 알고 분간하는 게 중요하다. 즉 참된 도움은 다른 사람의 마음이 망상에서 조금이라도 벗어나게 돕는 것을 목표로 해야 한다.

또 이것은 자신의 욕구에 대한 오해를 가리킨다. 로종 수행을 한다는 이유로 다른 사람의 도움을 거절하면 안 된다. 다르마에 참된 관심을 갖고 이를 지원하려는 사람의 물질적 도움을 물리쳐도 안 된다. 그런데 다르마를 추구하려고 남의 원조를 받는 건 무방하지만 자신의 인지도를 높이기 위해 남의 도움에 의지하거나 남에게 좋은 인상을 주고자 도움을 주거나 받는 일은 전적으로 비난받아 마땅하다.

### 6 기쁨에 대한 오해

기분 좋고 유쾌하게 수행하기 위해 기쁨을 개발해야 한다. 하지만 부적절한 상황에서도 기뻐할 수 있다. 그러므로 다른 사람의 행동을 함께 기뻐하기 전에 먼저 그들이 다섯 가지 독(탐욕·성냄·어리석음·자만·질투)으로 인해 행동하지 않았는지 확인해야 한다. 남들이 잘못된 것을 보고 기쁨을 얻는 일은 남의 기쁨을 함께 기뻐하라는 로종의 가르침에 해당되지 않는다. 우리가 아는 사람이 마약을 해서 황홀경을 느끼거나 다른 사람을 해쳤을 때 우리는 함께 기뻐하지 않는다. 또 우리가 싫어하는 사람이 불행을 겪을 때도 기뻐하지 않는다. 샨티데바는 이렇게 권한다.

> 만일 적에게 불행이 생긴다 해도
> 기뻐할 게 무엇입니까?
> 단지 그러기를 바라는 것만으로는

적에게 해를 입힐 수 없는데.

다른 사람의 기쁨을 함께 기뻐하는 능력은 수행에만 국한되지 않는다. 다른 사람이 결혼할 때, 승진할 때, 새 차를 살 때도 함께 기뻐할 수 있다. 한 식당 앞을 지나는데 우리가 아는 연인 한 쌍이 웃으며 즐거운 시간을 보내는 것을 보고 "나는 왜 저 안에 있지 못하지?"라고 아쉬워하기보다 그들의 행복을 함께 기뻐하는 게 더 낫다.

## 53. 규칙적으로 수행하라

수행할 때 모 아니면 도 하는 식으로 하지 말고 일관되게 해야 한다. 어느 날은 낙관적이고 열정적이고 넓은 마음으로 로종 수행을 하다가 다음 날은 수행에 완전히 무관심한 것은 아무런 유익이 없다. 짧은 기간 집중적으로 수행하고 이어서 다시 세속적 생활에 빠지는 것보다 조금씩이라도 일관되게 오랜 기간 수행하는 것이 훨씬 더 큰 결실을 맺는다. 잠괸 꽁튈은 이렇게 말한다.

어느 때는 수행하고 어느 때는 수행하지 않는 사람은 다르마를 정확히 이해할 수 없다. 마음속에 많은 계획을 세우지 말고 일편단심으로 마음수련을 하라.

또 이 경구는 우리가 약속을 지키지 못해 다른 사람들을 실망시키지 않으려면 의지하고 신뢰할 수 있어야 하는 것과 더불어 변화와 배움에 열려 있어야 한다는 것을 말한다. 점진적으로 몰두하는 안정된 접근법이 산발적으로 폭발하듯 수행하는 것보다 훨씬 더 생산적이다. 까담파 스승에 따르면 갑작스러운 변동은 에너지를 매우 빨리 소진시키고 낙담시켜서 오랫동안 꾸준히 수행하기 어렵게 한다. 이 경구는 새롭고 혁신적인 접근법을 찾을 수 없다는 의미가 아니다. 수행에는 누적되는 효과가 있다고 여겨야 한다는 말이다. 현재 환경을 감안해서 매우 정직하고 현실적으로 할 수 있는 것을 다루고 그에 따라 수행 방법을 마련해야 한다. 정기적인 수행은 우리의 일부가 되지만 불규칙한 수행은 유익함이 매우 적다. 그래서 빼뙬 린뽀체는 이렇게 조언한다.

> 완전한 불성佛性을 얻을 때까지는 여전히 제거해야 할 과거의 행위와 경향이 남아 있으며, 점점 더 많은 정신적 자질을 획득해야 한다. 그러므로 게으르고 산발적으로 수행하는 습관에 빠지지 마라. 결코 충분히 수행했다고 만족하지 말고 가슴 깊은 곳으로부터 부지런히 다르마를 수행하라.

## 54. 온 마음을 다해 수련하라

온 마음을 다한 서약은 대상을 끝까지 간파하겠다는 것이다. 이것은 세상을 깜짝 놀라게 해서 무슨 일이 일어나는지 보다가 일이 제대로 되면 다 좋지만 잘 되지 않으면 다른 데로 옮겨 가려는 것이 아니다. 완전히 온 마음을 다한 서약은 산발적으로 열정을 쏟는 것이 아니라 오랫동안 신중히 에너지를 쓰는 것이다. 수행에는 용기도 반드시 필요하며 우리가 달성하려는 목표를 너무 낮게 잡는 것보다는 좀 높게 잡는 것이 더 낫다. "나는 더 나은 사람이 될 능력이 조금밖에 없으므로 작은 목표를 세운다"고 생각하면 안 된다. 현실적인 기대를 가지고 단계적으로 실행해야 하지만 항상 목표를 높게 잡고 '희망'이나 '두려움' 없이 우리가 할 수 있는 일을 해야 한다. 어떤 일에서도 도망가거나 숨어서는 안 되고 에두르거나 조작하지 말고 솔직하게 다루는 법을 배워야 한다. 세 칠부 최끼 갤첸은 진정한 까담파 정신을 이렇게 거듭 말한다.

> 작은 신경이 손상되면 그것을 깨끗이 잘라낸다. 마찬가지로 마음 수련을 할 때 주저하지 말고 온 마음을 기울여라. 확고히 결심하고 주저 없이 수련해야 한다.

## 55. 조사와 분석으로 자유를 찾아라

이해와 통찰을 얻으려면 조사와 분석으로 자비 수행을 보완하는 게 중요하다. 정신 과정을 조사[96]하고 분석[97]하지 않으면 혼란에서 벗어날 수 없기 때문이다. 이따금 다음과 같은 예리한 질문을 해야 한다.

"자아란 무엇인가? 마음은 무엇인가? 궁극 실재는 무엇인가? 윤회와 무지는 무엇인가?"

조사란 대체적으로 사물을 살펴보는 것이고, 분석은 자세히 조사하는 것이다. 다시 말해 전체 상황을 바라보고 이어서 특정 요소로 나누어 살펴보는 것이다. 형사는 특정 사건을 조사하고 이어서 증거를 분석한다. 즉 범죄를 대체적으로 살펴보고 또 자세히 검토하는 것이다. 이렇게 정신 과정에 접근하면 많은 문제를 해결할 수 있고 많은 혼란을 명확히 밝힐 수 있다. 이런 방법으로 정직하고 두려움 없이 마음을 아는 법을 배우면 자기 집착에 얽매인 생각에서 해방되고 둔한 정신을 극복할 것이다. 그리고 로종 서약에 대단한 활력을 불어넣을 수 있다. 찬드라키르티는 『입중론』에서 이렇게 말한다.

> 사람들은 자신의 생각에 속박된다.
> 수행자는 그런 관념이 없으므로 자유롭다.
> 바로 분별을 멈추는 것이 진정한 조사와 분석의
> 결실이라고 현자가 말했다.

## 56. 감사를 바라지 마라

대개 인생에서 어떤 것을 너무 간절히 원하면 오히려 그것을 얻을 가능성이 더 적어진다. 욕구가 적어지는 데 비례해서 성공할 가능성이 더 높아지는 것 같다. 남이 알아주기를 바라는 욕구도 이와 마찬가지다. 남에게 감사와 존경을 받기를 원할 수 있지만 우리가 다른 사람의 반응에 영향을 미칠 능력은 거의 없다. 또 다른 사람이 우리를 사랑하게 만들 수 없는 것처럼 우리에게 감사를 표하게 만들 수도 없다. 반면 보답을 바라지 않고 사랑하는 마음을 보이면 사랑받기를 바랄 때보다 사랑받을 가능성이 더 많다. 이와 마찬가지로 감사를 바라지 않고 어떤 일을 할 때 감사받을 가능성이 더 많다. 다른 사람이 우리의 행동을 인정하든 안 하든 우리가 관여할 바가 아니다. 단지 우리는 대충 하지 않고 철저히 온 힘을 다한다. 하지만 그것으로 인해 다른 사람이 우리에게 빚지고 있다거나 보답으로 우리를 도와야 할 의무가 있다고 여기면 안 된다. 다른 사람이 우리에게 신세진다고 생각하기를 원해서가 아니라 단지 그 일을 좋아하기 때문에 해야 한다. 샨티데바는 이렇게 말한다.

남의 행복을 위해 일하더라도
교만하거나 자만하면 안 됩니다.
남의 행복이 곧 나의 행복이므로
다른 어떤 보답도 기대하지 않습니다.

부처들과 보살들이 우리에게 무엇을 빚지고 있다거나 스승과 동료 수행자들이 우리에게 빚지고 있다고 생각해서는 안 된다. 그들은 우리에게 아무 빚이 없다. 이런 식으로 세상을 보아야 하고 남이 알아주기를 바라면 안 된다. 일상생활이나 대인 관계를 잘 하려 하든 정신적 소망을 추구하든 자신에게 자연스럽고 편안할 때 항상 가장 좋은 결과를 얻는다. 자신이 친절하다는 걸 내보이고 싶으면 그냥 그쯤 해 두어야 한다. 잠귄 꽁튈은 로종의 관점을 분명히 말한다.

> 다른 사람에게 친절할 때도 소란 떨지 마라. 사실 당신은 다른 사람을 자기 자신보다 더 중요하게 여기려 하고 있기 때문이다.

## 57. 분노하고 짜증내며 충동적으로 반응하지 마라

본능적 반응에 굴복하여 언제나 충동적으로 반응할 필요가 없다. 대개 분노하면 힘이 난다고 생각하지만 자꾸 분노를 일으키면 몸과 마음에 상당히 해롭고 점차 자부심이 감소된다. 그래서 결국 더 다치기 쉽고 더 위협을 느끼고 만연한 불안감을 느끼기 쉬워진다. 이를테면 텔레비전에 나오는 모든 것이 분노와 근심을 일으킨다. 또 자녀들이 뛰어다니며 북새통을 만들면 더 불안하고 화가 난다. 그래서 모든 사람이 자신을 괴롭힐 음모를 꾸민다고 상상하고 모든 일을 개인적 공격으로 받아들여서 복수나 분풀이를 해야 한다고 여긴다. 이런 감정의 분출을 나중에 보상하려 애쓰게 될지도 모르지만 그로 인한 손상은 이미 일어났을 것이다. 요점은 자기 자신에 대해 기분이 좋으면 분노하고 짜증내며 반응하는 일이 줄어든다는 것이다. 감정을 건강하고 유익하게 표현하는 법을 배우면 기운을 돋울 수 있다. 로종 수행을 하면 다른 사람과 갈등과 마찰을 일으키지 않고 점차 감정 반응을 누그러뜨리고 충동적 경향을 제거할 수 있게 된다. 까담파의 전통적 가르침은 이 점을 잘 표현한다.

> 결점으로 가득한 마음일지라도
> 다양한 자질을 가지고 있다.
> 무엇을 개발하든 그것이 존재하게 된다.

## 58. 모든 생각과 감정을 드러내지 마라

하루 종일 매 순간 드라마가 벌어지듯이 지나가는 모든 감정을 밖으로 내보일 필요는 없다. 그것은 다른 사람을 혼란스럽게 만든다. 티베트 말로 이 경구의 문자적 의미는 "자신이 느끼는 모든 감정을 모든 사람이 알게 하기"이다. 텔레비전 연속극의 주인공처럼 모든 감정을 노골적으로 명백히 드러낼 필요는 없다. 마음에서 일어나는 생각과 감정은 대개 일시적이고 그리 오래가지 않는다. 그런 생각과 감정을 남에게 표현하면 사람들은 전혀 사실과 다르게 우리를 어떤 유형의 사람으로 간주하기 쉽다. 우리는 성실과 존엄을 보여야 한다. 자기도취에 빠지고 호들갑 떠는 사람처럼 행동하지 말아야 한다. 그런 행동은 로종 정신에 정반대되는 것이고 마음수련을 지극히 어렵게 만든다. 행복하든 슬프든 될수록 차분해야 한다. 그렇다고 해서 감정을 억누르면 안 되지만 일관된 처신을 보여야 한다. 그러면 우리가 도움을 베풀어야 할 때 다른 사람들이 기꺼이 받아들일 것이다.


## 59. 자신이 하는 일을 사람들이 크게 떠들어대기를 바라지 마라

실제로는 아무것도 변하지 않았는데 세속적 습성과 망상을 수행에 전염시키기가 매우 쉽다. 많은 사람이 과장된 표현으로 깊은 인상을 주어 남들이 자신에 대해 떠들고 신문에 기사가 실리고 텔레비전에서 찬사하기를 기대한다. 하지만 정신적 성취에 대해 증명서를 얻기를 바라면 안 된다. 자신의 수행이 진보했다고 나무가 허리 숙여 인사하거나 하늘에 폭죽이 터지기를 기대하면 안 된다. 그런 겉치레는 아무것도 증명하지 않는다. 샨티데바는 이렇게 말한다.

이와 같이 남의 유익을 위해 일할 때
교만하거나 낙담하지 말아야 합니다.
내가 배고파서 음식을 먹은 후에
어떤 보답도 바라지 않는 것과 같습니다.

그저 신실하게 수행하고 수행 자체를 보답으로 여긴다. 수행의 보답은 무지개 끝에 있는 금단지 같은 게 아니며 수행 자체가 바로 목표이다. 그 목표는 우리가 깨달음을 얻을 때까지 지속된다. 대단한 보상이

기다린다는 기대를 놓아 버리면 로종 정신을 실행할 때마다 보답받고 있음을 깨닫게 된다. 보리심을 불러일으킬 때마다, 다른 사람을 염려할 때마다, 앉아서 명상할 때마다, 노인이 길을 건널 때 도와주거나 다른 친절한 행위를 할 때마다 유익함을 얻는다. 그것이 중요하다. 우리의 행위가 그 자체로 만족을 주고 의미 있고 뜻깊으면 어떤 다른 보상이 필요하겠는가? 다음과 같은 샨티데바의 생각을 끊임없이 성찰해야 한다.

> 모든 행위의 목적은 행복입니다.
> 하지만 아무리 비싼 값을 주어도 얻기 어렵습니다.
> 그러므로 남이 덕행을 하는 걸 보면
> 진심으로 기뻐해야 합니다.

―
나
오
며
―

 

로종은 매우 효과적인 수행이므로 할 수 있으면 언제 어디서나 계속하기를 바란다. 로종 수행에 본래 있는 정중함과 단정함뿐만 아니라 우호적 정신을 유지하는 게 중요하다. 앉아서 명상할 때만이 아니라 삶의 모든 상황에서 마음수련을 해야 하므로 행동하고 말하는 방식이 지극히 중요하다. 요즘은 많은 사람이 태도의 중요성을 잊은 채 무엇이든 마음대로 말하고 행동한다. 하지만 대개 그런 자유주의는 자신에게만 적용된다. 다른 사람의 경솔한 말과 행동을 대할 때는 매우 기분 나빠한다. 불굴의 정신을 가져야 한다고 말하는 게 아니다. 유연한 태도로 긴장을 풀기를 바란다. 서로에게 친절한 것이 로종 정신을 유지하는 길이기 때문이다. 로종 수행을 성실히 하면 유익을 얻지 않을 수 없다. 이 책에서 거듭 말하듯이 수행은 우리와 함께 시작하기 때문이다.

이 책에서는 로종 가르침의 전통적 설명을 충실히 따르려 했다. 보다 현대적인 언어를 사용했는지 몰라도 형식은 별로 많이 바꾸지 않았다. 나는 서양인의 마음에 다가가려면 불교를 현대화해야 한다는 의견에 반대하기 때문이다. 전통적 불교의 가르침은 이미 매우 접근하기 쉽다. 수정이나 각색이 필요 없다. 나는 동양인의 마음과 서양인의 마음이 그리 많이 다르다고 생각하지 않는다. 현대인의 마음과 전통적인 정서가 다를 수 있지만 그것은 전혀 다른 문제이다. 불교의 가르침은 개인적 경험에 호소하는데 개인적 경험은 역사 이래 현재까지 그리 크게 변하지 않았다. 나는 서양인도 전통적 불교 가르침에서 대단한 유익을 얻을 수 있다고 진심으로 믿는다. 불교의 전통적 가르침을 지나치게 각색하면 가르침에 담긴 힘이 약해질 뿐이다. 불교의 언어를 세속적 문화의 언어로 번역하는 것도 가르침에 담긴 힘을 감소시킨다. 서양의 어휘는 불교의 정신적 요소를 희석해서 다른 훈육과 구분할 수 없게 만드는 경우가 많다. 그렇게 희석된 불교의 가르침만 선택하는 사람보다 전통적 불교에 관심을 갖는 사람이 더 풍부하고 심오한 세계를 접할 수 있다.

　　나의 작은 소견으로는 전통 불교 가르침의 심오한 지혜로부터 영감을 끌어내는 것은 현대 사회에서 정신적으로 만족스럽고 의미 있는 삶을 사는 것과 충돌하지 않는다. 사실 그것이 우리에게 필요한 유일한 것이다.

• **갤쎄 톡메 쌍뽀**Gyalsay Togme Sangpo(1295~1369) 티베트에서 보살로 유명하며 자신이 가르친 이상과 수행대로 살아 존경받았다. 제자들뿐만 아니라 수세기에 걸쳐 현대의 수행자들에게까지 영감을 주었다. 티베트불교의 모든 학파가 연구하는 『서른일곱 가지 보살 수행』을 썼다.

• **나가르주나**Nagarjuna(150~250) 한역명은 용수龍樹. 인도 철학자로 대승불교 중관학파의 창시자. 석가모니 부처님 이후 가장 영향력 있는 인도의 불교 사상가. 반야경전 Prajna-paramita sutras의 가르침을 체계화하고 심화했으며 공空 사상을 가장 포괄적이고 방법론적으로 제시했다.

• **돔뙨빠**Dromtonpa(1005~1064) 아티샤의 수제자이며 계승자. 티베트불교 까담빠의 시조. 아티샤와 함께 다르마락시타의 『금강저』를 산스크리트에서 티베트어로 번역했다.

• **랑리 탕빠**Langri Thangpa(1054~1123) 로종 계보의 선조 중 한 분이며 『마음수련의 여덟 노래』의 저자.

• **상계 곰파**Sangye Gompa(1179~1250) 랑리 탕빠가 『마음수련의 여덟 노래』를 쓴 이후, 게셰 체까와가 『일곱 가지 마음수련법』을 쓰기 전에 『대중적 설명』을 저작했다.

• **샨티데바**Shantideva(695~743) 한역명은 적천寂天. 인도 날란다대학의 불교 철학자이며 중관학의 신봉자. 『입보리행론』의 저자로 유명하다. 『입보리행론』은 수행의 시작부터 완전한 불성佛性에 이르기까지 깨달음의 여정을 긴 시로 표현한 책으로 저자의 시적 감

수성과 뛰어난 열정을 느낄 수 있다.

• **아리야데바**Aryadeva(3세기) 한역명은 제바提婆. 남아시아 중관학파의 학자. 『사백론』으로 유명하다.

• **아티샤**Atisha Dipamkara Shrijnana(982~1054) 다르마락시타의 제자. 티베트로 가서 랑다르마 왕조 때 파괴된 불교를 재건하는 데 도움을 주었다. 유명한 저서 『보리도등론』을 썼다.

• **잠괸 꽁퇼 로도 타예**Jamgon Kontrul Lodro Thaye(1813~1900) 티베트의 박식한 학자이며 수행자. 19세기 티베트불교에서 가장 뛰어난 스승으로 무종파 운동을 지지했다. 과거와 새로운 전통의 방대한 가르침을 수록한 전서인 『다섯 가지 지식의 보고』를 편찬했다. 영어로 된 가장 유명한 저서는 『The Torch of Certainty and The Great Path of Awakening』이다.

• **찬드라키르티**Chandrakirti(600~650) 한역명은 월칭月稱. 인도 날란다대학의 수도원장. 나가르주나의 제자이며 주석자. 티베트의 귀류논증 중관학파에서 가장 유명하며 『입중론』을 썼다.

• **체까와 예세 도르제**Chekawa Yeshe Dorje(1101~1175) 학식이 깊은 까담파의 스승. 『일곱 가지 마음수련법』의 저자. 랑리 탕빠의 『마음수련의 여덟 노래』를 읽고 깊이 감동하여, 그의 제자인 게셰 샤라와Geshe Sharawa를 찾아가 그 가르침을 수행하는 법을 배웠다. 이때 말로 전해 받은 가르침이 『일곱 가지 마음수련법』의 기초가 되었다.

• **파담빠 쌍계**Phadampa Sangye(?~1117) 8세기 티베트의 초기 다르마 스승인 까말라실라의 환생으로 믿어진다. 숨질 때까지 서인도에서 티베트, 중국을 여행했다. 티베트에 갔을 때 에베레스트 산의 티베트 쪽 지역 띵리 사람들이 그의 가르침을 잘 따르는 걸 알게 되어 그곳에 정착해 사원을 건립했다.

# ─ 미 주 ─

1) 까규르 : <sup>티베트어</sup> bKa' 'gyur

2) 삼장 : <sup>산스크리트</sup> Tripitaka <sup>티</sup> de snod gsum

3) 경經 : <sup>산</sup> sutra-pitaka

4) 율律 : <sup>산</sup> vinaya-pitaka

5) 논論 : <sup>산</sup> abhidharma-pitaka

6) 뗀규르 : <sup>티</sup> bsTan 'gyur

7) 골수 가르침 : <sup>산</sup> upadesha <sup>티</sup> man ngag sde

8) 정수 중의 정수 : <sup>티</sup> snying poe snying po

9) 입보리행론(入菩提行論) : <sup>티</sup> spyod 'jug

10) 명상 가르침의 보고 : <sup>티</sup> Dam ngag dzo.

11) 자신을 남과 바꾸기 : <sup>산</sup> paratmaparivartana

12) 자신을 남과 동등하게 여기기 : <sup>산</sup> paratmasamata

13) 지식 : <sup>산</sup> prajna <sup>티</sup> sherab

14) 방편 : <sup>산</sup> upaya <sup>티</sup> thabs

15) 예비적인 것들 : <sup>티</sup> ngöndro

16) 해독제 : <sup>산</sup> pratihara <sup>티</sup> gnyen po

17) 삼보(三寶) : <sup>산</sup> tri-ratna <sup>티</sup> dkon chok gsum

18) 장애가 없고 자질을 갖춘 인간 : <sup>산</sup> kshana-sampada

19) 무상(無常) : <sup>산</sup> anitya <sup>티</sup> mi rtag pa

20) 의존적 존재 상태(윤회) : 산 samsara 티 'khor ba

21) 업(業) : 산 karma 티 las

22) 업의 결실 : 산 papa-karma 티 sdig pa'i las

23) 선업(善業) : 산 kusala-karma 티 dge ba'i las

24) 보리심 수행 : 티 gngos gzhi

25) 자비심 : 산 karuna 티 snying rje

26) 지혜 : 산 prajna 티 shes rab

27) 분별 : 산 vikalpa 티 rnam rtog

28) 번뇌 : 산 klesha 티 nyon mongs

29) 자기 집착 : 산 atmagrha 티 bdag 'dzin

30) 명상 : 산 bhavana 티 sgom

31) 자연스러운 상태 : 산 bhutata 티 gnas lugs

32) 고요 명상 : 산 shamatha 티 zhi gnas

33) 공(空) : 산 shunyata 티 stong pa nyid

34) 궁극 실재 : 산 dharmata 티 chos nyid

35) 청정함 : 산 prabhasvara 티 'od gsal

36) 선정 : 산 jhana 티 snyoms 'jug

37) 집중 명상 : 산 dhyana 티 bsam gtan

38) 산란(도거) : 산 auddhatya

39) 혼침 : 산 styāna

40) 명상적 균형 : 산 samahita 티 mnyam gzhag

41) 마음챙김 : 산 smrti 티 dran pa

42) 알아차림 : 산 jneya 티 shes bzhin`

43) 본래 있음 : 산 sahaja 티 lhan skyes

44) 본질적 알아차림 : 산 vidya 티 rigpa

45) 장막 : 산 avarana 티 sgrib pa

46) 통찰 명상 : 산 vipashyana 티 lhag mthong

47) 공덕 : 산 punya 티 bsod nams

48) 당면한 목표 : 티 ngon tho

49) 먼 목표 : <sup>티</sup> nge legs

50) 무상(無常) : <sup>산</sup> anitya <sup>티</sup> mi rtag pa

51) 연기(緣起) : <sup>산</sup> pratityasamutpada <sup>티</sup> rten 'brel

52) 꿈과 같음 : <sup>티</sup> rmi lam 'dra ba

53) 무자성(無自性) : <sup>산</sup> nihsvabhava <sup>티</sup> rang bzhin med pa

54) 자아 : <sup>티</sup> bdag

55) 타자 : <sup>티</sup> gzhan

56) 집착 : <sup>티</sup> 'dzin pa

57) 마음 : <sup>산</sup> chitta <sup>티</sup> sems

58) 지혜의 마음 : <sup>산</sup> jnana <sup>티</sup> ye shes

59) 마음의 본성 : <sup>티</sup> sems nyid

60) 만물의 근원 : <sup>산</sup> alaya <sup>티</sup> kun gzhi

61) 근원 의식 : <sup>산</sup> alaya-vijnana <sup>티</sup> kun gzhi rnam shes

62) 지혜 의식 : <sup>산</sup> alaya-jnana <sup>티</sup> kun gzhi ye shes

63) 에고 의식 : <sup>산</sup> mano-vijnana <sup>티</sup> yid kyi rnam shes

64) 윤회적 각인 : <sup>산</sup> vasana <sup>티</sup> bag chags

65) 그릇 : <sup>티</sup> snod

66) 그릇에 담긴 것 : <sup>티</sup> bcud

67) 유식학파 : <sup>산</sup> Yogachara

68) 보시 : <sup>산</sup> dana <sup>티</sup> sbyin pa

　　인욕 : <sup>산</sup> ksanti <sup>티</sup> bzod pa

　　정진 : <sup>산</sup> virya <sup>티</sup> brston

　　지계 : <sup>산</sup> shila <sup>티</sup> tshul khrims

69) 지성 : <sup>산</sup> lodro <sup>티</sup> blo gros

70) 대자비심 : <sup>산</sup> maha-karuna <sup>티</sup> snying rje chen po

71) 동기 : <sup>티</sup> kun slong

72) 광대해짐 : <sup>산</sup> arya <sup>티</sup> 'phags pa

73) 깊은 바람 : <sup>산</sup> pranidhana <sup>티</sup> smon lam

74) 수행의 길로 삼음 : <sup>티</sup> lam khyer

75) 방편 : <sup>산</sup> upaya-kausalya <sup>티</sup> thabs mkhas

76) 초연함 : <sup>산</sup> amoha <sup>티</sup> ma chags pa

77) 평정심 : <sup>산</sup> upeksha <sup>티</sup> tang snyim

78) 부처의 몸 : <sup>산</sup> kaya <sup>티</sup> sku

79) 평등함 : <sup>산</sup> snyoms pa

80) 나쁜 조건 : <sup>티</sup> kyen ngen pa

81) 큰 공덕 : <sup>티</sup> bsod nams chen pos

82) 공덕이 거의 없음 : <sup>티</sup> bsod nams chung chung

83) 참회 : <sup>티</sup> bshags pa

84) 미결의 빚 : <sup>티</sup> lan chags

85) 인간이 아닌 존재들 : <sup>티</sup> me ma yin

86) 공양떡 : <sup>산</sup> balingta <sup>티</sup> torma

87) 다르마 수호자들 : <sup>산</sup> dharmapalas <sup>티</sup> chos skyong

88) 다섯 힘 : <sup>산</sup> pancendriya <sup>티</sup> dbang po lnga

89) 거짓 추론을 드러냄 : <sup>티</sup> sun 'jinpa

90) 오온(五蘊) : <sup>산</sup> skandhas <sup>티</sup> phung po

91) 서약 : <sup>산</sup> samaya <sup>티</sup> dam tshig

92) 도덕 수양의 잘못된 관점 : <sup>티</sup> tshul khrims dang brtul shugs mchog 'dzin

93) 수행 : <sup>산</sup> yoga <sup>티</sup> naljor

94) 선지식 : <sup>산</sup> kalyanamitra <sup>티</sup> dge gshes

95) 평등심 : <sup>산</sup> samanartha <sup>티</sup> nyam pa nyid

96) 조사 : <sup>티</sup> tok

97) 분석 : <sup>티</sup> chod

# 티베트 마음수련법 로종
**티베트 현자들이 비밀리에 전수한 마음수련의 모든 것**

The pratice of Lojong
Cultivating compassion through training the mind

**초판 1쇄 발행** 2017년 8월 10일

**지은이** 따렉 깝괸
**옮긴이** 이창엽

**펴낸이** 오세룡
**기획·편집** 박혜진 이연희 박성화 손미숙 손수경 최은영 김수정
**디자인** 강진영(gang120@naver.com)
　　　　　고혜정 김효선 장혜정
**홍보·마케팅** 이주하

**펴낸곳** 담앤북스
　　　　서울시 종로구 사직로8길 34내수동 경희궁의 아침 3단지 926호
　　　　대표전화 02)765-1251　전송 02)764-1251　전자우편 damnbooks@hanmail.net
　　　　출판등록 제300-2011-115호

**ISBN** 979-11-87362-98-2 03220

정가 16,000원